年後の東浩紀——『存在論的、郵便的』から『訂正可能性の哲学』へ

はじめに

本書が主題としているのは、批評家・作家、そしてゲンロン創業者である東浩紀の著作『存在論的、郵便的――ジャック・デリダについて』（新潮社刊）である。一九九八年、およそ四半世紀前に出た書物だ。ほぼ25年もの前の本を、しかも20年前に亡くなったフランスの哲学者の研究書を、なぜいまさら界隈の専門家たちが集って論じるのか、そんなに前の本をいまになってこぞって論じるとは、現代思想の研究者たちはどれほど進歩していないのかと、いぶかしく思う人もいるだろう。

『存在論的、郵便的』は、刊行当時、華々しく批評界に現れた二〇代の論客東浩紀が、柄谷行人や浅田彰の率いる雑誌『批評空間』に連載していたデリダ論をまとめた第一作である。鳴り物入りのデビュー作であり、界隈では十分に注目されていた。当時私は大学院生だったが、連載時の論考を熱狂して読んでいたし、私の知るかぎり、現代思想や批評に関心のある、周囲の学生たちはみな読んでいた。実際、論壇でも評価され、サントリー学芸賞も受賞している。

『存在論的、郵便的』は、当時少なくとも日本ではまだほとんど存在しなかったデリダ研究の博士論文として東京大学総合文化研究科に提出され、博士号も授与された。さまざまな厳しい質問や批判もあったが、東氏は見事にそれらの論評に応答し、全体としては高い評価を得ていた。同じ大学院に属していた私はその公開審査に出席し、同世代の先輩のきわめて刺激的なやりとりを聴いて深く心を動かされ、とても励まされたのを克明に覚えている。

にもかかわらず、『存在論的、郵便的』は、当時の日本の学界では必ずしも高い評価は得られなかった、と言ってよいだろう。この本がさほど学界で成功を収めなかったというのは、私自身もはや若手ではなくなり研究者を育てる側にまわったいまなら理解できるが、この本が人文学分野の学術研究としては標準的な議論の進め方をしていないからだ。

『存在論的、郵便的』には、柄谷行人や『批評空間』の影響下で培われた批評的な問題設定や問題意識が尖鋭に出ていることは確かだ。しばしば揶揄されたフランスのいわゆるポストモダン思想や精神分析、それらをクリプキなどの分析哲学と一緒に論じる手つき、そうした日本の文芸批評に特有のアクロバティックな議論展開に対して、大学の研究者のなかには忌避感や嫌悪感をもつ者も少なくなかったと察せられる。

他方、『存在論的、郵便的』の評価には、著者がこの本を書いたのち大学で教員や研究者になるという進路をとらず、デリダ研究そのものを放棄してしまったという経緯も影響している。著者本人がフォローしない（少なくともそう見えない）書物に、新しい読者は生まれにくくなるし、私自身この本をどう受け止めればよいかわからなくなり、長らく困惑していたのが正直なところだ（結局私はその後留学しデリダ研究はいったん中止してカント研究に向かった）。

しかしそうしたことは当時の外面的な事情にすぎない。言うまでもなく『存在論的、郵便的』というテクスト自体がもつポテンシャルは、そうした事情とは区別されなければならない。ひとたびこのテクストを読み、潜勢力の大きさを認めた者は、要するに『存在論的、郵便的』が、デリダ研究者のみならず、現代思想や関連する分野の研究者にとってうまく応答できない書物であり続けてきたということを認めなければならない（唯一応答した例外があるとすれば、千葉雅也『動きすぎてはいけない ―― ジル・ドゥルーズと生成変化の哲学』ぐらいだろう）。

二〇一四年、デリダ没後10年のタイミングで東氏にインタヴューする機会があった（「デッドレターとしての哲学」『現代思想』二〇一五年二月臨時増刊号参照）。いま私が述べたようなことも含めて、『存在論的、郵便的』についてどう考えればよいのか、あの段階での総括的なやりとりもできた。しかしそれで『存在論的、郵便的』への応答という「宿題」が果たせたわけではなかった。むしろ「宿題」の大きさが確認できただけであった。

そのとき確信したのは、この「宿題」が、たんに個人的な問題でもデリダ研究者の問題でもないということだった。以来、哲学・現代思想や文化理論をはじめとする広義の専門家、研究者を交えて、いつかしっかりと『存在論的、郵便的』を読み直す機会をつくる必要がある、と考えるようになった。

二〇二二年の冬頃、本書の元になったシンポジウムを企画したのは、まさにそのタイミングが到来した、と直感したからである。これはたんに『存在論的、郵便的』刊行25周年という四半世紀後の区切りがきっかけとなっただけではない。シンポジウムのなかでも述べているが、私の周りに、この本に新世代の読者が生まれつつある兆候が明らかに看て取れた。『存在論的、郵便的』のような書物にとって、同時代の文脈にあまり通じていないことは欠点になるどころか、そのことこそが利点となるような可能性を意味するだろう。

新世代の読者とは、自分と同時代の書物と著者を取り巻く「しがらみ」なしにテクストにフラットに取り組む準備がある読み手たち、と言ってもよい。これは、シンポジウムを企画するにいたった大きな理由のひとつである。『存在論的、郵便的』はそうした可能性のもとでまったく別の再生を果たすかもしれない、と私は考えた。そうした可能性なしには、シンポジウムのような「お祭り」をやったところで、年配の者たちが昔話を回顧し合うだけの場になってしまうおそれがあった。

もうひとつの大きなきっかけは、東氏が新著を準備中であるという話を耳にしたことだった。新著は既発表の書き物を寄せ集めた類いのものではなく、一冊まるごと書き下ろされ、しかも集大成的な位置づけの仕事になるだろうと予告されていた。『訂正可能性の哲学』と題されたその新著の「あとがき」には、それが「五二歳のぼくから二七歳のぼくに宛てた長い手紙」だと記されている。それは、まさに『存在論的、郵便的』をめぐる関係——それは『存在論的、郵便的』と著者本人との関係であり、これまでのすべての読者との関係でもある——を「訂正」し、刷新しようとする野心に満ちたものであった。これはもう、東氏本人に来てもらって直接議論する以外にないと確信した。

かくして、新著刊行のタイミング、刊行後25周年目に『存在論的、郵便的』のシンポジウムを企画することは千載一遇のチャンス、いわば定言命法のように課された使命と私は受け止めたのであった。そして、本書がその成果である。

＊

本書は、二〇二三年九月二日(土)に、専修大学神田キャンパスで行なわれた脱構築研究会シンポジウム「25年後の『存在論的、郵便的』から『訂正可能性の哲学』へ——東浩紀氏とのディスカッション」の記録をもとに編まれている。第1部、第2部は当日の発表と質疑応答の順序をそのまま再現したものとなっている。

第3部は『存在論的、郵便的』の解説篇であり、この本の内容に不案内な読者のために、あるいはかつて読んだことはあっても記憶が薄れてしまった読者のために、『存在論的、郵便的』

の一通りの議論がたどり直せるようになっている。

第4部は読解篇であり、シンポジウムでは『訂正可能性の哲学』を中心にコメントをしていた編者（宮﨑）が、シンポジウムの討議を経て、あらためて『存在論的、郵便的』を読み、その論点を検討し直すものとなっている。

シンポジウムを書籍化するにあたっては、タイトルを短縮して「25年後の東浩紀──『存在論的、郵便的』から『訂正可能性の哲学』へ」とした。誤解されるかもしれないが、「25年後」とは、第一義的には、現在（二〇二四年三月）から数えて25年後ということではなく、『存在論的、郵便的』刊行の一九九八年を始点として「25年」という意味である。つまり本書は、この意味での25年後の現在にむけて「東浩紀」を主題としているのであり、始まりとなる『存在論的、郵便的』だけでなく、新著『訂正可能性の哲学』を含めた「いま」という現代との関連を、シンポジウムの参加者皆で論じたものとなっている。

したがって「25年後」というのは、現在からさかのぼるにせよ、25年前を仮想的な起点としてそう言っていることになる。その時間のねじれはたんなる回想ではなく、四半世紀前の自分であれば、いま現在の自分をどう思うだろうか、と自問させる効果をもつだろう。しかしそれは結局のところ、現在から25年後に「東浩紀」という固有名をめぐって『存在論的、郵便的』とそれを取り上げた私たちの議論は今後どうなるのか、その先に何があるのか、といった未来を思考させるものでもあるだろう。

＊

本書の元になったシンポジウムは、登壇者のみなさんの協力と熱意なしにけっして充実したものにはなりえなかった。まずもって、本書の内容に爽風を吹き込んだのは、第1部に登壇した森脇透青、小川歩人、吉松覚、大畑浩志の諸氏、新しい世代のみなさんである。先にも記したが、彼らの議論によって『存在論的、郵便的』は必然的に新たな文脈を獲得し、次世代へと共有される書物になった。なかでも小川・森脇両氏の尽力により、本書の第3部のもとになったシンポジウム前日のイベントも含め、二日間の充実した濃密な時間を実現することができた点を強調しておきたい。

また、第2部に登壇した佐藤嘉幸、清水知子、檜垣立哉の諸氏にも感謝の意を記しておきたい。いずれのみなさんも東氏の著作で扱われている内容とさまざまに重なる専門をもちながら、これまで本人と直接やりとりする機会はなかったと聞いていた。当日一堂に会したことで生まれた一種の高揚感と緊張感を、読者は文面からなにがしか感じ取っていただけるのではないかと思う。みなさんいずれもたいへん熱のこもった議論によって素晴らしい発表と討論を繰り広げていただいた。

そしてなにより、本シンポジウム、そして本書のメインゲストとして当日の長丁場の議論におつきあいいただいた東浩紀氏に、多大なる感謝の念を捧げたい。氏にとってみれば、当日の会場は大学という「アウェイな」場であり、必ずしも居心地がよいわけではなかったのではないかとおそれるが、にもかかわらず、氏は、最初から最後まで、登壇者の発表に熱心に耳を傾け、目覚ましい語りによって会場を沸かせてくれた。私にとってみれば、まさに25年前の『存在論的、郵便的』の博士論文の口頭試問以来、もう二度とないと思っていたあの出来事の興奮が甦ったのであった。

＊

当日の会は、二百人を超える聴衆が集まり、ふだんは細々とやっている脱構築研究会では考えられないほどの大盛況であった。いつもは驚異的なイニシアティヴで本研究会を牽引している西山雄二氏（東京都立大学）だが、今回は裏方仕事に徹し、折々のサポートだけでなく、当日の動画配信を一手に引き受けていただいた。また、夏休みにもかかわらず、労を惜しまず会場の運営を手伝ってくれた専修大学の学生のみなさんにも感謝したい。

また、第4部の拙稿を執筆するにあたっては『新潮』編集部の杉山達哉氏にお世話になった。本書への転載を許可していただいた同誌編集長の矢野優氏とともに、両氏への謝意を記しておきたい。
脱構築研究会の催事を新書のかたちで手軽に読めるようになるのは、昨年の『ジャック・デリダ「差延」を読む』に引き続いて、これで二回目になる。この種の学術的シンポジウムの記録本は、えてして高価な論集となって図書館に配架されて終わりという運命をたどりがちだが、あらためて廉価な新書判で、世に送り出していただく幸運に与ることができた。シンポジウムの企画段階からおつきあいいただき、多数の登壇者とのやりとりを含めた面倒な編集作業を的確かつ迅速にすすめてくださった、読書人の明石健五氏に深い感謝の意を表しておきたい。

二〇二四年三月一日

宮﨑裕助

＊本書の元になった脱構築研究会シンポジウム「25年後の『存在論的、郵便的』から『訂正可能性の哲学』へ —— 東浩紀氏とのディスカッション」の実施にあたっては、日本学術振興会科学研究費助成金・基盤研究（C）「ジャック・デリダの講義録「責任の問い」の思想史的研究と国際的研究基盤の構築」（課題番号：20K00102）の助成を受けた。

もくじ

もくじ

第3部 『存在論的、郵便的』解説篇

第1部　シンポジウム・新世代セッション

二五年前に出された宿題

宮崎　ただいまから脱構築研究会シンポジウム、「25年後の『存在論的、郵便的』から『訂正可能性の哲学』へ――東浩紀氏とのディスカッション」をはじめます。司会の宮崎裕助と申します。脱構築研究会は、普段はジャック・デリダの思想と、その関連する哲学者等々を取り上げて細々とやっている、ささやかな集まりです。今日は、スペシャルゲストとして、東浩紀さんにお越しいただいております。

東　皆さんご存じの通り、普段は五反田からほとんど出ることがありません。そして、大学のホールのこういう蛍光灯の下で、お酒もなく喋るのは本当に久しぶりです。『存在論的、郵便的』という本は二五年前に書いたんですけれど、今日は少しナーバスになっています。なぜかというと、この二五年間のことを、いろいろ思い返してしまうわけですね。『存在論的、郵便的』という本から、スムーズに今まで人生がつづいてきたわけではない。それが二五年後の今、こうやって評価されている。とても光栄であると同時に、本当にいろいろなことを思い返します。そういう意味で、このような機会を作ってくれた宮崎さん、脱構築研究会の皆さんに深く感謝しています。『存在論的、郵便的』が、こうした形で取り上げられるとは思っていませんでした。今日は皆さんの発表を楽しみに、そして、すごく緊張しながら聞いていきたいと思います。

宮崎　どうぞよろしくお願いいたします。最初に、会の趣旨説明を簡単にいたします。東さんと私の関係は、元々は二五年前に遡ります。東京大学駒場キャンパスの高橋哲哉先生のゼミで、東さんと私が一緒だった。私が二年後輩です。東さんは、当時から『批評空間』で、本書の元になった論文を連載していました。すごい若手の論者がいると、友達同士のあいだでも話題になっていました。それを本にまとめ、立てつづけに学位論文にして提出し、博士課程の三年間で博士号を取られた。そんな人はいなかったので、衝撃的でした。

東　専攻名は「超域文化科学」です。当時東大駒場は大きな改革をしていたこともあって、おそらく、ぼくが博士号を取ったふたり目だったんじゃないか。大学改革の最初期のことです。宮﨑さんには、『存在論的、郵便的』の索引作りを手伝ってもらいました。

宮﨑　ええ。そういうこともあって、その後、デリダ没後一〇年の時に、『現代思想』でインタビューさせてもらいました。東さんを〝デリダ業界〟に引き戻そうみたいな意図もありました。私がデリダ研究者として歩みはじめの頃で、『存在論的、郵便的』で問われた問題が、未だ宿題として残っている。そんな話をしました。あれからもう一〇年になります。今回シンポジウムを開こうと思ったのは、この間に、かなり状況が変わってきたということが、まずはあります。

東さんと同世代、あるいは少し下の世代、上の世代が、『存在論的、郵便的』にうまく答えられてこなかった。東さんは「無視されてきた」といいますが、私自身も含めて、多くの研究者は熱心に読んでいました。でも、ちゃんと答えることができなかった。ただ、もっと下の世代、今の二〇代から三〇代前半ぐらいの人が、かなりフラットにというか、同時代の文脈にとらわれず虚心坦懐に、あの本に取り組む人が出てきた。今日の前半のパネルで発表してもらうのは、まさにそういう若手の方々です。こうした機会をとらえて、長年の宿題に答えることができるか。また、改めて私たちが東さんの出された宿題に着手できる、いい機会になるんじゃないか。これがシンポジウムを企画した、ひとつの理由でした。もうひとつは、東さん自身が、『存在論的、郵便的』から少しずつ育ってきたアイディアを、新刊『訂正可能性の哲学』に引き継ぐ形で展開されている。『存在論的、郵便的』にも出てきた、「訂正可能性」という概念を膨らませ、二五年後の今、新たに問うている。そういうタイミングに合わせたかったということです。

「脱構築」から「訂正可能性」へ

東　今回の本には、デリタの名前はほとんど出てきません。けれども、宮﨑さんを含め今日出席される人にはわかると思いますが、議論の核心はデリダの話そのものですよね。「脱構築」を「訂正可能性」という言葉に言い換えているだけといえば、それだけです。ただ脱構築という概念自体を、いかにフランス・ドイツの文脈から解き放つかと考えたときに、まったく別の材料をつかって再構築してみた。いわば、脱構築という概念の脱構築なわけです。そう考えていただければ、わかりやすいと思います。だから、問題意識としては『存在論的、郵便的』にすごく似ています。語彙と材料が違うということです。

宮﨑　特にデリダのことを知らなくても、直接『訂正可能性の哲学』に入っていけるはずです。

東　そして、おそらくこの本から入ると、デリダの本も読みやすくなると思います。

宮﨑　確かに、そうかもしれないですね。『存在論的、郵便的』で展開されていたアイディアがさらに進化し、『訂正可能性の哲学』で花開いている。そういう感じがありますからね。

東　たとえば、デリダには、「事後性」といった概念があり、また「起源はあるんだけれどない」みたいな話もありますね。これを「訂正可能性」の話に引き付けて解釈すると、具体的によくわかる。良いか悪いかはともかく、そういう議論がされています。

宮﨑　デリダがいったことを、デリダ研究者は単に繰り返しになりがちなんですが、東さんの新刊を読んでいると、内容的にはこういうことだったのかと、腑に落ちる感じがありますね。今日は、そうした話に入っていければと思っています。というわけで、『存在論的、郵便的』が課してきた宿題みたいなものに対して、みんなで議論しながら、応答できればと思います。

東　「宿題」と今おっしゃってくれたけれど、それは、ぼくにとっても宿題だったわけです。二五年前に『存在論的、郵便的』という本を出した。しかし先ほどもいった通り、その後まっすぐ今のキャリアに繋がっているわけではない。途中、すごくいろんなことをやっている。だから、『存在論的、郵便的』で投げかけた問いみたいなものが、うまく自分の中で回収されないまま、ここまでずっと来てしまった。そういう意味では、今回『訂正可能性の哲学』を書いて、長い宿題をようやく終えた感じがしています。そのタイミングで、こういうシンポジウムが開かれるのは、本当に奇遇というか、タイミングがぴったりあったと思います。

宮﨑　会場の皆さん、オンラインで聴講されている方々、どうぞその証人になっていただければと思います。これから前半は、最初に申し上げましたが、若手の発表になります。森脇透青さん、小川歩人さん、吉松覚さん、大畑浩志さんの順番となります。四人の発表に対してそれそれ東さんに一言いただいてから、あとでまとめてディスカッションするという段取りで進めていきたいと思います。

I　誤配と「再生産」――哲学、家族、大学

森脇透青

（0）『存在論的、郵便的』という本について

京大の森脇です。『存在論的、郵便的』からデリダを読み始めた私にとって、この二五周年という機会に――私が東さんのご活動に併走しえたのはその半分程度ですが――東さんご本人の前でこのお話ができるのは光栄です。

いくつかの問題提起を行いたいと思うのですが、私はトップバッターですから、このシンポジウム全体が空中戦のようにならないためにも、少し他の発表者より長めの時間をいただいて、『存在論的、郵便的――ジャック・デリダについて』の概要を簡単にまとめてみたいと思います（より詳しい内実は本書3部冒頭に小川さんとともに書いた紹介を参照）。

この本は次のような来歴を持っています。

一九九四－九八年　『批評空間』第二期で連載
一九九八年　加筆の上新潮社より著書として刊行
一九九九年　東京大学総合文化研究科にて博士論文として学位を授与

こう見てまずわかるのは、論考を連載し、著書として先に刊行されてからそれが博士論文（題名は「存在論的、郵便的 ―― 後期ジャック・デリダの思想と精神分析」に改変）として認可されるという変わった経緯です。ふつうは、書き上げた博士論文を書籍化するという順序が一般的です。連載開催時の東浩紀さんは二三歳、博士課程時代をこの連載に捧げている。おそらくこのような経緯で書かれた博士論文というものはほとんどないだろうし、現在ではそのような連載を受け入れる媒体もないだろう。この点については、当時の『批評空間』の磁場や、「現代思想」をめぐるアカデミックな（制度的な）事情を勘案すべきだということがひとまず言えるわけです。

そういうわけでこの著書はいくつかのコンテクストに乗っていて、それを解きほぐさないとなかなか読みづらい部分もあると思います。たとえば、本書の奇妙さはその問題設定自体に求めることもできると思います。デリダに関する一般的な論文では、「脱構築とは何か」とか「差延とは何か」とか「デリダとハイデガーはどう関係しているか」という問いかけがあって、そこからテクスト読解を通じて問いに応えていくわけですが、『存在論的、郵便的』の核となる問いは、「デリダはなぜ奇妙な文章を書いたのか」という、一種文芸批評的とも言える問いです。

補足として、デリダという哲学者のテクストの変遷について、時期的な整理を行なっておきましょう。デリダのテクストは複雑で安易な区分を拒む部分もあるのですが、ここではデリダ初心者向けのきわめて教科書的・便宜的な説明をしておきます。デリダの読者であれば聞き飽きている人も多いかもしれません。『存在論的、郵便的』で言えば二一八－二一九頁の区分に対応します。

・前期デリダ

デリダはフッサール現象学の研究から出発した哲学者です。一九六二年にはフッサールの草稿「幾何学の起源」を翻訳し、もとのテクストの何倍もある長大な序文を付して刊行しています。六七年に出された『エクリチュールと差異』、『グラマトロジーについて』、『声と現象』といった著作ではデリダはフッサールやハイデガーを下敷きにしつつも、構造主義（言語学および人類学）、精神分析、文学などを横断しながら議論を展開し、レヴィ＝ストロース、フーコー、レヴィナスといった同時代人たちの議論にも積極的に介入しました。ここでデリダは「脱構築」、「差延」、「痕跡」の思想家として、ハイデガーの決定的な影響下にある新鋭の思想家として知られることになります。

・中期デリダ

しかし、七〇年代から八〇年代中盤のデリダは、アメリカ・イェール大学を中心としたフランス国外での「脱構築」の受容になかば応じつつ、同時にそれを裏切るかのようにして、狭義の哲学を離れた多種多様なテクスト実践を試みるようになっていきます。ジャンル的にもさらに雑種的になっていく。この時期、デリダは博士論文の提出をとりやめ、フランスにおける伝統的な哲学研究（大学制度）のフォーマットにはもはや収まらない実験的なテクストを書くようになっていきます（『散種』、『衝角』、『弔鐘』、『絵画における真理』、『絵葉書』など）。

・後期〜晩期デリダ

「中期デリダ」と部分的に重なりつつ、八〇年代から九〇年代には、徐々にテクストの性質に変化が起きていきます。それは主に「政治・倫理的転回」と呼ばれており（サイモン・クリッチリーによる）、政治的問題系（さらに、宗教的問題系）の前傾化です。もっとも、前期からデリダは「政治」を扱っていたのだから、「転回」はいささか性急なレッテル貼りだったと現在では言われることが多い。デリダ自身が最晩年の『ならず者たち』（二〇〇三年）で「転回」を否定したこともあって、現在では「転回」というよりも「強調点の移動」という程度の穏当な解釈が一般的でしょう。『他の岬』、『マルクスの亡霊たち』、『法の力』、『友愛のポリティックス』などの著作が有名です。

さてこのようにまとめた場合に、東さんが着目したのは「前期」から「中期」への転換です。デリダの文章はたしかにもともとハイコンテクストで読みづらいけれど、ある程度哲学史の知識に精通していればそれほど突飛な書き方ではない。それが、七〇年代に入ると実験的なテクスト形式が採用され、言葉遊びが過剰なものとなり、明確に「読めない」ものへと転化していく。それはたんなる「実践」なのだろうか？　そうではなく、この文体の変化のなかに、デリダの思想的・理論的な変化があったのではないだろうか？　あったとすればそれはなぜか？　このような読解の見立てが集約されるのが「デリダはなぜ奇妙な文章を書いたのか」という問いかけです。中期デリダの評価については、いまだ同系統のものはないと思います。この問題設定から出発することで、本書は難解ではあるけれど決して堅苦しくはなく、一種のミステリ小説のような読後感を与えるものになっている。

さて、東さんは結果として、デリダの脱構築を二つのモデルに分類しています。つまり前期デリダ的な脱構築と、中期デリダ的な脱構築がある。前者は、表象システム全体の中に存在する表象不可能な「穴」「亀裂」に着目して全体を瓦解させようとする「否定神学的脱構築」（ハイデガー的／ラカン的）。後者は、その都度のコミュニケーションの経路（メディア）の不完全性・送受信の失敗や取り違えに着目する「郵便的脱構築」（フロイト的）です。前者はシステムの不全（決定不可能性）に依拠しそれを言い募ることでむしろその「決定不可能性」そのものを神秘化してしまう。それに対して、むしろその都度の微細なコミュニケーションの水準でのすれ違いや「転移」こそが、新たな哲学の地平を切り開くという筋書きですね。それぞれのコミュニケーションの経路が複雑に絡み合っていて、至るところで事故や接続不良が生じている、そのような世界観がここから開けてくる。

　興味深いのは、こうした二つの脱構築が、最終的にはデリダ読解の枠を超えて、思想史的に位置づけられる点です。形而上学の前提としての「十全で理想的なコミュニケーション」（自己と他者の摩擦のない交流、アクシデントのない流通）を批判する場合に、他者とはわかりあえないんだという不可能性を特権化していくとそれ自体が単数の不可能性の特権化、神秘主義の罠に陥る。その罠からもさらに抜け出ていこうとするところに「郵便的」な思考がある。ここでは、各々の経路の失敗は複数的である。このように、脱構築は近代形而上学を乗り越えようとする二つの超越性（否定神学的／郵便的）として整理される――ここで東さんの論の進め方が「上手い」と思うのは、さまざまな哲学のモデルをコミュニケーション論として読むというデリダ思想の一側面を戦略的に拡張しているところだと思います。

　この枠組みのなかで、デリダのみならず、アルチュセール、ラカン、リオタール、ドゥルーズ、フーコー、ナンシー、ジジェクといった「現代思想」系の哲学思想がかなりクリアカットにモデル化されている。七〇年代以降の「現代思想」は、ハイデガーの影響下にありながら、その影響から逃れていこうとする志向として理解できるということです。こうした読解の効果は大変強力であり応用しやすいものでもあるので、現在にいたるまで（明示的にも暗黙的にも）かなりの影響力を持ったのではないでしょうか。このモデルはデリダのみならず、「大陸哲学と分析哲学の分裂」や「戦後フランス思想とハイデガー」という大きなシェーマをも語ることを可能にしているからです。

　他方で通俗的には、「〇〇は否定神学だからダメだ」といったような紋切り型が定着していた時期があると思います。しかしその場合には「否定神学」という語自体が一人歩きしている。しかし『存在論的、郵便的』を読めばわかるとおり、「否定神学」的思考そのものもやはりそれなりに複雑な経緯と論理を持っているわけで――『存在論的、郵便的』は否定神学的思考の必然性も同時に記している――、そこにも誠実でなければならない。東さんの議論を引き継ぐなかでももっとも洗練されたものとしては、千葉雅也のドゥルーズ論、マラブーや思弁的実在論（「ポスト・ポスト構造主義」）をめぐる議論を挙げることができるでしょう。千葉さんの議論は、『存在論的、郵便的』の図式を拡張して次の局面を切り開こうという野心のもとで展開されました。
以上が本書のとりあえずの筋書きなわけですが、この本の意義を次に「研究的」な部分と「批評的／状況的」な部分からそれぞれまとめてみます。

（α）研究的

『存在論的、郵便的』をまず純粋なデリダ論として、デリダ思想の無時間的な解説書として読もうとする場合には、まず旧来のデリダ論からの切断が図られていることを強調しておくべきだと思います。本書はきわめて明晰で平易な文章で書かれていて、読んでいてわからないということはない。ここには晦渋な文体でデリダのジャーゴンを振り回すようなタイプの言説たちに対する強いアンチテーゼがあって、この点は「デリダ派」をめぐる諸問題の整理と批判でも明確に表明されている。第一章では、強引なほどの速度感で「脱構築」の一貫したロジックが取り出され、デリダの諸概念が次々に定義されていく。この文体は柄谷行人の断言口調に似ています。

デリダ自身は実際にはもうちょっと曖昧な書き方をする人で、たとえば「痕跡」とか「散種」とかいった概念は、個々のテクストの文脈では理解できても、概念として取り出そうとすると妙にぼんやりしている場合が多い。それゆえデリダ研究者は概念の定義に細心の注意を払わなくてはならない。しかし東さんは良くも悪しくも躊躇なくそうした概念を使える「道具」に錬成していく。デリダ思想のある微妙な地帯をカットしてしまっているという批判はもちろん可能です。たとえばハイデガーとの関係は生涯にわたってデリダ自身がこだわり続けたものであり、実際にはもっと込み入ったものだったでしょう。他方でこうした一貫した、すっきりしたデリダ論というのは、最近に至るまでかなり少なく（ロドルフ・ガシェ『鏡の裏箔』やマーティン・ヘグルンド『ラディカル無神論』などが例外的に挙げられるでしょう）、それゆえに存在感を発揮していると言える。

とくに強調したいのは、私が今回再読してとくに印象深かった点ですが、否定神学から郵便へという変転のなかで、「システム（体系）」という語彙から「ネットワーク」／「メディア」／「転移」への隠喩替えが行われていることです。たとえば合田正人がデリダの脱構築を「システム」の思想として書いていますが（「訳者あとがき」、『エクリチュールと差異〈新訳版〉』合田正人・谷口博史訳、法政大学出版局、二〇一三年）、「システム」といってしまうと、すぐに一種の全体性が想起され、次いでその破れ目とかその他者といったいわゆる「否定神学的」なモチーフが出てきてしまう部分がある。それに対して、むしろ全体を見通すことはできない「ネットワーク」の内的運動として考えることで、そうした思考とのコントラストを強調するというわけですね。

こうした隠喩替えは、ハイデガーの『存在と時間』やラカンのテクストをシステムの思考として読み、フロイト精神分析を転移のネットワーク、転移の運動から読むという戦略によって説明されていると思います。こうした「存在論的／郵便的」のコントラストそのものは、現在ではよく知られるデリダ自身による脱構築の区分に重なるものです（「人間の目的＝終わり」におけるハイデガー的／ニーチェ的脱構築、『法の力』における論理的および形式的／系譜学的脱構築）。

なお、大陸哲学を中心としてデリダを読んできた読者（私も含めて）にとって読みづらい印象を与える部分は、分析哲学系の文脈が持ち込まれている点かもしれません。クリプキがメインですが、ラッセルやカルナップやウィトゲンシュタインも登場している。この点はもちろん東さんがもともと東大教養学部時代に科学史・科学哲学専攻に在籍していたという背景もあるでしょうが、デリダ研究の文脈で言えば先行してクリストファー・ノリスがクリプキとデリダを両方論じていましたし、柄谷（『探究Ｉ』）やジジェク（『イデオロギーの崇高な対象』）もクリプキに言及していた。したがって当時この比較は現在から見た場合よりはすんなりと受け止められたのではないかとも想像します。

（β）批評的／状況的

他方で、「純粋なデリダ論」として読もうとした場合に障壁になってくるのは、柄谷行人や浅田彰の議論が下敷きになっていること、当時の『批評空間』を中心とした時事的な文脈が念頭にあること、（ジジェク、岡崎乾二郎、田中純といった固有名の登場）、当時の「ポストモダン」な状況（特に情報環境やサブカルチャー）への関心がバックボーンにあることなどです。こうした点を鑑みると、『存在論的、郵便的』の射程は決して「デリダ論」の範囲にはとどまっていないということがわかると思います。

とくに情報環境やサブカルチャーについては、『存在論的、郵便的』と同時期から論じられていますし、その直後の時期にはより直接的に論じられるようになる。この時期になると依拠されているのは柄谷や浅田ではなく大塚英志や宮台真司や大澤真幸になっていく（『サイバースペースはなぜそう呼ばれるか』、『自由を考える』、『動物化するポストモダン』など）。

このテクストは九〇年代の社会に対する批評として読もうと思えば読めるし――たとえば先ほど述べた「ネットワーク」といった隠喩――、さらに当時の批評シーンへの介入として読むこともできる。たとえば『郵便的不安たち』に収録されている「棲み分ける批評」二篇では、当時の批評シーンやアカデミズムシーンの閉塞や「棲み分け」が批判され、「蛸ツボ」化した業界間を繋ぎ合わせる「横断」（つまり「誤配」）こそが批評の役割だと宣言されています（私の個人的な感想としては、現在では「棲み分け」よりも「癒着」のほうが深刻かもしれないと思ったりします）。ともあれ、[1]こうした先行世代との摩擦については、講演録『郵便的不安たち』や『批評空間』の座談会を参照してください。また、より広く一般的な思想書として読むなら、哲学するとは何か、哲学的テクストを書くとは何か、という根本的な問題意識も見え隠れする。この点は、「人文学」の可能性を追究しようとする最近の著作（『訂正可能性の哲学』や『訂正する力』）にも直結しています。

『存在論的、郵便的』に（あるいは東さんのそれ以前のテクストから）登場する「確率」や「不気味なもの」、「訂正可能性」といったテーマがそれ以後展開されていることも周知の通りです。このシンポジウムでは時間的にも限界があるので、私はあくまで「デリダ研究」的な語りをするしかありません。しかし、『存在論的、郵便的』を今日読むという場合に、それを狭義の「デリダ研究」に縛りつけ、アカデミックな手つきのなかに閉じ込めてしまう危険は避けなくてはならないとだけ言っておきます。

結局、この本について求められているのは、複眼的な読解です。『存在論的、郵便的』は研究／批評、アカデミズム／ジャーナリズム、「世界性」／「ローカリティ」といった二極を横断するテクストとして読まれるべきであって、そうしてこそ、『存在論的、郵便的』をいまなおアクチュアルな思想書として読むことができるはずでしょう。

（１）デリダの「第二期」を再考する――「奇妙なテクスト」と「実践」

ようやく私なりの問題提起に入りたいと思います。先ほど述べたように、東さんのデリダ読解の骨子は、デリダが前期から中期（東さんは「第一期」「第二期」と呼んでいます）にかけて文体が変化したことの背景に、否定神学的脱構築から郵便的脱構築への転回があったとするものでした。

この文体《スタイル》の変化をまず素朴に経験的に、時代状況から考えてみましょう。なぜデリダは書き方を変えたか。この変化の背景には、〈六八年五月〉があります。デリダは五月革命の熱狂には冷淡でしたが、それにしてもこの出来事を大きく受け止めたことには違いがありません。[2] デリダはこの出来事を通じてとりわけ、大学との緊密な関係を保ってきたアカデミックな哲学のスタイルに深刻な懐疑を感じるようになっていきます。

〈六八年〉を通じてアカデミックな権威を「脱構築」する必要を感じるようになったこと、これが、おそらく時代状況からみた場合の「転回」の理由です。指導教官イポリットの死も重なり、博論として構想されていたヘーゲル論は断念され、『弔鐘』という畸形的なテクストに結実することになります。デリダは六八年以後、「古典的な博士論文〔thèse〕のモデルに導かれたエクリチュール、さらにはアカデミックな権威の承認を得ようとする配慮からもますますきっ

1　「トランスクリティークと（しての）脱構築」『批評空間』Ⅱ‐18号、太田出版、一九九八年および「いま批評の場所はどこにあるのか」『批評空間』Ⅱ‐21号、太田出版、一九九九年。
2　この点については、以下でも多少触れている。森脇透青「脱構築における抹消された「東方」――マオイズム、ソレルス、デリダ」。

ぱりと遠ざか」ったと証言しています[3]。

ここで重要なのは、デリダがこの時期に「哲学教育研究グループ Groupe de Recherches sur l'Enseignement PHilosophique」(GREPH)を結成し、教育改革運動に乗り出していたことです。この運動は明確に〈六八年〉に紐づけられています。「とりわけ大学の内部におけるもっとも保守的で、さらには反動的な諸勢力によるルサンチマンと再奪取の光景に対して、私はその後、より敏感になりました。私が教師としての仕事に、より目に見える、いわば「戦闘的」な形式を与えるようになったのは、まさにそれより後〈六八年以後〉のことなのです。GREPHの結成は、その時期に日付を持っています[4]」。デリダは哲学教育を削減しようとする当時の政権を批判し、哲学教育の重要性を主張しました。

一九七四年に結成されたGREPHは、七九年の大規模コロック「哲学の三部会」(準備委員会は、ジャンケレヴィッチ、ドゥルーズ、リクール、ナンシーらです)を経て独自の教育施設「国際哲学コレージュ Collège international de philosophie」に結実します(一九八三年)。ここで強調したいのは、この「実践」と『弔鐘』や『絵葉書』が同時的であるということです。「中期の実験的テクスト」、「奇妙なテクスト」と同時期に、デリダは哲学教育を変更しようとする活動にアンガージュマンしていた。

しかし、これをたんなる「実践」と切り捨てるわけにもいかない。そもそも、この運動の過程でデリダは近代的な大学論や哲学教育にかかわるさまざまなテキストを批判的に検討しており、この過程でもヘーゲルやハイデガーと「理論的に」対決しています（この検討の成果は一九九〇年の『哲学への権利』にまとめられています）[5]。これをたんなる「実践」や理論の応用とみなすべきではありません――東浩紀になぞらえていえば、ここに私たちが見るべきは、そこに潜んでいる「理論的」な問題系なのです。

（2）誤配と再生産

一連の教育改革運動において、何が賭けられていたのか？　この点を確認するために導入し

3　Derrida, « Ponctuations : le temps de thèse », in *Du droit à la philosophie*, Galilée, 1990, p. 451.〔デリダ「句読点――博士論文の時間」宮﨑裕助訳、『哲学への権利2』所収、一七七頁。初出は一九八〇年〕。

4　Derrida, « Une : “folie”; doit veiller sur la pensée », in *Points de suspension : Entretiens*, Galilée, 1992, pp. 358–359.〔デリダ「私はまだ生まれていない――デリダ、デリダを語る」鈴木啓二訳、蓮實重彦ほか編『ルプレザンタシオン』第二号、筑摩書房、一九九一年、二一頁。初出は一九九一年。

5　デリダの教育論については、以下を参照。西山雄二「ジャック・デリダと教育」（ジャック・デリダ『条件なき大学』西山雄二訳、月曜社、二〇〇八年、九一－一六四頁）および、西山雄二「ジャック・デリダにおける哲学と大学」（西山雄二編『哲学と大学』未來社、二〇〇九年、一八七－二〇四頁）。

てみたいのが、「再生産」という概念です。

デリダも東さんも目立った形で論じているわけではないこの概念から、デリダの議論と『存在論的、郵便的』を読み直してみたいと思います。「再生産 reproduction」とはなんでしょうか。さまざまな含意と文脈がありますが、ここではマルクス主義由来のそれを紹介しておきます。元はマルクスが資本の拡大と蓄積のプロセスおよび条件を説明するために導入した語ですが、周知の通り、これを再解釈したのはアルチュセールです（「イデオロギーと国家のイデオロギー諸装置」一九六九年、『再生産について』所収）。ここで重要になるのは、本来の経済学的な再生産概念ではなく、むしろイデオロギーの再生産です。

資本主義社会はなぜ無くならないのか。それは、資本主義のイデオロギーがさまざまな社会的・文化的機構（「国家のイデオロギー装置」）によって支えられ、下の世代へと反復されていくからです。学校、家族、メディア、宗教などを通じて「呼びかけ」を行い、「主体」をつくりだし、イデオロギーを再生産する「装置 appareils」への批判は、六八年以降の左翼にとってのひとつの方向性を示すものでした。たとえばブルデューも、ジャン＝クロード・パスロンとの共著『再生産』（一九七〇年）で教育文化における再生産を批判していますし、広い意味ではフーコーの規律権力批判（『監獄の誕生』一九七五年）もこの流れに棹さしたものでしょう。

ここでアルチュセールを引き合いに出したのは私の恣意的な判断ではありません。たとえば

『存在論的、郵便的』は第二章で「イデオロギーと国家のイデオロギー諸装置」をジジェクとの対比で論じていますし、随所で郵便的脱構築の「先駆者」としてアルチュセール流の唯物論を引き合いに出しているからです。[6] ここから、教育、イデオロギー、中期デリダをめぐって幾つかの論点を出したいと思います。デリダが哲学教育の「再生産」に触れている箇所を見ます。初出は一九八〇年です。

他なる場所から到来するあらゆるものを骨抜きにし無力化する正統化〔légitimation〕の儀礼、そして制度的な修辞や象徴といったものさえ尊重されていれば、権威のもつ再生産の力は、そのコード化された内容においては革命的と自称している諸々の宣言とか諸々のテーゼ〔thèse〕にさえ、いともたやすく順応します。[7]

もちろんデリダも「権威のもつ再生産の力」とは異なるものを目指しているわけですが、ここでのデリダの見立てはある意味で悲観的とも言えます。なぜなら、一見革命的なメッセージ

6　文脈上、浅田彰による紹介が重要である。浅田彰「アルチュセール派イデオロギー論の再検討」（『思想』七〇七号（一九八三年五月）岩波書店）。

7　Derrida, « Ponctuations », p. 451.〔デリダ「句読点」一七七頁〕。

を発しているように見えるアジテーションやテーゼ（このthèseという語はフランス語では「博士論文」の意味を持ちます）であっても、「制度的な修辞や象徴といったものさえ尊重されていれば」結局再生産のプロセスのなかに迎合し、「正統化」に順応する、とデリダは考えているからです。つまり「哲学研究」の権威は、特定の・独特の「お作法《マナー》」さえ押さえているならば、内容がどれほど破壊的であっても承認・内包して、正常に作動し続けるというわけです。語学を勉強して、哲学史を押さえて、先行文献を固めて……というわけですね。一見異質に見えるものも包摂するこの同化に対して、デリダは次のような問いを投げかけます。

> いかにして哲学は、自身が統御しようと欲しながらも統御しえない空間のなかに自らを書き込む、いやむしろ書き込まれるのか？　いかにして哲学を、もはやみずからの他者ですらないような他者へと開くのか？〔…〕この空間の構造をいかにして名指せばよいのか、私は知りませんし、そもそもこの空間が知と呼ばれるものを生じさせうるのかも知りません。この空間を「社会的―政治的」と呼ぶのは陳腐であり、また私を満足させることでもありません。この点からすれば、いわゆる社会的分析のうちでもっとも必要なものでさえしばしば短すぎますし、また、その固有の書き込みや、その固有の再生産のパフォーマンスに関する法則や、その固有の遺産相続や自己承認の場面など、要するに私がエクリチュ

ールと呼ぶものに対して盲目なままなのです。[8]

（おそらく）先ほど挙げた数々の論者たちに対する揶揄も含まれていますが、それでもデリダが再生産の問題を引き受けていることは明白です。つまり、哲学はイデオロギーの再生産を超えてまったく異質な「他者」へと開かれる必要がある。しかし、再生産のメカニズムを分析し、その開かれの「空間」の可能性を検討するには、厳密にはもはや「社会的─政治的」な文脈にすら属さない、ある特殊なスタイルが必要であるというわけです。

ここで最低限確認しておきたかったのは、〈六八年〉以後のデリダもまた、哲学が伝承され、承認され、権威づけられる知的な「再生産」の制度および「正統化」のメカニズム（＝イデオロギー）を考察しようとしていたということです。このことは、あきらかに彼自身のエクリチュール、つまりは『弔鐘』や『絵葉書』における、伝統的な哲学スタイルあるいは「お作法《マナー》」から逸脱した実験と呼応しています。そして再生産を批判すること、哲学の新たな形を考えることは、まさに「郵便的」な思考のもとになされています。新たな哲学を考えることは、哲学の目的、哲学が向かう先、哲学が送り出される先について思考することだからです。国際哲学コレ

8　*Ibid*., p. 452.〔同前、一七八頁〕。

ージュの企画書を見てみましょう。ここには「宛先」（destination）の問題がハイデガー批判とともに登場しています。ここから「誤配」（destinerrance）まで、もうあと半歩です。

> この「基礎」研究について第一に取り組まれるべき「主題」は、宛先（運命、送り宛てること、受取人／差出人、送信者／伝達者／受信者）と贈与（与えること／受けること、消費と負債、生産と分配）という組み合わせをめぐって編成される。[9]

さて、そういうわけでデリダがアルチュセール／ブルデュー的な再生産論を（表立っては論じていないものの）踏まえていたことがわかりました。ところで、「reproduction」という語は、「複製」や「生殖」と訳すこともできます。したがってreproductionの問題は、教育の問題であるとともに家族の問題でもあります。また「正統化 légitimation」には、あるものを正統な／正当な権威として認可するという意味以外にも、子どもを正嫡子として認知するという意味があることを忘れてはならない。事実、この概念はデリダにおいて生物学や遺伝子学の水準でも考察されています。一九七五－七六年の講義『生死』（二〇一九年刊行）を見ましょう。デリダはフランソワ・ジャコブの読解のなかで、「プログラム」という概念について次のように述べています。

たとえばプログラムという概念が、制度的な組織の再生産〔reproduction〕を組織化する学校的規定のシステムを定義するためにも、今日の現代生物学者が思い描くような、生き物の生殖〔reproduction〕の図式を定義するためにも妥当すること、これは私たちがここで無視してはならない事実です。[10]

この直後、デリダは「再生産」という概念が当時のイデオロギー分析の分野に応用されていることを指摘しながら（ブルデューの名前が挙がっている）、しかし再生産という語が生物学的・有機体論的な含意を持っていること、またその帰結は「生」（生殖）と「死」（イデオロギーの固定化）の両義的な価値を持っていること、イデオロギーの批判者たちがその両義性をかならずしも勘案しているわけではないことなどを指摘しています。

まとめましょう。デリダは六八年以後、知的・制度的「再生産」（大学／教育制度／哲学史）、性的・生物的な「再生産」（家族／共同体）双方の理論的考察とイデオロギーの脱構築を、同じ水

9　Derrida, « Coups d' envoi (pour le Collège International de Philosophie) », in *Du droit à la philosophie*, p. 592.〔ジャック・デリダ『キックオフ』津崎良典訳、『哲学への権利2』三三一頁〕。初出は一九八二年。

10　Derrida, *La vie La mort—Séminaire(1975-1976)*, Seuil, 2019, p. 26.〔デリダ『ジャック・デリダ講義録——生死』二五頁〕。

準で思考していました。デリダにとってこのふたつの極はreproductionという語を通じて不可分な関係にあります。そして双方の仮想敵が、ヘーゲルです。『弔鐘』でヘーゲルの家族論が、『哲学への権利』でヘーゲルの大学論が論じられています。

『存在論的、郵便的』もまた、『割礼告白』を読解する過程（二章）で、デリダの再生産論の射程を捉えています。「真理は知の郵便制度の、家族は血の郵便制度の完全性に守られる。そしてデリダの批判は、まさにその完全性に向けられている」（八六頁）。「完全」な「郵便制度」とは、「知」にせよ「血」にせよ、要するに「完全な再生産」を求める目的論なのです。これに対し、『訂正可能性の哲学』の家族論では、家族はたえざる訂正の場、「完全な再生産」の失敗として定義されている。こうした訂正を否認する動きがデリダ的に言えば「形而上学」であり、アルチュセール的に言えば、「イデオロギー装置」だということになるでしょう。「形而上学」は、その百科全書《エンチュクロペディー》的な閉域の余白に「つねにすでに」生じている他者性を否認し包摂するのであり、「装置」は既存のシステムを維持し、階級を固定化しようとするのです。

教育にせよ家族にせよ、その目的論において想定されているのは、差異のないオリジナル（真理、知、血）の静的な再生産であり、直線《リニア》的な歴史あるいは過不足のない有機的な円環《サイクル》です。ある学問が変容することなく、他の学問に汚染されることなく真理へ接近し循環していくこと（真面目な生徒・師弟関係、専門知の境界画定）、子どもが親のコピーであり、その伝統的な＝「正統な」

血を引き継いでいくこと（正嫡子／家父長制）。「あてにならない郵便制度」というデリダ＝東的なモチーフは、こうした保守的な再生産システムに鋭く対決する、汚染と私生児の肯定です。「誤配」とは、「運命 destin」もしくは「宛先 destination」につねに偶然性の幽霊が取り憑き、攪乱されているような世界観を支持するものでしょう（「誤配＝運命彷徨 destin-errance」）。

最近の東さんが「訂正可能性」と呼んでいるものも、ここから説明することができるように思います。興味深いことに、『存在論的、郵便的』で「教育」と「訂正可能性」が同時に登場する箇所があります。クリプキを紹介した後、柄谷行人の『探求I』について語っている部分です。

『探求I』は、コミュニケーションの容態を「話す―聞く」関係と「教える―学ぶ」関係とに区別している。これは私たちの言葉で言えば、誤配のない郵便と誤配に満ちた郵便の区別に等しい。「教える―学ぶ」関係ではコミュニケーションの成立は保証されず、暫定的に見出された規則はたえず他者により訂正される可能性を孕んでいる。（一三三頁）

『探求I』の柄谷は、「教える―学ぶ」関係について、イデオロギー批判とは異なる文脈で語っています。柄谷にとって「生徒」とは、言葉が通じない相手、いつでもその「教え」を拒絶して勝手に話し出すような、そのような「他者」です。それゆえに、「教える―学ぶ」モデルは、他者とのあいだの透明なコミュニケーションとしての「話す―聞く」モデルに対置されます（分類で言えば、むしろイデオロギーの再生産装置としての教育は「「話す―聞く」関係」に属するというべきでしょう）。

東さんはこの箇所で、「誤配」／「訂正可能性」の可能性を「教える―学ぶ」関係に見ている。したがってこの誤配としての「教える―学ぶ」関係こそ、アルチュセール、中期デリダ、『探求Ⅰ』、クリプキ、さらには『訂正可能性の哲学』にまで至る郵便的思考／訂正可能性の系譜をつないでいると言っても過言ではない。そしてそれは「再生産」のまったくの放棄ではない。いくら否認しようがそんなことは端的に不可能です。こういう場合に必要なのは、こう言ってよければ、いっそうましな再生産であり、いっそう新たな再生産です。

再生産の過程で絶えずずれが発生し、直線がいつの間にか複数化し、別のものにすげ変わっていくことを肯定すること、私はそれをデリダ自身のテクストになぞらえて「楕円的な思考」と呼んだことがあります[11]。ここではもはや、再生産は発明の言い換えと言うべきでしょう。

（3）父として／教師として考える？――「喧騒」を起こし続けるために

他方で、この議論はデリダにおいてイデオロギーの再生産を批判して「誤配」の理想を掲げるという水準にとどまるわけではありません。デリダは哲学教育を考えなおしたうえで、新たな制度設計という具体的な問題に直面していました。ここでようやく具体的な「実践」の問題に触れましょう。それが先ほども述べた国際哲学コレージュです。企画書のなかで、コレージュについてデリダはこう述べています。

> 私たちが提案するのは、〔…〕いかなる正統化からも遠く離れた野生的な非‐制度というユートピアではない。私たちが提案するのは、新たな装置〔dispositif〕であり、現行の装置の総体がいまだ抑制しているものを、特定の条件において解き放つことができるものである。[12]

デリダが目指しているのは制度の廃棄ではなく、オルタナティヴな制度の創出でした。国際哲学コレージュは、いわゆる「半官半民」の結社（アソシエーション）として、実際にミッテラン政権下で支援されて成立します。デリダは初代議長（一九八三‐八四年）です。特色として、教師にいわゆる研究者だけではなく、高校教員、作家、芸術家などが含まれることも挙げられるでしょう。講義が誰にでも無料で開かれている（講師は無償で教える）、キャンパスがない……と

11　森脇透青、西山雄二、宮﨑裕助、小川歩人、ダリン・テネフ『ジャックデリダ「差延」を読む』一一一頁。
12　Derrida, « Coups d'envoi », p. 594.〔デリダ「キックオフ」三三四頁〕。

いった点で、現在にまで続くコレージュは従来の大学とは異なる新たな哲学の「宛先」＝新たな「観客」論を提起したと言えそうです。

コレージュはさまざまな学知の「横断」あるいは「翻訳」によって、正統化されてはいない新たな問題系の発明（「横向きの超越」？）を目指すものでした。この理論的性質についてはここでは説明しきれないので、私が過去に書いた論文を参照してください[13]。私が興味深いと思うのは、デリダのこの運動が東さんのゲンロンの活動とも比較可能だろうという点です。「中期デリダ」の理論と実践は、このような思わぬかたちでも東さんのその後の活動に影響を与えていたのではないか。両者が新たな場所をつくる「実践」に向かった時期はライフステージ上も類似しています[14]。

先に言っておけば、私としては、国際哲学コレージュにしろゲンロンにしろ――また私は柄谷行人のNAM（New Associationist Movement）をも想起していますが――その活動の内実がすべて素晴らしいと賞賛するつもりはありません。あらゆる運動について言えることですが、実際には個々の活動の性質について精密に検討し、その差異、そのメリットやデメリット、成功や失敗について勘案し、批判し、総括するべきです。また、それぞれの運動が置かれている社会的状況によっても、そのインパクトは異なります。しかし、既存の学問、大学の外部に新たな運動を立ち上げていくこの批評的実践、「喧騒」を起こしつづける実践（Cf.『訂正可能性の哲学』のアソシエーション論）に、またその背景にある理論的枠組みに、何か類似した動きを見てとらないことは難しい。

「非‐制度というユートピア」ではなく、オルタナティヴな「制度」を作りあげていくこと、そしてそれをつねに改鋳しつづけること。「目下のところ正統化されていない研究への関心が道を切り拓くためには、ただひたすら、この新たな研究は制度的に確立された何らかの研究には見えていない行程にしたがって、みずからをすでに告知し、新たな正統性を約束する、そしていつの日か、また再び……と言うことを繰り返すしかない」[15]。後続の箇所で、デリダは「今度はコレージュのほうが正統化をおこなう審級となってしまうこと」を〔コレージュの立ち上げ時点で〕すでに危惧しつつ、しかしそれはある意味で不可避であり、だからこそその不可避性のメカニズムを研究しなければならないと述べています。

制度や権力を批判しつつも、その不可避性から出発して権力と戦い、それを変容させること。ここに脱構築的な「アクティヴィズム」の可能性があると言わねばなりません[16]。このことは、「親として生きる」ことにつながっています。

13　森脇透青「哲学的大学の使命と「翻訳者の義務」——デリダにおけるカントとシェリングの哲学体系の差異」。ネット上で閲覧可能。

14　デリダ（一九三〇‐二〇〇四）、GREPH結成時四四歳、国際哲学コレージュ創設時五三歳／東浩紀（一九七一‐）、ゲンロン（株）創設時三九歳、ゲンロンカフェ創設時四一歳、シラス設立時四八歳。

15　Derrida, « Coups d'envoi », p. 594.〔デリダ「キックオフ」三三三頁〕。

> 子として死ぬだけではなく、親としても生きろ。［…］むろんここでの親は必ずしも生物学的な親を意味しない。象徴的あるいは文化的な親も存在するだろう。否、むしろそちらの親のほうこそが、ここでいう親の概念には近いのかもしれない。なぜならば、親であるとは誤配を起こすということだからである。そして偶然の子どもたちに囲まれるということだからである。[17]

「家族」や「親」という生物学的隠喩の危険さをおそらく自覚しながらもなされる「親」の肯定は、むしろ、殺されるために親であることを肯定しているようなものです。それは生物学的な父親以上に、ある種の影響関係のなかで「不気味な」私生児たちのために囲まれるということであり、そのために要請される最後の主体こそ、「不能の父」にほかならない。

この箇所を素朴な意味での父権の肯定として読んではならないでしょう。むしろ、生きているかぎり、どんな人間だろうがなんらかの形で「父」にならざるをえない（他人に影響を及ぼし、「誤配」を生じさせざるをえない）、その暴力性の不可避性を受け入れ、そのうえで他者とかかわるということがここでは言われているのです。そしてこの「偶然の子ども」という像はデリダと通底します。

> 出来事であるままの出来事とは、到来者、そして到来のことである。それは分析を不意打

ちし、事後的に抵抗する。子どもの誕生、絶対的到来者の第一の形象について、ひとは因果関係であるとか、系譜的、遺伝的、象徴的な前提を分析できるし、結婚式にあたっての全ての準備を望むことができる。この分析を余すところなく成し遂げたと思ったとしても、ひとは不測の事態を還元し尽くすことは決してできない[18]。

デリダもまた、生涯にわたって「教師として」教育の問題に、さらに「父として」家族の問題に向き合ったというべきでしょう。革命にもなぞらえられる「出来事」という概念は、「子供の誕生」という「絶対的到来者の第一の形象」、「不測の事態」の絶対的な受動性から出発して理解されねばならない。これがデリダ流の「遺産継承 héritage」の論理です。「教育は誤配のリスクなしには不可能[19]」だと言われる通り、デリダ＝東的思考は、予測不可能性を消去し状況を固定化する制度を批判しつつ、制度を自ら作り出していく「父」／「教師」

16　この点についてはかつても論じた。森脇透青「東浩紀の批評的アクティヴィズムについて」。https://note.com/jimbunshoin/n/n440f449218ff

17　東浩紀『［増補版］観光客の哲学』三六〇頁。

18　Derrida et Stiegler, *Échographies de la télévision*, p. 28.〔デリダ／スティグレール『テレビのエコーグラフィー』三七頁〕。

19　東浩紀『ゲンロン戦記』一二五頁。

の像を描いています。そこにあるのは、「正統」か「逸脱」かという凡庸で平板な二項対立ではない。必要なのは正統化と逸脱のたえざる交替としての「訂正」です。中期デリダの動向を迂回しつつ言うならば、『訂正可能性の哲学』とはまさに、〈六八年〉的な問題提起のひとつの引き受けかたなのです。

正統か逸脱か、どちらかを選べと迫ってくる脅迫——その脅迫には「体制的」なタイプのものもあれば「反体制的」なタイプのものもありますが、両者はその点で共犯的でしかない——に対してこそ、私たちはぜひとも抵抗していかなくてはなりません。

問題提起

以上のような読解を踏まえていくつかの問題提起を行います。

(1) 他方で、「横断」、「誤配」そのものを目的化した知的活動が持つ閉塞・ダブルバインドもあります。たとえばコレージュは「デリダ派」ではないと言うが、結局その言明自体が「デリダ派」的な閉塞感を持ってしまうようにも見える(これは『存在論的、郵便的』で「古名の固有名化」と呼ばれているものです)。これは、誤配そのものが目的化することの一種の空転、こう言ってよければ「非目的的な目的論」のアポリアを指しています。『存在論的、郵便的』では、「転位切断の自由さはつねに転位集団の固定化へと落ち込む」、「それゆえ突然ながら、この仕事はもう打ち切られねばならない」（三三四‐三三五）と明言されていました。

（2）この発表で私は、ある意味では楽観的に「不能の父」や「教師」を語りました。しかし、やはり教育は権力と切り離せないものでもある。東さんが『存在論的、郵便的』でいみじくも指摘しているように、脱構築は保守的にも機能しうるリスクを伴っている。パターナリスティックな暴力に陥らずに知的「再生産」の制度を再発明しつづけるためには、何ができるのでしょうか。いまだ、「父」という危険な形象は保持されねばならないのでしょうか？

（3）コレージュは非営利的「アソシエーション」、ゲンロンは私企業です。『訂正可能性の哲学』では、最後にトクヴィルの読解とアソシエーション論が入っていますが、この点でそれぞれのアソシエーションごとに宿るメリット／デメリットがあるでしょう。この点、ゲンロンの特色をどう考えるべきでしょうか。

（4）最後に教育論に引きつけて。カントは「哲学を学ぶことはできない、哲学することを学びうるのみ」であると述べました。哲学／批評を「教える」ことはできるのでしょうか？「転移」と「教育」はどう関わるでしょうか？

時間が許すかぎり議論できればと思います。

参考文献

浅田彰「アルチュセール派イデオロギー論の再検討」『思想』七〇七号（一九八三年五月）岩波書店
ピエール・ブルデュー／ジャン・クロード・パンスロン『再生産』宮島喬訳、藤原書店、一九九一年
柄谷行人『探究Ⅰ』講談社学術文庫、一九九二年
東浩紀『存在論的、郵便的』新潮社、一九九八年
『批評空間』Ⅱ-18号、太田出版、一九九八年
『批評空間』Ⅱ-21号、太田出版、一九九九年
ジャック・デリダ、ベルナール・スティグレール『テレビのエコーグラフィー　デリダ〈哲学〉を語る』原宏之訳、NTT出版、二〇〇五年
東浩紀、宮台真司『父として考える』生活人新書、二〇一〇年
ルイ・アルチュセール『再生産について』上・下巻、西川長夫ほか訳、平凡社ライブラリー、二〇一〇年
東浩紀『郵便的不安たちβ』河出文庫、二〇一一年
ジャック・デリダ『条件なき大学』西山雄二訳、月曜社、二〇〇八年
佐藤嘉幸『権力と抵抗――フーコー・ドゥルーズ・デリダ・アルチュセール』人文書院、二〇〇八年
西山雄二『哲学への権利』勁草書房、二〇一一年
デリダ『哲学への権利』全二巻、西山雄二ほか訳、みすず書房、二〇一五年
東浩紀『ゲンロン戦記――「知の観客」をつくる』中公新書ラクレ、二〇二〇年
吉永剛志『NAM総括――運動の未来のために』二〇二一年、航思社
ジャック・デリダ『ジャック・デリダ講義録 生死』吉松覚・亀井大輔・小川歩人・松田智裕・佐藤朋子訳、白水社、二〇二二年
渡辺健一郎『自由が上演される』二〇二二年、講談社

森脇透青「脱構築における抹消された「東方」——マオイズム、ソレルス、デリダ」脱構築研究会オンラインジャーナル『Suppléments』2号、二〇二三年、三七‐五四頁
森脇透青、西山雄二、宮﨑裕助、小川歩人、ダリン・テネフ『ジャック・デリダ「差延」を読む』読書人、二〇二三年
森脇透青「東浩紀の批評的アクティヴィズムについて」人文書院Note「批評の座標軸——批評の地勢図を引き直す 第六回」二〇二三年 https://note.com/jimbunshoin/n/n440f449218ff
東浩紀『[増補版]観光客の哲学』ゲンロン、二〇二三年
東浩紀『訂正可能性の哲学』ゲンロン、二〇二三年
森脇透青「哲学的大学の使命と「翻訳者の義務」——デリダにおけるカントとシェリングの哲学体系の差異」『フランス哲学・思想研究』二八号、日仏哲学会、二〇二三年、二九四‐三〇五頁

東浩紀氏の、森脇透青氏への応答

最後にお話しされた「転移を切断する」話について。ぼくは企業を経営しているので、貨幣の問題と関わると感じました。コミュニケーションを等価交換に強引に変形するというか、貨幣を導入することによって転移を切断する。それが大事なんじゃないかと、ぼくは思っています。ラカンもどこかでいっていた気がします。ぼくは、ゲンロンをはじめたときから一貫して、ボランティア（ただ働き）は使わない方針をとってきました。ボランティアの人たちを集めると、必ずそこに転移関係が生まれ、厄介なことになります。たとえ少額でも、一時間働いてくれたら相当のお金を支払う。そうやって毎回毎回関係を切っていかないといけない。貨幣を、転移関係を切断するものとして使うことが大事であると思います。

II　郵便と正義——デリダ研究にとっての宿題

小川歩人

はじめに東浩紀との二つの対談を引用したい。宮﨑裕助は二〇一五年の対談で以下のように述べている。「[『存在論的、郵便的』出版]後の展開をいまから振り返ってみると、デリダ研究は東さんに引っ張られるかたちで大きく拡大していったというわけではありませんでした。むしろ、どちらかといえば停滞していました。[…]『存在論的、郵便的』自体は刊行から一六年経ったいまも、日本語でデリダを研究する者にとっては大きな宿題みたいなものとして残り続けています」(「デッドレターとしての哲学」『テーマパーク化する地球』所収、ゲンロン、二〇一九年)。また王寺賢太は『存在論的、郵便的』出版時に「世界のデリダ研究に対して画期的な理論的介入を図りうる物だと思う」と述べつつ、「この本の図式性と、『批評空間』の東浩紀、っていうジャーナリスティックな図式にひきずられると、東浩紀が新たなる現象として消費されて、『存在論的、郵便的』という本が理論的に読まれえないという危険もあると思う」と指摘していた（「記憶しつつ批評すること、それが思考の倫理である」対談での王寺の発言（一九九八年一〇月二五日）『郵便的不安たち』所収、朝日出版社、一九九九年、四〇六－四〇七頁）。国内外のデリダ研究を追ってみれば、翻訳出版状況をみてもデリダの没後、著作の全貌が明らかになり発展史的な研究も進んだ。『フッサール哲学の発生の問題』の出版以後は、特に現象学読解の精緻化が国際的に発展した。また未刊草稿群の出版による新たなテーマ系の発掘、英語圏を中心とした国際学会の設立、国内でも脱構築研究会が発足してきた。その上で、長らく『存在論的、郵便的』という書物が「宿題」だったのだというのは残念なことである。

†「デリダ研究」への問題提起

『存在論的、郵便的』という書物は、最初期の現象学研究「『幾何学の起源』序説」から検討を始め、デリダ的哲学素、時期区分を整理し、ハイデガー／ラカンとの対決を本丸としつつ、一九七〇－八〇年代の実験的テクスト群に対して読解の道筋を示した。しばしばデリダ哲学の中心として語られる音声中心主義批判に伴うパロール／エクリチュールの戦略的隠喩についての批判的解釈などその論争的ポイントは多岐にわたる。とりわけ本書の「郵便的思考」の重大な参照先である『絵葉書』所収の「送付」については、英語圏で論集が組まれたのが二〇一七年であり、先駆的な読解だったと言ってよい（*Cf. Going Postcard: The Letter(s) of Jacques Derrida*）。『存在論的、郵便的』をデリダ研究においてみるために、典型的なデリダについての研究として二〇〇八年に出版されたマーティン・ヘグルンドの『ラディカル無神論』を挙げよう。本書は言語論中心的なデリダ像、また英米圏を中心とした過度に倫理的、宗教的なデリダ像の修正を目論み、初期の時空間論から存在論的含意を強く引き出しながら、最初期から晩年を射程とし一貫した読解方針を示したことで国際的に大きな話題を呼んだ。独自の読解を打ち出す以上に、英米圏でのデリダ研究の網羅的検討も含みつつ、「注釈的というよりも、分析的で」非常に明瞭な文体が用いられていることも重要だろう。二〇〇八年に出版された『ラディカル無神論』はその多くの戦略的論点を一九九八年に出版された『存在論的、郵便的』と共有していたのである。それゆえに『ラディカル無神論』はそれほど「ラディカルに」は受け止められなかったかもしれないが、逆に言えばこの間、国際的に打ち出されなかった『存在論的、郵便的』という書物は「宿題」そのものであったのだろう。

しかし、こうした現代の「デリダ研究」の風景自体が九〇年代末に東が述べたように、英語で書くことがグローバルスタンダード化されるなか、フランス型のエッセイスム、ドイツ型の観念論、日本型の文芸主義を押し流されていった跡のようなものなのかもしれない（「季評　第七回『批評空間』座談会追記 ── 九〇年代について3（一九九八年秋）」、（『郵便的不安たち』二四五頁）。ともあれ「私たちにいま必要なのは、より中立で、思想史家のように突き放した視点から」再整理してみることなのだとすれば、しばしば指摘される批評空間の磁場、クリプキの固有名論などとデリダを接合していく「奇妙な」スタイルも今日、ある種のグローバルスタンダードになっているようにも思われる。フランス現代思想、英米分析哲学／プラグマティズム、日本における批評的文脈との「奇妙な」接合はむしろデリダ自身が思想家として往復した日米仏の時代空間を考えれば極々正当な経路である。そのように事後的に考えるべきフェーズに入っているし、さらに言えば、もはや不可避的な現代的スタイルではないのか。ネオプラグマティズム、拡張ベルクソン主義、現代現象学研究、思弁的実在論等々、今日の思想の動向は大陸／分析といった分割をもはや問題にしない仕方で進んでいる。また、そもそも二〇世紀のフランスの実存主義思想、構造主義思想の分野横断性を想起すべきであるし、またそもそもポストカント主義的思索を模索していた二〇世紀初頭の日英仏独の異種混交性も比較思想史的なアプローチとして考えられるだろう云々。二一世紀を生きるわれわれが再度グローバルな思想史を立ち上げ直すとして、そこから先、どのようなスタイルが模索されるべきか。『存在論的、郵便的』が提示した世紀末の思想史的な混淆性は今もなお「デリダ研究」なるものに問題提起をおこなっているだろう。

†近代形而上学を乗り越えようとする二つの思考

『存在論的、郵便的』の宿題としての性格を大きく確認した上で、本発表ではもう一つ図式的な問いを投げかけたい。本書は近代形而上学を乗り越えようとする二つの思考を、否定神学と郵便的脱構築へと整理し、単一の不可能なものをめぐる思考である前者に対して複数的超越論性の思考を提示しようとするものだった。そうした思考はデリダ／ドゥルーズ以後のバディウ、ランシエール、マラブー、バトラーといった思想家たちにも反響している時代精神でもあるだろう。その上で、東はデリダの著作を優れた哲学的著作が集中的に出版された前期、哲学的とも文学的とも判断し難い奇妙なテクスト実践が断続的に追求された時期である中期、脱構築と政治的社会的な問題との接合を図る傾向が前景化していく後期へと区分した。そして。前期／後期のテクストが有する否定神学性に対して、むしろ中期デリダのテクストのなかに否定神学システムへの批判を理論的かつ実践的に読み取ったのだった。

後期デリダの議論はその逆説的表現の反復において不可能性を強調するばかりの否定神学性が批判されていた。その代表例が『法の力』の「正義」論や、『他の岬』の「民主主義」論である。

例えば『法の力』第一部においてデリダは、「正義とは脱構築不可能なものだ」「脱構築とは正義だ」「脱構築とは不可能なものの経験である」「正義とは計量不可能なものを計量することだ」と続けざまに述べている。議論はこうなっている。法（droit）の構造が脱構築可能であるとして、正義（justice）とはその構造からすれば逆説的存在だ。［…］逆説的観念として正義が残った。ここまではよい。しかしその後この講演のデリダは、「正義」の具体的な様態について語ることを放棄し、その逆説性を強調するだけとなる。私たちはこういった言明を評価するべきではない。［…］『法の力』においては、ゲーデル的脱構築の残余物が単に神秘化されてしまっている。デリダ的脱構築は確かに「脱構築不可能なもの」（より正確には「ゲーデル的に脱構築不可能なもの」）に関わるが、それが沈黙や神秘化を意味してはならない。

（『存在論的、郵便的』九三－九四頁）

否定神学的な論理がもつ沈黙、神秘化はデリダのテクストを秘教化してしまう。それゆえに東は郵便空間のロジックでもって、後期の政治的の問題系が準備されるという主張をおこなった。政治そのものではなく、唯物論的なコミュニケーション空間を志向する傾向はその後の著作でも強くみられる傾向であった。逆に言えば、『存在論的、郵便的』以後にいかにして前期／後期デリダの議論を評価するかということもまた「宿題」であっただろう。

†不可能と可能のあいだの空間で脱構築は作動する

さて、その上で『訂正可能性の哲学』を読んでみると、クリプキの固有名論という『存在論的、郵便的』の中心的な議論が大々的に登場しつつ、前期デリダに影響を受けたルソー読解や、「正義」、「民主主義」といった後期デリダ的な主題が積極的に語られていることに驚く。「かつてジャック・デリダは、脱構築は正義のことだと記した。それに倣えば、ぼくの考えは、正義とは訂正可能性のことだと表現できるかもしれない。人間はつねに誤る。正義はその訂正の運動でしかない。正義は、開かれていることにではなく、つねに訂正可能なことのなかにある」（『訂正可能性の哲学』一三三頁）。そして、それは「哲学の世界を離れれば、逆説でもなんでもない、ありふれた現実の再発見」によっておこなわれている（同書、四五頁）。『存在論的、郵便的』は後期デリダの正義や政治をめぐる立論を評価しない書物であった。だとすれば、『訂正可能性の哲学』における「正義」とは「デリダ研究」からみて何なのだろうか。

仮に否定神学批判以後の正義があるとすればどうだろう。こう考えて、一旦デリダに送り返してみることにする。『法の力』の議論を再読してみよう。デリダは、法／権利と正義を区別しながら議論を展開する。一方で、法／権利を完全に無視することは正しいこととはいえない。当然のことながら、裁判官はある規則、法に従って決断しなければならないからである。しかしながら、他方で、法／権利に完全に追随することは正しいことではない。というのも、各々の事例を前にして裁判官は、法を再解釈し、判断を下さなければならないからである。法に従いつつ、離反しなければならないというアポリアを前にして、そのなかで宙づりにされること。法の観念を脱構築した結果、脱構築不可能なパラドキシカルな正義という審級が残ったわけである。そして、デリダは、このような決断の瞬間における正義の経験をキルケゴールの「決断の瞬間は狂気である」という言葉と共に（ジャック・デリダ『法の力』（一九九四年）堅田研一訳、法政大学出版局、一九九九年、六七頁）、「決断の出来事こそが正義である」が、「主体は決して何も決断しえない」、「主体とは決断が周縁的な偶然の出来事としてしかそれに到来することのできないものである」と述べるのである（同書、六〇頁）。法を超過しつつ、不可能なままにとどまる正義を東は否定神学的だと指摘するのであった。

しかし、そもそも問題は「正義の力」ではなく「法の力」ではなかったか。むしろ不可能な正義ではなく、法の力との関係を強調するとすればどうなるだろうか。デリダを引用してみよう。「一方では法はあくまでも正義の名において自分を押し及ぼすのだと主張するし、他方では正義としても実行に移さねばならない何らかの法のなかに身を落ち着かせねばならない。この法は実行に移されなければならない、力によって。つまりそれは「執行され／力あらしめられ」ねばならない。脱構築は、常に両者の間にあり、両者を行き来する」（『法の力』五四頁）。つまるところ後期デリダは、実装なき神秘化が無力であることに「実は」自覚的でもある。「正義」の名のもとに実装された「法」を訂正する「正義」を実装する「法」を訂正する……そうした不可能と可能のあいだの空間で脱構築は作動する。理念と実装のあいだの時空間の操作ないし葛藤を生きることが眼目だとすれば、訂正可能性／抵抗可能性／抑圧可能性について再度、後期デリダのテーマを発展させることになるのではないか。

東は哲学史を訂正の連鎖だとみてとる。「ぼくはこの第一部で、家族や訂正可能性について「正しい」理解を提案したのではない。ぼくが行なったのは、ウィトゲンシュタインの哲学を訂正し、ローティの連帯論を訂正し、アーレントの公共性論を訂正する……といった訂正の連鎖の実践である。だから本論の結論も、いつかまた読者のみなさんによって訂正されるかもしれない。その可能性は排除できない。むしろその排除の不可能性こそが人文学の持続性を保証するのだ」（『訂正可能性の哲学』一三六頁）。だとすると、『訂正可能性の哲学』は『存在論的、郵便的』におけるデリダ的正義をどのように訂正ないし再解釈したのか。こうした問いはデリダ研究にとって二五年越しの宿題でもあるはずである。今日、時代錯誤にデリダを読みながらいかにして超越論的思弁と社会的現実とを往復する、新たな参照項とレトリックを探し出せるのか。改めて応答のなかで考えたい。

東浩紀氏の、小川歩人氏への応答

正義の問題については、デリダがいっていたことは、ぼくが「訂正可能性」という言葉でいっていることと重なるのではないか。ただひとつ付け加えておくと、『法の力』などが読まれていた九〇年代において、つまり、ぼくが『存在論的、郵便的』を書いていたときにおいては、「正義とは脱構築不可能なものである」といったタイプの言葉が、非常に強いインパクトをもって受け取られていました。そしてそれは、実証主義的というか、たとえば証言みたいなものを重視する姿勢と結びついていた。いまの言葉でいえば、ある種のエビデンス主義とデリダの「脱構築」が、なぜか野合していると、当時のぼくには見えていました。具体的にそのとき考えていたことを話します。

九〇年代、ぼくの指導教官だった高橋哲哉さんが中心になって『ショアー』の上映会を駒場でやっていました。ぼくも見に行って感銘を受けましたが、同時に疑問も感じた。そこでは、アウシュヴィッツにおける脱構築不可能な核というか、証言の重要性が強く打ち出されていました。しかし、被害者の証言があれば脱構築不可能ということになってしまうと、そもそも脱構築とは一体何だろうか。ぼくはむしろ、すごく素朴に、すべてが脱構築可能であると考える。では、すべてが脱構築可能である中で、脱構築不可能なものは何か。おそらく、脱構築する運動そのものは脱構築不可能である。そんな話にしかならない。デリダもそう考えていたはずだと思います。けれども「正義とは脱構築不可能なものである」という命題はあまりに強烈で、証言という実体さえ召喚すれば政治的主張は脱構築できなくなるというふうにも聞こえる。

むろん、このような解釈は高橋さんの思想を誤解したものかもしれません。ただ、学生の頃の自分は、そう受け取っていました。つまり高橋さんの活動、それこそ『ショアー』の上映会の実践みたいなものと、脱構築についてのデリダの言明というのが、こんなに簡単に結びついていいのだろうか。そのような疑問が、ぼくの中にはありました。それがあの頃の『法の力』批判の後ろにあったと思います。

逆にいうと、デリダは本来こういう脱構築、正義をいっていたはずだということを、デリダの語彙を使わずに、今書いている。そう受け取っていただければと思います。

第1部

Ⅲ　誤配、自己免疫性、リュトモス

吉松覚

本稿で目指すところは以下の二点である。第一に、東浩紀の『存在論的、郵便的』『観光客の哲学』そして『訂正可能性の哲学』における誤配の問題と社会的生についての思考を、デリダの民主主義論に向けて補助線を引いていくことである。第二に、東が『存在論的、郵便的』で提示した、デリダについてのあるテマティックな読解に注目し、その着想が後の東の議論を準備している可能性について検討する。そのテーマとは「リズム」である。今日、フランス思想研究においてリズムというテーマは百花繚乱の様相を呈している。そしてそのリズム論の隆盛に対する東の思考がもつ可能性についてお伺いしたい。

議論の構成は、上記の問題設定に沿って次のように進めていく。第一に『存在論的、郵便的』で提示された誤配の思想を『観光客の哲学』『訂正可能性の哲学』にまで跡付ける。第二に、マーティン・ヘグルンドの『ラディカル無神論』を否定神学的デリダ読解への批判として整理し直しつつ、デリダの政治論と東の社会思想の近さを分析する。なぜ『ラディカル無神論』を参照するのか。それは、のちに詳述するが、同書においてヘグルンドが提示する読解もまた『存在論的、郵便的』の用語法で言えば、否定神学的デリダ読解を批判して、「訂正可能性」とも近い思考に迫っていながらも、『存在論的、郵便的』では直接扱われなかった政治の問題を最重要な問題として扱っているからである。それゆえ、ヘグルンドを介することで、『存在論的、郵便的』から『訂正可能性の哲学』に至る道筋を立てることができるのではないか。そしてデリダの思考のある特性に注目した論者が日本とスウェーデンでそれぞれ独立にデリダ論を著し、後者すなわちヘグルンドの『ラディカル無神論』が英米圏におけるデリダ読解の新たなるスタンダードという評価を受けていることに鑑みると、東の読解の正当性を示すことにもつながる。最後に、『存在論的、郵便的』において誤配を起こすものとしてのリズムという問題系を、デリダに立ち戻って、さらには現代のリズム論研究との関連で思考する。以上のようにデリダの民主主義論から東、ヘグルンドを接続することで見えてくるのは、いわゆる後期デリダ、政治的転回以降のデリダに対する言及が少なかった『郵便』本におけるいわば非政治的な議論から、『観光客の哲学』『訂正可能性の哲学』の政治的思考への流れを析出することができるのではないか、ということである。

一　否定神学的マルチチュードから郵便的マルチチュードへ

まず東のデリダ読解の骨子について改めて確認しておきたい。「代補の論理」など初期デリダにおける論理的脱構築は、思考のなかに空虚な中心を据え、その穴こそが超越論的なものとして機能してしまう。つまり、つねに逃れ去るものを追求することによって駆り立てられるという否定神学的なモデルになってしまう。東の読解では、デリダ——ひいてはフーコーやドゥルーズも——この否定神学的思考モデルに抵抗するための戦略を取るようになったという。デリダはその隘路を脱するべく、一九七〇年代に難解な文体によるテクストを書くようになり、それは同書において郵便的脱構築と呼ばれている。語りえぬもの、現前しえぬものに駆り立てられる否定神学に対して、中期デリダはその現れざるものを、つねに不在でありつづけるものではなく、確率論的なものとして捉えた、というのが東の読解であった。すなわち現れないものは決して現前しない（すなわち失敗を運命づけられている）のではなく、確率的に失敗するかもしれないし、失敗しないかもしれない。この「かもしれない」の位相を捉えるために、ジャック・ラカン——まさに否定神学的思考を代表する思想家とされている——の「手紙は必ず届く」というポォの盗まれた手紙についてのセミネールにおける有名な定式に対して、「手紙は届かないこともありうる」ことを示そうとした。その典型的な例が『絵葉書』第一部の「送ることば」という、まさに郵便をモチーフにしたテクストであった。そして、この視点は、『観光客の哲学』

でも引き継がれている。たとえばグローバル市場に根ざす〈帝国〉に抵抗するためにネグリが持ち出すマルチチュードが否定神学になってしまうと分析し、以下のように述べている。

マルチチュードの連帯は、ポストマルクス主義の倒錯した戦術の延長線上にあり、闘争の特異性の無化のうえに成立している。だからその運動論は必然的にあいまいなものにならざるをえない。／じつはぼく〔＝東〕は二〇年ほどまえに、『存在論的、郵便的』という著作で、まさに右記の根源的民主主義を〔…〕取りあげ、その戦術を「否定神学的」という言葉で形容している。[1]

なぜマルチチュードやラディカル・デモクラシーは否定神学的になるのか。再度『観光客の哲学』を引用するなら「共通のイデオロギー（共産主義）がなく、したがって本来存在するはずのない連帯が、まさにその連帯の不可能性を媒介としてつくりだされることになっているからである。連帯は存在しないことによって存在する。ジジェクがラクラウたちに関心をもったのは、まさにこの否定神学的な論理がラカン派精神分析の論理に近かったからだ」[2]。これに東は郵便的マルチチュードとして、脱構築と同様に否定神学の隘路を乗り越えるための郵便という確率的な次元で応えようとする。郵便的マルチチュードへの移行を見る前に、なぜネグリのマルチチュードやラクラウのラディカル・デモクラシーは現代社会を捉え損なってしまうのか。東によると、ネグリたちは国民国家と〈帝国〉を移行関係としてしか捉えておらず、二層構造として併存していることを踏まえきれていないからであると述べる。ネグリは前者を規律権力に、後者を生権力に対応させて、歴史の展開に沿って移行すると主張する。しかし東はフーコーに立ち返りつつ、この二つの権力形態は対立しているわけでもなければ併存も可能であると述べている。むしろ現代社会は、国民国家が維持されつつも、国境を超えたグローバルな往来が可能な状態になっている。だからこそ、東はネグリの立論を維持しつつ、国民国家と〈帝国〉が二層構造をなしているという仮説のもとそこに修正を加えているのだ。

他方で、東はこの二層構造を踏まえたマルチチュードの主体として、観光客を提示する。観光客は『観光客の哲学』で以下のように定義されている。「帝国の体制と国民国家の体制のあいだを往復し、私的な生の実感を私的なまま公的な政治につなげる存在の名称である」[3]。現実世界におけるコミュニケーション等の失敗、すなわち「誤配」によって事後的に見出される効果として「存在しないもの」を記述するシステムたる「郵便」がなぜ観光客に結びつくのか。観光

1　東浩紀『観光客の哲学（増補版）』ゲンロン叢書、二〇二三年、一八八 - 一八九頁。
2　同書、一八九 - 一九〇頁。
3　同書、一九三頁。

客はさまざまな国民国家から、グローバルに他国へ物見遊山し、自国では決して行かないような場にも赴いてしまう。そこでの出会いは多分に誤解に満ちているが、新たな理解やコミュニケーションにつながっていくという見立てである。「連帯しそこなうことで事後的に生成し、結果的にそこに連帯が存在するかのように見えてしまう〔…〕錯覚の集積がつくる連帯」[4]を思考することで、否定神学的に実体を伴った表現ができない、空虚な中心を巡る悪しきロマン主義的な表現しかできないマルチチュードに対して形を与えることができるのではないか。このような仮説のもと、むしろこの二層構造によって可能になった世界の狭さと、ルソーにおける哀れみ概念によって連帯が生み出されるという。そして、その哀れみを支えているのが誤配や訂正可能性だとされている。[5]

繰り返すが、東は『存在論的、郵便的』ではデリダのいわゆる「政治的転回」――そのようなものがあったとして――以降のテクストは、言及しこそすれ、ほとんど読解対象としていない。しかし東が『存在論的、郵便的』の初出を『批評空間』誌に連載していた一九九〇年代中葉、そして同書を刊行した一九九八年以降にも、デリダが政治を語った『ならず者たち』が出版され、『獣と主権者』『死刑』の各セミネールが行われていた。そしてそれらのなかでの議論は東が提示したデリダ読解とも整合性が認められるもののように思われる。次節ではデリダの政治論と、東の『観光客の哲学』『訂正可能性の哲学』の並行性について検討していく。

二　デリダの政治論と『観光客の哲学』『訂正可能性の哲学』の並行性――マーティン・ヘグルンド『ラディカル無神論』を軸に

前節で私たちは、東が社会思想において誤配（コミュニケーションの失敗など）の可能性と、その集積によって事後的に可能になる連帯を提唱していることを検討した。他方でデリダもその民主主義論において、誤謬の可能性を強調している。それに加えて、東が『観光客の哲学』で用いた「まじめ／ふまじめ」の枠組みに似た、理性主義への批判を強調していることが見出される。まず、東における「まじめ／ふまじめ」について確認してみよう。

東は『観光客』において「まじめ／ふまじめ」の境界の彼岸に可能性を見出している。ここでいう「まじめ」とはテロなどに代表されるものとされ、他方「ふまじめ」とは観光などの行為が指し示されている。すなわち、「まじめ」なものとは学術および言論が取り組むに値すること、公的なものであるのに対して、「ふまじめ」なものとはそれらが取り組むに値しない、浮ついた、極めて私的なものとされる。政治は「まじめ」なものであり、個人の消費活動は「ふまじめ」とされる。しかし東がいみじくも指摘しているように、今日のテロは「まじめ」な大義名分を持たないテロリストによっても引き起こされることがある。それゆえ東はこの「まじめ

4　同書、一九八頁。
5　同書、二四一 - 二四四頁。

／ふまじめ」の二項対立を一旦保留にして、新たな思考の枠組みを作ることを提唱する。それが先述の国民国家での政治（これが「まじめ」側の審級である）と〈帝国〉でのグローバルな消費活動（これが「ふまじめ」側の審級である）の二層構造へとつながっていく。

さて、この「まじめ／ふまじめ」の問題はデリダの思想とも共通する問題系だろうと考えられる。デリダは、一般的には「まじめ」に読解することが困難なタイプのテクスト――フロイトの「快原理の彼岸」や、バタイユの諸テクストをはじめとする――を徹底的に「まじめ」に読解し、魅力的な解釈を引き出してきたし、逆に「まじめ」なテクストを「ふまじめ」にも読解してきた。例えば『存在論的、郵便的』でも分析される、「署名 出来事 コンテクスト」に端を発するデリダ＝サール論争を思い起こそう。サールはこの論文のなかでのデリダによるオースティン読解の不備を極めてアカデミックな仕方で指摘した。しかしデリダが『有限責任会社』において、サールへの再反論として行ったのは、言葉遊びに富んだテクスト「有限責任会社ａｂｃ」であった。もちろんサールはこのような言葉遊びを論文に用いることなど容認しない。しかし、だからこそデリダはこのようなスタイルをとることで、サール自身の欲望を暴き出そうとする、というのが東による読解であった。[6] つまり、ただ「まじめ／ふまじめ」がデリダにおける代補の論理を形作るというだけの問題ではない。デリダ＝サール論争においていずれがより正当な議論をしているかという問題でもない。他でもなく東自身がこの問題をすでに扱っていた点において、この「まじめ／ふまじめ」という論点は注目に値すると言えよう。

　さらに、今日におけるテロを論じるにあたって、デリダは晩年に一般的な政治的カテゴリーによってこの現象を分析することの不可能性を思考していた。二〇〇一年の同時多発テロへの報復としての「正義の戦争」を掲げるブッシュ政権は、中東の一部の国家についてテロリストを擁護する「ならず者国家」と呼び、非難していた。デリダはこの言葉を用い、『ならず者たち』を二〇〇三年に上梓するが、これは決して覇権国家たるアメリカ合衆国すらも「ならず者」になりうるという単純な図式に還元されるものではない。むしろ、同書はあらゆる国家の主権が「ならず者」的であるということを示そうとしていた。[7] さらに述べるならその背後にあるテロリストたちは国民国家をまたがって組織されており、主権国家の論理においてはいわば不可視な、捉え難いものとなってしまう。[8] さらに、『観光客の哲学』において「まじめ」な議論の典

6　東『存在論的、郵便的』、二八九−二九三頁。
7　同様のことは同時期に行われていた『獣と主権者』セミネールにおける「獣」性についても言える。この点については以下を参照。鵜飼哲、西山雄二、國分功一郎、宮﨑裕助「〈座談会〉一〇年後のジャック・デリダ」『思想』第一〇八八号、岩波書店、二〇一四年、三六−三七頁。
8　『ならず者たち』をはじめとするデリダの晩年の思想に対する、このような解釈については以下に負っている。宮﨑裕助『ジャック・デリダ ― 死後の生を与える』岩波書店、二〇二〇年、一二四−一二七頁およびサミュエル・ウェーバー『破壊と拡散』野内聡訳、月曜社、二〇〇五年。

型とされた『永遠平和のために』について、デリダもまた以下のように述べている。「民主主義のパラダイムは、カントの『永遠平和のために』の伝統を必要とはしていない」[9]。このデリダの行論を「まじめ／ふまじめ」の脱構築に基づいていると解釈するなら、ここにも東の『観光客の哲学』との並行性が見出される。

この近さをさらに理論的な次元で裏づけているのが、マーティン・ヘグルンドの『ラディカル無神論』である。ヘグルンドのデリダ読解の意義は、神学的なデリダ読解の矛盾を指摘し（それゆえに「無神論」）、そもそも神すらもが変質しうる（それゆえに「ラディカル」）という点にある。さらにヘグルンドによるデリダの思考の分析は進み、神だけでなく、私たちが守ろうとする当のもの（生、民主主義）すらも、変質しうるリスクにさらされていることが、デリダの内在的な読解によって示されている。とりわけ民主主義を扱った第五章では、ラディカル・デモクラシーによって知られるエルネスト・ラクラウ――東も『観光客』においてラクラウに批判的に言及している――の思想とデリダの思考が対比されている。

ヘグルンドは当然、『存在論的、郵便的』の議論を知らない。しかし、やはりヘグルンドも同様に、否定神学的デリダ読解を批判している。

デリダは、否定神学にかんする二つの主要なテクスト、「いかにして語らないか」と『名を救う』のなかでも同じ主張を繰り返している。神がなにものでもないということが、神とは有限な存在によって把握されるものではなく、言語で記述されうるものを無限に超え出ているということを意味するかぎり、そのように言うことにラディカルなものはなにひとつない。否定神学は、時間的有限性を免れる審級を設定することで、伝統的な形而上学の論理に固執しているのである。[10]

同書では否定神学的な不在の中心を据える哲学者たちとデリダを対決させる形で各章が構成されているが、ここで注目すべきは第五章である。なぜならここでもまた、ラクラウが参照され、ネグリも登場しているからである。大まかな流れを追ってみよう。ネグリ＋ハートのマルチチュード論は、「反対するという意志」[11]でつながっているだけであり、やはりマルチチュードがいかにして政治的に構築されるかについての説明が欠けているとラクラウは批判している。

9　Derrida, *Voyous*, Galilée, 2003, p. 118.〔ジャック・デリダ『ならず者たち』鵜飼哲・高橋哲哉訳、みすず書房、二〇〇九年、一六一頁〕。

10　Martin Hägglund, *Radical Atheism—Derrida and the Time of Life*, Stanford University Press, 2008, p. 3.〔マーティン・ヘグルンド『ラディカル無神論—デリダの生と時間』吉松覚、島田貴史、松田智裕訳、法政大学出版局、二〇一七年、八頁〕。

11　*Ibid.*, p. 188.〔ヘグルンド『ラディカル無神論』三六九頁〕。

そしてそれに代わってアーティキュレーションが必要だとラクラウは主張する。そしてそのアーティキュレーションによる結びつきは偶発的な関係であると述べられている。この点でラクラウには失敗の可能性や確率的な位相は盛り込まれているのだが、デリダと大きく異なる点としてヘグルンドが注目するのは、ラクラウの理論の土台となる「欲望」概念の位置づけである。

　ラクラウは自らの理論を支える柱として、ラカンの理論を用いているという点がデリダとラクラウの大きな分水嶺になっている。すなわち、「ラカンは存在の充溢はないとはっきりと認めている一方で、われわれが欲望するのはそのような充溢に近づくためであり、われわれの死すべき運命にある存在は、〈存在の欠如〉であると主張している」[12]。言うまでもなく、この議論の背景にあるのはラカンにおける対象aの議論であり、つまりは絶対的に埋め合わされることのない欠如によってドライブされるという、東の用語法で言うところの否定神学的モデルに陥ってしまっている。これに対して、ヘグルンドはこの否定神学的モデルでは民主主義を求める欲望を説明できないとさえ述べている。逆にデリダは、仮のものであっても中心や目標のようなものを措定せず、絶えず失敗のリスクにさらされながら民主主義や生が変化していくということを説いた。ヘグルンドはこの差異を際立たせ、デリダの思想の一貫性を主張することになる。『存在論的、郵便的』以来、『訂正可能性』までの東の術語で形容するなら、このメシアなきメシアニズムの運動そのものが、誤配と訂正に満ちた、闇夜を進むかのような運動であるとも言える。これこそが否定神学的な欠如や、到達しえない目標に向かっていく運動と、デリダの「来たるべき民主主義」の大きな理論的差異であろう。そして、ここでヘグルンドが持ち出すのが、デリダが最晩年に展開した自己免疫性の議論であった。

それでは自己免疫性とは何か。それは次のような事態を形容するときデリダが採用する術語である。すなわち、あるシステムは、自らを台無しにしてしまうような現象や要因によって、逆説的にも存続しうるという事態を指す。例えばデリダは『ならず者たち』においてアルジェリアで非民主的勢力が二段階投票の第一投票選挙において伸長しようとした結果、民主主義を護持するという名目で民主派が第二投票を無期限延期したという例を挙げている[13]。ここで問題となっているのは、非民主的な勢力であっても選挙という代議制民主主義において最も民主的な仕方で勢力を拡大しうる反面、民主主義者たちがそれに対して唯一なしうる抵抗が逆に非民主的なやり方しかとれないという点だ。ある種のダブルバインドに陥ってしまう。だからこそ民主主義に内在する自殺的傾向をデリダは指摘することになる。

しかし、この傾向が自殺的だからといって、それは悲観すべきものではなく、むしろ失敗する可能性を含むがゆえにこそ、単純なプログラムの適用に還元されないものとしての民主主義

12 *Ibid.*, p. 192.〔ヘグルンド『ラディカル無神論』三七六頁〕。
13 Derrida, *Voyous*, *op. cit.*, p. 53.〔デリダ『ならず者たち』六八 - 六九頁〕。

の存立の条件としてさえデリダは思考している。むしろこうした運動を、ルソーの改善可能性概念に結びつけて思考しようとしていた。もちろんデリダの民主主義論には訂正可能性のような、事後的な時間性は前景化してはいないが、単線的な発展、理性による熟議への疑義等々、やはり類似点は見出せよう。それゆえ第一に東氏に伺いたいのは、『存在論的、郵便的』では論じられなかった後期デリダの政治論についての評価である。『観光客の哲学』や『訂正可能性の哲学』は社会や政治についての論だが、いわゆる後期デリダは後者のなかで『法の力』が言及されているだけだった。[14] しかし上記のように、論理構成だけでなく、論じている内容も、かなり近似しているように思える。この点について、東はデリダの政治論をいかに評価しているのかお伺いしたい。

三 リュトモス

ここまではデリダの述べる自己免疫的民主主義は失敗の可能性を排除しないという点、そして東がまさに失敗の訂正可能性や誤配について思考したという点の二点から整理してきた。それでは誤配の生まれる機序はどのようになっているのか、この点について『存在論的、郵便的』に立ち戻ってある論点に注目してみようと思う。その論点とは「リズム」である。『存在論的、郵便的』第三章のタイトルは「郵便、リズム、亡霊化」であり、その点から言っても同書の重要なトピックであることは疑うべくもない。他方でデリダ自身も一九七〇年代から一九八〇年代にかけて、リズムという術語を少なからず使用しているものの、十分な研究の蓄積があるとは言いづらい。これらについてさらに検討して話題を開いていきたい。

第一の論点から進めよう。東は『存在論的、郵便的』で、リズムを以下のように定義している。デリダ『絵葉書』第一部の擬似書簡に対してハイデガーを援用して解釈している箇所である。「問題は［…］リズム、つまり遠方のVorhandensein〔手前存在〕が（ラジオなどを通って）現存在の近くまでやってくる速度なのであり、またそこで必然的に起きる異なる速度間の衝突、ずれなのだ[15]」。ここではメディアを通じて遠方のものが現存在の近くに到来することが問題だとされていて、その到来の速度の差による時差によって誤配が生み出されるという議論がされている。情報や事物の来歴が抹消されてしまうことによる全体化に抵抗するためのデリダ的な策として東はリズムに注目している。しかし、第二の論点とも重複するが、デリダにおけるリズムの研究の蓄積は少なく、東自身もデリダにおけるリズム概念の「不発はそれ自体、デリダが提示した諸隠喩がもつある理論的限界を示している[16]」と述べている通り、まとまりを欠いたも

14　東はデリダの一九九〇年代以降の政治的な内容を論じるテクストについて、いわゆる「リベラル知識人」の作品という枠組みで語ってしまうことに対して危惧している。（東浩紀・宮﨑裕助「デッドレターとしての哲学」『現代思想』第四三号第二巻、二〇一五年、一二三－一二四頁）。

15　東『存在論的、郵便的』一八二頁。

16　同書、一八〇頁。

のにも思われる。それでもなおここにさらに付け加えるとしたら、デリダはリズムについて述べるとき——『散種』であれ『絵葉書』であれ、『プシュケー』所収の「デジスタンス」であれ——リュトモスについて述べているということだ。

　この概念は言語学者エミール・バンヴェニストが「言語表現における「リズム」概念について」で検討したものである。このバンヴェニストの論文は古代におけるリュトモス概念の意味の変遷をたどるものであった。要約すると、リュトモスなる語は当初は変化のただなかにある流動的な形を意味していたが、プラトンにおいて運動や音楽について適用されるようになり、それが今日われわれの知る「リズム」概念になってゆく、という来歴がたどられる。[17] この論文は一九五一年に発表され、後に『一般言語学の諸問題』（一九六六年）に再録されて単行本化し、マルディネなど同時代の哲学者にも大きく影響を与えることとなる。ただ、さらに言うならば、このように時間的流れと空間的広がりの双方にまたがる意味を持つリュトモス概念について、間隔化や差延、緊縛構造などの哲学素を展開したデリダが注目していたかもしれない、というのは不自然な仮説ではないだろう。デリダとバンヴェニストの関係について明示的に示された「繋辞の代補」等のテクストから解き明かす作業は別の機会に譲ることとして、ここではこのリュトモスと東におけるリズムの問題を接続して、本稿を締めたいと思う。[18]

『存在論的、郵便的』の最終部で東はデリダによるフロイトの「マジックメモについての覚書」読解を図示している（図1）。ここで中央の三層の界面の中間にあるパラフィン紙――知覚表象が現れる意識の隠喩である――の上方で左右に矢印が引かれ、「リズム」と書かれている。ここでの「リズム」はさらに新しく記載するために上層のセルロイドが周期的に剝離されるという意味で用いられているかもしれない。しかし、パラフィン紙とワックスボードの表面の流動する一瞬だけのリュトモスとしての形を、『存在論的、郵便的』における「リズム」の定義に従うなら、外界から来る知覚刺激の多様な強度とその差異と捉えることもできるだろう。他方、『一般意志2・0』や『観光客の哲学』で登場した図を見てみよう（図2）。インターネット配信の画面上に流れる視聴者のコメント欄を示した図である。[19] この図の中央にも同様の変化する界面が描かれている。このコメントを拾って出演者がフィードバックすることにこそ、東は新たな民主主義の可能性を見出す。視聴者の共有する空気、つまり無意識が可視化されるインターフェイスとしてのコメント欄を論じているが、やはりこのコメントも――とりわけニコニコ生放送では――時間経過とともに画面上からは消去されてしまう。一定の周期で変更されつつも、その場の空気がもつ一瞬の形を可視化するという点で、まさにリュトモス的な形象と言うこともできるのではないだろうか。『存在論的、郵便的』の図では消去された記載内容――人間の心

17　Émile Benveniste, « La notion de « rythme » dans son expression linguistique », in *Problèmes de linguistique général*, tome 1, Gallimard, 1966, pp. 327–335.

的システムで言えば知覚刺激――は無意識への落下によって「郵便空間」へと行くことになる。しかし、マジックメモで遊んだことがある人なら理解できるかもしれないが、最下層のワックスボードに記載内容が亡霊的に残ってしまうことがある。それと同様に、人間の心においても無意識の記憶として予期せず回帰することになる。もちろん類比によって話を進めることに限界はあるだろうが、流れてしまったコメントもまた、事後的に発見されるかもしれない。昨今ではニコニコ生放送はかつてほどのプレゼンスはないものの、『一般意志2・0』で同じく並べられているツイッターもといXのトレンド機能やビッグデータによるつぶやきの数の量による可視化などは現在もなお活用されているし、今日でもYouTube LIVEでのコメント欄は、形こそ違えどやはり同様の空気感を可視化するものであろう。東は『存在論的、郵便的』以降リズムというトピックを論じていないが、これらをリュトモスとして読むとさらに像がクリアになるかもしれない、という仮説をここで提唱したい。

他方、リュトモスとしてのリズムという概念を導入すると、以下のような論点も出てくるだ

18　なお、筆者のリズム解釈と、これに続く東氏の応答との隔たりについて先取り的に思考しておくなら、それはリズムの生起する場はどこにあるのか、という問題であろう。筆者は「フロイトとエクリチュールの舞台」における各層の周期的な剝離が（非連続的な）時間表象を生み出すという意味で、リズムにある種の超越論的地位を与えている。それに対して東氏は各々の存在者がそれぞれに

持つものとして、リズムを解釈しているようである。この対比は現代のリズム論における解釈の差異ともおおむね符合する。例えば山下尚一は二〇世紀の音楽学者ジゼール・ブルレのテクストをもとに、バンヴェニストのリズム論のみならず、リズムと拍子の差異についての思考の歴史を繙いている。山下はむしろリズムの背景となる音のパターンの連続性と音の断続による不連続性とが絡み合う「非連続的リズム」に注目し、それを沈黙の地たる超越論的リズムとして定義した（山下尚一『ジゼール・ブルレ研究』ナカニシヤ出版、二〇一二年、一六三－一六五頁および一八四－一八七頁）。また、十川幸司は「リズムの精神分析に向けて」「心的生の誕生」などの論考において、やはり出現しては消え去る反復が心的生を形成するという議論を、アンドレ・グリーンにおける枠組み構造を参照しつつ提示している。（十川幸司「精神分析におけるリズムの問い」『思想』第一一六八号、岩波書店、二〇二一年、七－二六頁および「心的生の誕生―ネガティヴ・ハンド（リズムの精神分析（1））」『思想』第一一八一号、岩波書店、二〇二二年、一二九－一四一頁）。この反復される空白や消滅に重きをおく論者に共通するのは、あるパターンを何がしかの審級が認識し、それがリズムとなっていくという解釈であろう。他方、現象学者の村上靖彦――現代のリズム論における泰斗の一人である――は、東氏に近いリズム解釈を提示しているように思われる。例えばそれは以下のような記述に見られる「リズムは単数ではない。リズムは複数の線が絡み合ったポリリズムとして生じる」（村上靖彦『交わらないリズム――出会いとすれ違いの現象学』青土社、二〇二一年、一〇頁）。以上のように、リズムがどの次元で生じるかにおいて、解釈が分かれているのではないかと考えられる。なお、筆者は『存在論的、郵便的』のフロイト論におけるリズムの問題からの影響のもとに書いた論文を公表している。吉松覚「フロイトの読者デリダにおける時間、リズム、生」『関西フランス語フランス文学』第二五号、二〇一九年、五五－六七頁。

19　双方の図の理論的な近さについてはすでに東自身が指摘している。東浩紀、宮﨑裕助「デッドレターとしての哲学」一二九－一三〇頁。

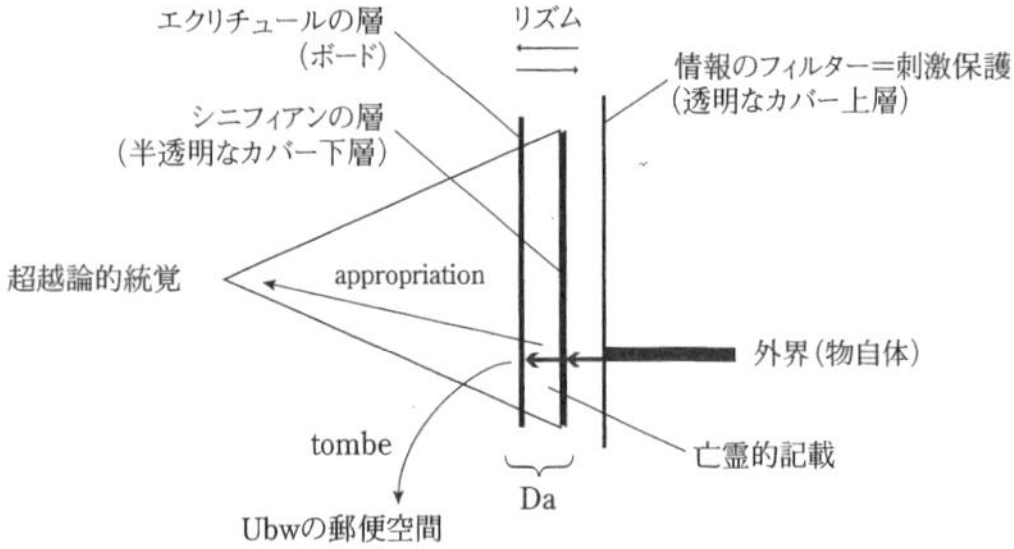

図1　東浩紀『存在論的、郵便的』322頁

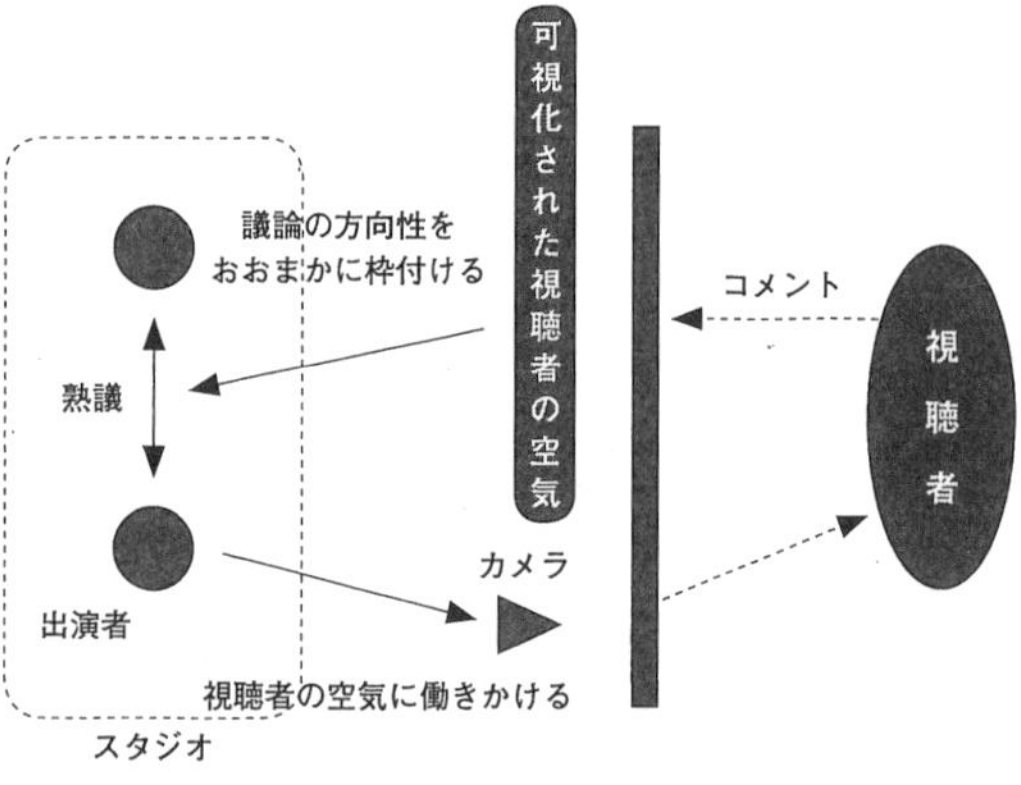

図2　東浩紀『一般意志2.0』220頁

ろう。まず、この概念は動きつつあるものがとる一瞬の形である以上、何がしかの持続が前提とされている。つまり、リズムといっても単に周期性だけの問題ではない。むしろ、周期性に

枠づけられながらも、その下支えをする土台もまた背後にあるという点である。[20] もちろん『存在論的、郵便的』では周期的な転移切断が問題となってくるが、切断と同程度に持続性もあってのリズムと考えられはしないか。[21] つまり転移と転移対象からの切断とのあいだを取り持つものなのではないか。デリダにおいて「不発に終わってしまった」と評価され、東のその後の著作においても登場しない「リズム」概念には、むしろ豊かな可能性が隠されているように思われる。この可能性の探究は今後の課題として、東氏にはリズム概念のその後、この概念の帰趨をお伺いしたい。

※このテクストは日本学術振興会特別研究員奨励費22KJ3020の助成を受けて実現しました。

20　このリズム解釈については十川幸司の前掲二論文「精神分析におけるリズムの問い」および「心的生の誕生」に負っている。

21　デリダは『ならず者たち』において自由と平等を同時に可能にする体制として輪番制に注目している（Derrida, *Voyous, op. cit.*, pp. 25-50〔デリダ『ならず者たち』二七‐六四頁〕）。これも特定の政治家（ないし世襲制の君主）への過剰な信奉＝付着（adhésion）を一度リセットするための、つまり転移切断のための方策とも読める。他方で、輪番制に見られる円環の形象は、人民による人民の統治、すなわち再帰的な自己支配を表すためにも用いられる。そしてこの自己触発的な構造にはつねに差延が生じてしまう。この繰り延べの構造、あるいは自己支配の構造的な不完全性が、「来たるべき民主主義」へと繋がってゆく。

東浩紀氏の、吉松覚氏への応答

吉松さんが問われた、『存在論的、郵便的』におけるリズムの問題については、あまりその後は展開していません。二五年前、書いたときの記憶で話しますが、それは「コーラ」の読解と関係しているように思います。実際に関係していなかったとしても、当時の頭の中では関係していたと思います。

デリダに『コーラ』というすごく小さいテクストがあります。未訳だったんですが、それを読んでみると、すごく面白かった。プラトンの対話篇『ティマイオス』の生成論を読解するテクストですが、場所（コーラ）自体がすごく振動しており、場所が振動することで物が生成するみたいな議論をしていた（記憶で話しています）。ぼくはそれを「リズム」という言葉で表していたのではないか。つまりアルシ・エクリチュール（原 - エクリチュール）の問題をいおうとしている。『存在論的、郵便的』では、それを「リズム」という言葉で説明しようとしていたと思います。ただ、アルシ・エクリチュールの問題をやろうとしていたんですが、そちらの方向に深入りするとヤバそうだと、途中で方針転換がありました。だから、その後「リズム」という言葉が消えている。けれども、別の形では回帰しています。

吉松さんの発表の前半で、デリダの政治論について、どう評価されるかという話をされていました。ぼくは最近、デリダをそんなにちゃんと追っていないので、それについて評価する立場にはありません。ただ、『訂正可能性の哲学』の最後に、「喧騒が大事だ」と書いています。トクヴィルに関しては普通、アソシエーション（結社）の問題がすごく重視されますが、実はトクヴィルがアメリカに発見したものは、喧騒だったというのが僕の考えです。つまり、ワサワサとしていること、政治と非政治の区別すらつかないような状態で、人々がいっぱい喋っていることに、トクヴィルは注目したということです。

『訂正可能性の哲学』には書いていないことを話します。トクヴィルがアメリカを訪れたときは、ジャクソニアン・デモクラシーの時代でした。つまり、ポピュリズムの時代だった。建国の父たちが抱いた民主主義の理念が失われ、むしろ腐敗した民主主義の時代に、トクヴィルはアメリカに行っている。にもかかわらず、トクヴィルは、民主主義を擁護している。ここが大事です。だから、アソシエーションの問題、特に政治的結社の問題の面からのみ考えるのは、多分トクヴィル理解としても狭いのではないか。むろんぼくはトクヴィル研究者ではありませんから、断言していいかわかりません。ただ、トクヴィルが当時、民主主義の力だと思ったものは何かといえば、それは、政治と非政治の境界があいまいになり、人々がやたらと意見をいっている状態、つまり喧騒だと思うのです。最近は、そういうところに注目しています。

二五年前に「リズム」という言葉で、ぼくが考えていた問題は、東浩紀の中で、民主主義における喧騒という問題へと引き継がれている。そういうふうに解釈してもらえればいいと思います。存在論の問題ではない。むしろ、もっと政治的かつ政治思想的な文脈で考えようとしているということです。

Ⅳ　「同じものだとみなさざるを得ない」ことの強制性について

大畑浩志

大阪公立大学所属の大畑と申します。私はいわゆる「分析哲学」の研究者であり、修士の頃はデイヴィドソンという哲学者の研究を、そして博士では心の哲学や科学哲学をやっていました。しかし、私の哲学の出発点は中学生の頃に読んだ『ゲーム的リアリズムの誕生』であり、いまもなお東さんのクリプキ論やウィトゲンシュタイン論には刺激を受け続けています。そのようなわけで私は、「東浩紀に強い影響を受けた分析哲学者」という一風変わった立場にあります。そうした観点から本日は、「「同じものだとみなさざるを得ない」ことの強制性について」という題で発表させていただきます。

†遡行的に見いだされる固有性

『存在論的、郵便的』には、クリプキやサールといった英米圏の哲学者を扱った一種の固有名論があります。すなわち、「確定記述の束に還元されない固有名の剰余はどこからやってくるのか」という議論です。この問いに対して東さんは、「ある固有名を用いる私たちのコミュニケーションがあちこちでうまくいかないことによって、私たちは当の固有名に対して遡行的に剰余を発見ないし錯覚する」と答えている。この回答は、固有名が伝わる因果的な伝達経路に着目した「唯物論者としてのクリプキ」を継承するものだと言えます。こうした東の見解は、名付けの現場（いわゆる「命名儀式」）を強く重んじそこから剰余を導く「形而上学者としてのクリプキ」や、対象ａあるいは志向的内容から剰余を導く「否定神学者としてのジジェクやサール」とは大きく異なっている。

ある固有名が指し示すものごとの「固有性」は、その名と関わる私たちのコミュニケーションの失敗／誤配や、イメージの刷新／訂正を通じてのみ捉えることができる。こうしたテーゼは東の哲学の根幹をなしていて、『存在論的、郵便的』以降の著作でも多様に展開されています。ここでは三つほど例を挙げます。第一に、大きな国家や理念なきあと、新たな政治的アイデンティティ、あるいは観光から帰ってくるひとつの家をどうつくるのかという『観光客の哲学』の問題。第二に、加害／被害の二分法では捉えられない、すでに起こってしまった悪の中動態的愚かさをいかに記憶するかという「悪の愚かさについて」の問題。第三に、データベース（人工環境）によって半ば自動的に生成された「ゲームのような小説」は、人生における選択の取り返しのなさ、そして愛や死の一回性を描けるのかという『ゲーム的リアリズムの誕生』の問題。これら三つはトピックとしてはバラバラですが、しかしいずれもある種の固有性ないし歴史性をつかまえようとする点で一致しており、そしてそれはコミュニケーションの失敗やイメージの刷新によって捉えられると一貫して主張されます。たとえば私が好きな『ゲーム的リアリズムの誕生』でいえば、ノベルゲームの構造や二次創作の環境が生み出すメタレベルでのパラレルワールド性によって、ベタに描かれた物語とはまったく別の次元で、キャラクターの属性が何度も刷新されることになる。

†「訂正された同じもの」を求めるのはなぜか

さて、ここまでは東哲学のまとめにすぎません。本発表が主として検討したいのは次のような問題です。東によれば、コミュニケーションの失敗やイメージの刷新から遡行的に、「同じ何かについて語っている」（ないし「同じゲームをしている」）が発見される。だとすれば、そうした失敗が生じた際、私たちが語っている何かを「別のものに置き換える」のではなく「訂正された同じもの」だとみなしたくなる欲望――あるいは、みなさざるを得ない強制性はどこからやってくるのか。

もっとも東さんは、すでにこうした問題に対して一定の見解を出されています。『哲学の誤配』などで明言されている見解は、「私たちが同じゲームを行なっているとされるのは、私たちを外から眺める観客がゲームの変更を許さないからだ」というものです。つまり、私たちが「同じ何かについて語っている」ことは、つねに私たちの外側にいる観客が定める。こうした回答も念頭に置きつつ本発表は、それでももう少し突っ込んで、観客がつい「同じ」だとみなしてしまうことや、あるいはプレイヤーが観客の要望を跳ね除けたくなることについて考えられたらと思います。

†「モノ」の重要性

ところで、東哲学においてはしばしば、言語的コミュニケーションの限界と、その外部にある具体的な「モノ」の重要性が説かれます。『一般意志2・0』をはじめとするさまざまな著作に親しんでいる方であれば、人々の連帯は熟議を尽くして合意に至ることで達成されるのではなく（そのようなことはそもそも不可能であり）、目の前で苦しんでいる相手に自然と手を伸ばしてしまう「憐れみ」の連鎖で可能となるという議論はよくご存知かと思います。こうしたルソー＝ローティ的「憐れみ」は、言語の世界ではなく、もっと動物的で即物的なモノの秩序に属している。もう一点付け加えると、『弱いつながり』においては、言語的コミュニケーションのメタゲームを止める契機としてもモノが論じられていました。たとえば、ナチスによるホロコーストを否定する歴史修正主義者は、大戦中の公文書や戦争写真はもちろん、強制収容所から生き残ったユダヤ人の証言でさえも、いくらでも「再解釈」してしまえる。写真は捏造されておりユダヤ人の記憶も間違っている、といったように。しかし歴史修正主義者であっても、いまもなお具体物として残されているアウシュヴィッツやザクセンハウゼンの遺構を「ないもの」にはできない。もしこうした遺構が残されていなかったとすれば、歴史修正主義の主張はいまよりはるかに影響力をもっていたはずだと、東さんは論じています。

共同体の拡張性は、「目の前のモノに対する憐れみ」から導かれる。そしてだとすれば、私たちが「同じ何かについて語っている」ことの強制性についても、モノを起点として考えられないか。とはいえもちろん、私たちが語る家族や国家や都市といった対象は、目で見て触れることのできる具体的なモノであるわけではない。そこで、本発表の主張をまずは次のようにまとめてみたいと思います。すなわち、何らかの共同体がひとつにまとまり、同じ共同体として持続することは、その共同体と非常に強く結びつくモノの発見と深く関わっている、と。

こうした考えは、『訂正可能性の哲学』で行われたアーレントの制作者に関する議論とかぶります。また、「福島第一原発観光地化計画」とも親和的だと思います。この計画では、損傷を受けた福島第一原発や瓦礫の山をモノとして残すことの意義が語られていました。もしこれらを残してゆけるなら、原発被災地は、「フクシマ」という捉えどころがないまとまりではなく、より具体的な範囲をもち直接的に語ることのできる固有名になりうる。

しかし、私が先ほど述べた見解には懸念もあります。共同体の持続とモノの持続を強く結びつけることは、ある種の物神崇拝（フェティシズム）に陥るのではないかという懸念です。ここで私が念頭に置いている物神崇拝とは、共同体の持続をモノに仮託し象徴させ、共同体の同一性とモノの同一性を直接リンクさせるような考えです。たとえば、日本という共同体とモノの持続が直接的に結びつくならば、日本の持続には何らかの神話的アイテム（三種の神器のような）が必要とされてしまうでしょう。そしてその帰結として、もしそうしたアイテムが失われるとすれば日本のアイデンティティも崩壊するだろうといった不合理な結論も容易に導かれてしまいます。

†様相的知識についての経験主義

こうした難点を払拭するために、ここで分析系の哲学者を一人引きたいと思います。現代の形而上学や認識論を専門とするバーバラ・ヴェター［Vetter 2020 and 2023］[1]は、「私たちは可能性をいかにして知るのか」という問題関心のなかで次のように述べています。私たちは、諸命題の矛盾のない組み合わせを思考することによって、経験抜きに（アプリオリに）「何が可能か」

を知るわけではない。そうではなく、さまざまなモノがもつ能力ないし傾向性を知覚して、そこから「何が可能か」を知るのだ、と。ここで登場する「傾向性」は分析哲学の専門用語であり、しかもヴェターー独自のニュアンスも込められていてやっかいなのですが、これはモノがもつ「～できる」という力、ポテンシャルのようなものだと思ってください。ごく単純な例を挙げると、ガラスでできた花瓶は、「割れることができる」というポテンシャルを（一度も割れることがなくても）もっている。とにかくヴェターーは、認知心理学上のアフォーダンス理論なども引きながら、私たちはモノがもつポテンシャルを知覚するのだと主張しています。彼女は様相的知識の源流を知覚に置くことによって、そうした知識の獲得を、想像や思考よりもより経験的な仕方で――強制的な仕方で捉えていると言える。さらに、「私たちは、モノとの相互作用の文脈を超えたところへ、それらとの経験を投影する（project）する傾向が自然にある」［Vetter 2023: 55］のであり、「そうした投影は、おそらく心理学の基本であり、そしてほとんどの場合意識されることなく生じる」［ibid.: 56］と述べている。これはつまり、現前にある個別的なモノのポテンシャルの知覚から、より一般的で大きな可能的状況の認識に至るということであり、そ

1　Vetter, Barbara(2023) An Agency-Based Epistemology of Modality. In Duško Prelević & Anand Vaidya(eds.), *The Epistemology of Modality and Philosophical Methodology*. Routledge.
Vetter, Barbara(2020) Perceiving Potentiality: A Metaphysics for Affordances. *Topoi* 39: 1177-1191.

して本発表において重要なのは、そうした一般化が「自然に／意識されることなく」なされると言われていることです。ここにも一種の強制性が入ってくる。

†モノの知覚から訂正可能性の認識へ

私は先ほど、「何らかの共同体がひとつにまとまり、同じ共同体として持続することは、その共同体と非常に強く結びつくモノの発見と深く関わる」と述べました。しかし、共同体の同一性をモノの同一性に託すような物神崇拝に陥ってはならない。むしろヴェターの議論を踏まえた上で大切だと思われるのは、「同じ何か」へと至る可能性を想起させるモノの存在です。たとえば、私は子どもの頃法隆寺へ行ったとき、その柱の傷を見て、「この傷は飛鳥時代につけられたものなのかな」と考えました。しかしこれは誤りです。法隆寺は少なくとも一度は全焼し再建されているからです。飛鳥時代の法隆寺と私が見た法隆寺は「別個体」と言ってよい。しかしそれでも、当時の私は飛鳥時代の人々との何らかのつながりを感じました。この共同体意識は、十数年前に見た法隆寺が、飛鳥時代に建立されたものから持続する同じものだったかもしれない――そのようなポテンシャルを有することに基づくのではないか。

この種の議論は、『観光客の哲学』におけるドストエフスキー論から考えることもできると思います。『カラマーゾフの兄弟』の終盤、イリューシャは可愛がっていた犬のジューシカを失ってしまう。ジューシカは代替不可能な存在であり、別の犬である（と思われる）ペレズヴォンは本来ジューシカの代わりにはなれない。しかしイリューシャは、ペレズヴォンを目の前にすることによって、ジューシカが自分にとってかけがえのない存在であったこと、そのこと自体の偶然性に気づく。ジューシカの役割はペレズヴォンが担っていたかもしれないと想起され、ここからひとつの「ジューシカ的なるもの」が発見されます。イリューシャは「同じもの」を発見する。そしてそれは、イリューシャをはじめとする少年たちの共同体形成に不可欠のものとなる。『観光客の哲学』で論じられたこのプロセスは、本発表の内容とも関わると思います。

何かを「同じ」だと遡行的にみなさざるを得ない、そうした強制性をはらんだ訂正可能性の認識は、私たちが何らかのモノを知覚し、「これはこのような姿にならなくてもよかった」あるいは「あれはこのような姿だったかもしれない」と自然に／意識さえせず考えてしまうことから出発する。モノの同一性それ自体ではなく、複数の異なるモノによって「同じもの」が想起されることが重要である。これが本発表の考えになります。

†制度化された哲学研究を超えて

一分ほど時間が余りました。今回のシンポジウムには、「ひとりは英米系のひとを」と思って呼んでいただいたと思うので、そのような観点から一言述べさせてください。こんにち、分析系と大陸系の橋渡しはさかんに試みられています。しかし、「ニーチェを論理学によって整理する」といったしばしば行われる作業は、私には非常に表面的な、単なるすり合わせに思えます。そうした問題意識を抱える私にとって、『存在論的、郵便的』やそれ以降の東さんの仕事は、両伝統の交差点を模索するもっとも冴えたやり方のように思います。『存在論的、郵便的』からは、「デリダはなぜあのようなテクストを書いたのか」という問題に取り組むためにクリプキやサールやカルナップを参照せねばならない、そうした必然性が見て取れる。何らかの問題をじっと深く考えるなかで、さまざまな時代のさまざまな思想を参照せねばならないときがやってくる。制度化された哲学研究にふけるなかでともすれば忘れてしまうそんな当たり前のことを、東さんの著作は何度も思い起こさせてくれます。

東浩紀氏の、大畑浩志氏への応答

「同じもの性」の強制性は、一体どこから来るのかという話について。ぼくは、同じもの性は、ものそのものから来るのではなくて、他者が要請すると考えています。ぼくがぼくとして同じ人間であるかどうかというのは、自分で決めることはできない。他者が、それを連続していると思うかどうかということでしか決められません。アイデンティティというのは自分の中にはなくて、他者が見ているものでしかない。その点で、ぼくはスタンダードに大陸哲学っぽい考え方をしています。大畑さんの発表は、それを分析哲学的な用語で再構成しようとしているのではないか。だから、少し用語がずれていて、それゆえ議論がずれてしまっている気がして、今発表を聞いていました。

一番最後に提起してくれたことについても言っておきたいことがあります。皆さん忘れていると思いますが、元々ぼくは科学史・科学哲学出身です。実はこのデリダ論は、まだ科学史・科学哲学の記憶がかなり強かったときに書いています。特に前半はそうです。これは大事なことで、ぼくはじつは大学の授業では、デリダやドゥルーズよりも、むしろクワインなどを読んでいました。だから、カルナップの話が出てくるのも自然なことなんです。前半部で、それらが融合しているのは、そのせいだと思います。

また、これも時々いっていることですが、そもそもなぜデリダで論文を書けると思ったのか。

具体的なきっかけがあります。当時東北大学にいた野家啓一さんが、駒場の大学院で集中講義をしたことがありました。ぼくは学部生だけど潜り込んでいました。そのときに野家さんが、クワインのホーリズムとデリダの脱構築をつなげて話をしてくれた。後に本になりますが、独特のナラティブ論みたいな話でした。野家さんの講義で主に使われていたのが、クワインだったと思います。クワインの哲学を使って、デリダについて鮮やかに解説されていた。それが記憶の中にあって、デリダを分析哲学の用語で解釈できるはずだと、直感を持つきっかけになったのだと思います。

もう一点、デイヴィドソンについては、ぼくにはよくわかりません。デイヴィドソンにはあまり親しんでいないからです。そのことが、大畑さんとぼくのあいだの議論のズレに関係しているのかもしれません。デイヴィドソンとデリダは似ているといわれることがあります。ローティがそんなことをいっていたと思います。ただ、ぼくは、あまりそう感じたことがない。デリダはディスクールやナラティブの方から考える。何かの対象を見ていたとしても、その対象を取り巻く記号の側から考えていく。デイヴィドソンはずばりモノについて考えている。だから違う。そんなことを、発表を聞きながら改めて考えていました。

第1部　討議

「誤配」「横断」から構想される哲学

宮﨑　若手四名からの発表を受けて、ここから質疑応答をはじめたいと思います。森脇さん、お願いします。

森脇　発表では国際哲学コレージュを取り上げましたが、すでに述べたとおり、私としてはコレージュそのものを全肯定しているわけではありませんし、またゲンロンと同じだとも言う気はありません。具体的に言えば、現在のコレージュは、「デリダ派の共同体ではない」と言いつつも、やはりその語彙や志向がきわめてデリダ的であるという――脱構築派一般が陥りがちな――閉塞感を感じなくはない。ただ、デリダがコレージュを構想した段階での理論的な枠組みを、東さんが一九九〇年代のおわりから二〇〇〇年代に「横断」や「横向きの超越」という言葉で表されていたことと近づけて読んでみたかったわけです。

ここでは改めてデリダの学問論およびその実践をあらためて二点から整理したいと思います。（1）デリダは「学際性」を批判します。なぜなら、「学際的」な営みにおいては、たしかにいろんなディシプリンの人たちが集まってはいるけれども、結局一個のテーマの周りで融和的に喋っているだけで、結局は既成の「大学」の枠内に収まるようなものが多いからです。いまの日本のアカデミズムや学術系雑誌を見ていればわかるように、それはただの見飽きた馴れ合いに陥る。そうではなく、諸学問の交流のうちにまったく新しいテーマが創出されることこそが重要でしょう。そこでデリダは「交差（インターセクション）」という端的な言い方を導入するわけです。

この点はデリダの翻訳論とも関係している。デリダにおいて学問論と翻訳論はほぼ同時期に――東さんも着目されている七〇年代という ことですが――並行的に導入されたのです。つまり、いろいろな学問のあいだでの「翻訳的」な関係こそが新たな領域を開拓する。ベンヤミンやデリダやアントワーヌ・ベルマンの言う「翻訳」は、各言語を支える共通の意味の地平から安穏と出発するのではなく、むしろそうした地平そのものの不在、諸言語の徹底的な交流不可能性という危機的な状況を引き受けようとする。結果、翻訳は諸言語の解消しえない摩擦や違和につねにさらされることになるわけですが、その不一致こそが「詩的な発明」の好機でもある。この翻訳の概念はデリダにおいて、登場からすでに学問の問題と紐づけられています（これについては発表のなかでも触れた私の論文「哲学的大学の使命と「翻訳者の義務」」を参照してください）。つまりまとめれば、デリダにとっての哲学の役割は諸学を基礎づける王でも絶対的な創造者でもなく、むしろ諸学を交流させせつつ介入し、そこに別種の問題を発見する「翻訳者」であり、哲学の使命は「翻訳者の課題」（ベンヤミン）として考察されるわけですね。そしてそこにこそ、「発明」の好機がある。これは東さんが提出されているところの、「誤配」や「横断」から構想される哲学のイメージにすごく近い。

　これが「横」の要素だとすれば、もうひとつは(2)「縦」の要素、歴史的要素です。これがデリダのいう「遺産相続」であり、また発表内で述べたので繰り返しませんが、つねにずれを内包した「再生産」という話になります。この点は東さんの言われる「家族」や「歴史」のテーマ——訂正の連鎖としての——とも通じるでしょう。こうやって横と縦で国際哲学コレージュを理解すると、東さんの思想やゲンロンの実践とデリダが接近していることがよくわかります。そしてさらに重要なのは、これがたんなる理論ではなく、一種のオルタナティヴな（政治）運動とかかわっているということです。

　先ほど有料であることの大事さ、転移を切断することについてご指摘を受けました。そのことについては、私も同人誌活動などやっているなかで自覚してきた点で、よくわかります。しかし、転移共同体化を防ぐやり方はほかにもあるかもしれないとも思っています。たとえば国際哲学コレージュの場合は六年周期でメンバーが総入れ替えする。そうした形で、「有料」とは異なる形で転移共同体化するのを防いでいる（それがうまくいっているかは別として）。こうした実践については、どう思われますか。

いい共同体の作り方

東　国際哲学コレージュに対してぼくはむろ

ん判断を下す立場にないので、ゲンロンを、そんな風に比較していただき本当にありがたいことだと思います。ただ、付け加えるとすれば、森脇さんが引用してくださった、ぼくの昔の文章がありますよね。「真理は知の郵便制度の、家族は血の郵便制度の完全性に守られる」。完全に忘れていましたけれど、いい文章ですね（笑）。というのは、ぼくがやっている家族論は大学論でもある。ぼくはずっと家族の脱構築みたいな話をしているわけですが、あれは大学制度論として使えるはずだと感じています。つまり、デリダが七〇年代にいっていたことを、最近ぼくはすごくわかる感じがするんですね。大学という教育制度、権威に対して抵抗するあまり、むしろアナーキーになってしまってもダメなわけで、それをなんらかの意味で「継承」しなければいけない。継承しつつ開いていくということです。これはまさに、いい共同体の作り方としてどういうものがあるのかという話です。『訂正可能性の哲学』では、ぼくは結局「家族的」という言葉を脱構築するしかないんじゃないかという結論に到達しています。それが大学制度論でもあったのだなと、今回気づかされました。

森脇　ありがとうございます。家族論が制度論に結びつくということが私の論点のひとつでしたからその点をわかっていただけてうれしいです。そしてそれゆえに、『存在論的、郵便的』では中期のデリダを扱っているのに大学論やその実践については触れられないことを疑問にも思ってもいたんですね。七〇年代・

八〇年代のデリダはさっき言った翻訳や大学の問題に加えて、東さんもメインで扱っている精神分析や文学論など、複数の要素が一気に開花していく。またヘーゲルやハイデガーやラカンとの根本的な対決が試みられていくのもこの時期です。テクストが散逸的で読みづらいという問題もあるので（たとえばデリダの大学論集『哲学への権利』が刊行されたのは一九九〇年ですからタイムラグがあります）、全体像を摑むのは難しいけれども、しかし比較的読みやすい「前期デリダ」にこだわっていては決して見えない危うさが魅力的でもある。

柄谷行人の不在

もう一つ、『訂正可能性の哲学』についてお聞きします。先ほど『訂正可能性の哲学』には「デリダが出てこない」というお話がありました。同時に面白いと思うのは、柄谷行人が出てこないという点ですね（「クリプキの同世代の日本の思想家」として、一ヵ所だけ登場する）。私の発表でも触れたのですが、『存在論的、郵便的』で「訂正可能性」の概念は、デリダやクリプキと同時に『探究Ⅰ』の議論（「教える―学ぶ」関係）とも同時に出ています。私の発表ではこの点をなかば無理やり「教育」や「再生産」の話に結びつけて、アルチュセール、デリダ、クリプキ、柄谷、東の議論を整合的にまとめるという試みをやってみました。

あとは『訂正可能性』は最後にトクヴィル経由でアソシエーションの話をして終わっていますが、この点でも、柄谷の議論および実践（NAM）が想起される。コレージュ、NA

M、ゲンロンそれぞれの共通点と差異、成功や失敗を考えることは、人文学と広義の政治運動の関係について何か新しいアイディアをもたらしてくれると私は思っています。この柄谷の不在はどう理解すべきでしょうか。

東　今回の本は、まさにデリダなんですが、なぜデリダを直接使っていないのか。結論からいうと、参照しようとしたんですができなかった。本の構想自体が、あまりにもデリダ的であり、そのために逆にデリダのある部分をパーツとして取り出して使うことができなかった。特にルソー論のところは、本当はデリダを引用したかったんです。たとえば「人工的自然」の話はすごくデリダ的な問題です。だから、『グラマトロジーについて』も読み返してみたんですが、引用できるところが見つからない。みなさんご存知のように、そもそもデリダってとても引用しにくい人なんです。うまくデリダを使って、他の人の議論と繋げることができない。それで諦めたところがあります。

柄谷行人さんについては、全然別の理由からです。柄谷さんが今世界的に評価されているのは、いいことだと思います。ただ、ぼく個人としては、ある時期以降の柄谷さんはかつての思想的なダイナミズムを失っていると理解している。もちろん、昔の柄谷さんを引用することはできたと思います。けれども、それは暗黙に二〇〇〇年代以降への批判になる。そういう文脈には入りたくなかった。

宮﨑　次に、小川さんお願いします。

今デリダを読み直すために

小川　ある程度は想定していましたが、すでに先ほど思っていた回答をストレートにいただいたと感じています。郵便本は可能性の中心として見出した中期デリダという論点は逆に、前期後期のデリダの議論を素直に読みにくくするものではありました。確かに否定神学批判という論点はハイデガー／ラカンを前にして非常に重要な論点なのですが、ただ、それで正義や民主主義を語るデリダが読めなくなってしまうのか。あるいは、そういったテーマに接続するポイントが弱いのかといわれると、それはそれで貧しい。そう思っていた部分がありました。否定神学的な語れなさがあったとしても、そこでいかなる言葉にできるかが今デリダを読み直す際には重要な気がしています。たとえば、「赦し得ない罪をそれでも赦し得るのか」みたいな、デリダのパラドキシカルな表現があります。それは確かに不可能なパラドクスにもとらえられるんだけど、赦すことが可能な人がいなくなってしまった世界で、赦しというものがどう残るのか。そのように考えていれば、結構リアルに感じられると思うんですね。たとえば、戦争の被災者の人たちが死んでいった後に、何が残っているのか。これは現代の日本に生きるわれわれにとって極めてアクチュアルな問題だし、そういった世代性というのをデリダはすごく考えていた人だと思います。少しずれましたが、いずれにせよ前期後期のような主題を読み直すことができる、翻案がなされるという話が出たのは、大変興味深かった。これが、まず第一にあります。

もう少し違った論点にも質問を加えてみるとするとそれは後期ではなく前期デリダについてでしょうか。『訂正可能性の哲学』にはルソー論が入っていますが、『グラマトロジーについて』第二部で提示された読解の道筋や「代補」の概念などおそらく後期デリダと同じような仕方で翻案がなされ直している。そんな印象を受けました。それを踏まえて、質問しようと思ったことがあります。九〇年代に「脱構築とプラグマティズム」と題されたコロックがありました。そこにはサイモン・クリッチリー、ロドルフ・ガシェのようなデリダ派とリチャード・ローティが対峙する構図がありました。「正義という問題設定は神秘的すぎるから、プラグマティックにやっていこうぜ」というのは、そのコロックでのローティの問題提起なのですが、東さんの本を読むと、デリダ解釈にせよそうしたローティの視点に仮託されていくものがそれなりにある。つまり、正義という理念を純化するのではなく、想像的な形での連帯をゆるやかに組み立てていくコミュニティのモデルがある。ここには確かにデリダとプラグマティズムがかなり強く結びつくポイントがあります。けれども、その上で重要なのはデリダが当時、「プラグマティズム」という言い方に対しては微妙に距離をとっていたということでもあります。プラグマティズムと脱構築のあいだぐらいで、「準‐超越論的」あるいは「超‐超越論的」

みたいな言い方をしている。この微妙な差異は、先ほどの大畑さんとのやり取りでも若干出ていたんじゃないかと思います。ルソーはある種の起源論、発生論を展開した人ですが、そうした問題が入ってくるとき、単に経験的であったり、単にプラグマティックという言葉だけでは表しきれない要素が入り込んでくるんじゃないでしょうか。大畑さんの発表の中に、「同じもの」の発生という話がありました。『訂正可能性の哲学』でいえば、クリプキの神話性みたいなものをどう扱うかといった話が出てきます。神話は神話として、あるいは伝統は伝統としてある。そういった話が機能していることを、ひとまずは考えておこうという話になっているように見えます。分析哲学的な言葉遣いの場所では、そうなっているんですが、おそらくルソー論の方は、とりあえずありますよね、という以上に神話がどのように発生してきたのかという論点に踏み込んでいる可能性があると、ぼくは思うんですね。また先ほど『存在論的、郵便的』では原－エクリチュールの話を微妙に迂回したと、東さんはいわれたんですが、そのこととも実は関わっている。形式的な言葉では書きにくい部分が別の言葉で描き出されなければならない。その差異が、プラグマティズムと脱構築のあいだで、デリダが何かを思考しようとした結果、剰余として出てきているのではないかという感じがしました。

東さんへの問いになっていない気がしますが、結論としては、『訂正可能性の哲学』のコアにはルソーが入っている。そこには、いわゆる英米哲学的な翻案ではない、大陸性みたいなものを強く感じ、なおかつそれが原-エクリチュールだとか、デリダを語りにくくしているパートに相当しているんじゃないか。それについて少し話が聞けたらなと思いました。その上で、『訂正可能性の哲学』を読んでいて、単にプラグマティックというのではない、ある種の超越論性に関わる議論を、今の東さんも必要としているのかもしれない、とすればそれは何なのか。そんなことが気になりました。

世界には経験性しかない

東　ぼくの立場は一貫しています。世界には経験性しかなく、超越論性というのは、ぼくたちの経験的な予測が失敗したときに、遡行的に作るイリュージョンにすぎない。それが基本です。だから、世界が予想通りに動いているときには、ぼくたちは、そのことについてほとんど何も考えることはない。おそらくこれは、自我の起源などにも関係しているのではないかと思います。世界との関係が失敗したとき、人々は「なぜなのだろう」と思うわけです。世界の事物もしくは他者が予想通りに動かなくなったときに、理論を作り、予測を修正するわけです。それが遡行的に、「超越論的」といわれているものを生み出しているのではないかという考えです。

正義についても同様です。ぼくらは、普通に日常生活をしている。あらかじめ善い悪いが決まっているところでやっている分には問題ない。そこに何か新しい事例が到来する。その時に、善悪の判断が必要となり、個人であれば、おそらく直感で決めることになるでしょう。たとえ集団であったとしても、ほとんど理屈なしに、現実には集団的感情で決まってくる。けれども、その後、状況がある程度落ち着いたところで、今回の判断の理由は何だったのか、今までの判断との整合性は何なのかと考え、正義なる観念が呼び出されることになる。そんな風に思っています。そういう意味で、正義そのものの発生論については、ぼくは考えない立場です。ただ、かといって、すべてが経験論的であるということではない。超越論性は幻想だけど、いちど生み出されると独特の物質性をもつからです。経験論ですべてがいけるという話ではないとも感じています。

なぜルソーは『新エロイーズ』を書いたのか?

東　後半のルソーについての質問に関しては、質問の意図をきちんと理解しているかわかりませんが、『訂正可能性の哲学』に則してお答えします。つまり、あの本の後半のルソー論の部分は、『一般意志2・0』と『新エロイーズ』を合わせて読むことを企図している。しかも、『存在論的、郵便的』のときの問いと似ていて、要するに、なぜルソーは『新エロイーズ』なんていう奇妙な小説を書いしまったのかという話なんですね。実際に『新エロイーズ』を読めばわかりますが、すごく長いし、結果的にベストセラーになったところまで含めてじつに奇妙なテクストです。そういうものを、『人間不平等起源論』と『社会契約論』を書いた人間が、なぜ必要としたのか。

そのような問いかけからはじまっている。そこは、普通の政治思想研究とは違うアプローチです。それでもなお、結局ルソーが『新エロイーズ』をなぜ書いてしまったのかといわれれば、その答えは、未だよくわからないところがあります。そもそも、そうした分析をすることが正しいのか自体、自分自身よくわからないところがあるんです。

『訂正可能性の哲学』という本は、昔に比べてぼく自身の文体力、構成力が上がった結果もあり、全体的に統一されているように感じられるかもしれません。おかげさまで、評判もいい。それはいいことだと思います。けれども本当は、『新エロイーズ』の読解のところは、すごく変ですよね。本全体からすると、あそこだけポカンと浮いている。あらすじ紹介も長い。そもそも一般読者にとっては、「ヴォルマールとか、デタンジェ男爵って誰よ?」みたいな感じでしょう。ほとんど誰も知らないだろうし、あの箇所はテクストの感覚が変なんですね。なぜ、あんなことを、わざわざやるのか。それは、ぼくという書き手の謎であり、自分でもよくわかりません。

森脇　『観光客の哲学』も最後、ドストエフスキー論で終わりますね。

東　そうなんです。ああいうことをやらないと気が済まない。ただ、前回は、ドストエフスキー読解の部分は本論と切り離されて、後の課題みたいな形で提示されていた。今回は本論に組み込まれている。少なくともそういう雰囲気を出すのに成功している。自分の習熟度を感じました（笑）。

小川　『観光客の哲学』の中の長い註（一九七頁）でも触れられていますが、『グラマトロジーについて』が、そういうスタイルで書かれていますよね。つまり、前半が理論パートみたいな形で存在していて、後半にめちゃくちゃ長いルソー論が急に挿入される。普通に読むと、長すぎて訳がわからないんですが、読んでみると面白い。なおかつルソー論の方で、構造主義ではない発生論に関わる問題が問われている。クリプキの場合、そうしたとき、神話がボーンと要請されますが、そうではない。「Aは自足していてBを必要としない。しかし、にもかかわらず、AがAであるためにBが必要となってしまった」というロジックの起源と、その発生の論点が問われているのがルソー論である。

東　デリダも、似たところがあると思いますね。発生論的な神秘主義みたいなものを避けながらも、テクスト読解という言い訳を作って、そういうことをやってしまう。

ノイズが民主主義の土台をつくる基礎となる

吉松　それぞれ別立てで立てた問いが、リズムと政治の話で繋がるというところを、結構大きな話として聞いていました。リズムというのは、ポコポコ蠢めいているような乱れた感じとして、自分の中ではとらえていました。また「喧騒」の話がありました。カオスと反復、その整理とのあいだで微妙なバランス感覚を持っていく。そう考えてもいいのでしょうか。

東　あえていえばリズムの複数性みたいな話だと思います。先ほどの発表で、デリダが『絵葉書』の第一部で、ハイデガーを引用している話をしてくれましたよね。世界のなかの存在者それぞれの速度が違い、ズレが生じるみたいな話だったと思います。それはあの話と関係していて、世の中にはいろんなリズムの人がいるという話だと思うんですね。当たり前の話ですが、たとえば政治のリズムというものがあるとして、それとは別に、いろいろな生活のリズムがあるわけです。様々なリズムが重なって、社会はできている。そうしたリズムを全体として聞くと、まさに「うゎーん」といった喧騒に聞こえる。でも、ひとりひとりは、一定のリズムでメロディーを刻んでいるのかもしれない。それが全体としてはノイズになる。そういう空間が、民主主義の土台をつくる基礎となる。もしくは『訂正可能性の哲学』の最後でトクヴィルと並べて使った言葉でいえば、バフチンが「対話」「ポリフォニー」といった言葉で示したものです。ポリフォニーというのは、本来は「声（フォネー）」が複数ある状態です。音楽用語としてのポリフォニーは複数ある声が並び立ち、合わさる状態をいうけれど、ここではむしろ合わされない状態も含む。不整合のまま全部が喧騒としてあるような状態。それがいいというのが、ぼくの立場です。

その観点から、政治に関してずっと思ってきたことをいいます。いまの人文学とぼくの思想の違いに関わることです。ここ二〇年ぐらい、「政治」という言葉が、人文学の中で非常に強い意味を持っています。いろんなものを政治的に読んでいくことが、しきりになされている。けれども、政治というものが、実は人間社会をすごく貧しくするものだと、ぼくは思っている。ここが全然違うんです。今の話に繋げていうと、この社会にはいろんなメロディーが鳴り響いている。政治というのは、それを一個のメロディーに変えてしまう行為なんです。「友」と「敵」とを分ける行為であり、人々の表現をすごく単調にする。逆に非政治的、つまり政治的な束縛が緩ければ緩いほど、社会は、少なくとも文化的には豊かになる。これがぼくの考えです。そこが人文学の最近の流行と全然違うところです。それは今のリズムの話と関係していると思います。

宮崎　次に、大畑さんお願いします。

分析哲学への違和感

大畑　東さんとのディスカッションを踏まえて、分析哲学と大陸哲学の本当の溝って何だろうと考えていました。それがまず聞きたいことです。今は、意外と簡単に架橋できるんじゃないかっていう空気はあるんです。分析哲学と言えば昔は言語哲学と同一視され、次に心の哲学がブームとなりました。でもいま分析哲学者は、特定のトピックに縛られず、たとえば存在や個体についても考えている。イギリスの著名な哲学者であるティモシー・ウィリアムソンがそのように分析哲学史をまとめていて、今や分析哲学は何でもカバーできると言っている。実際に分析系と大陸系の研究者はいま親密に交流しています。ただ先ほどの東さんのコメントを受けて、やはり両者の間の差異をあらためて考える必要があるのではないかと。東さんは、「記号」という言葉を出されていました。少なくともぼくの周りの分析哲学者は、「存在」や「心」や「言語」といった言葉を使っても、「記号」という言葉を使うことがあまりない。「記号論」（セミオティクス）があるかどうか。もしかするとそれが重要な違いなんじゃないかと、これがお話を聞きながら思ったことです。

東　何をいってるんだと思われるかもしれませんが、すごく簡単に答えます。言葉を正確に使おうと思っている人って、いまひとつ哲学者ではない感じがするんですよ。分析哲学への根本的な違和感はそこです。言葉を正確に使おうとしている。でも、言葉を正確に使えないから、ぼくらは苦しんでいるのではないか。言葉が正確に使えたら、それはいいですよ。でも、なかなかそうはいかない。

大畑　たしかにこちらの分野では、言葉について考えるときも、心について考えるときも、存在について考えるときも、それを語る言葉を正しく使おうとしていると思います。

東　ぼくは無理だと思っているので、そこはやっぱりすごく違いますね。

小川　東さんには、めちゃめちゃ明晰に書こうとする志向がありませんか。

東　明晰さと正しさは違うと思うんですね。自分が使っている言葉自体の意味が変わり、また再定義されていってしまう。その可能性を制御できない形で書いていくしかないと思っているということです。けれども、分析系哲学の人たちは、これが最終解答みたいな感じで議論するので。

大畑　はい。後になって自分の主張を撤回したり、他の人から誤りを指摘されたりすることはもちろんありますが、少なくとも論文や本単位では毎回「最終解答」のような感じでやっていますね。

東　そこに違和感を覚えるわけです。

クワス算のパラドクス

宮崎　まず使う用語を全部正確に定義してから、それを共有する。そうやってお膳立てを作った上で語っていく。非常に厳格な方法論がありますよね。

東　それも「厳格」とは何かとか、「定義」とは何かという話だと思います。『訂正可能性の哲学』で、クリプキのクワス算のパラドクスについて書きましたよね。ぼくはあれはけっして極端な思考実験ではなく、、実際に日常的な言語、人間のコミュニケーションについて考えるときには、かなり具体的に起きていることだと思うんです。いわゆる「ちゃぶ台返し」みたいなことです。たとえば、長いあいだ絶対に正しいと思われていたひとがいるとする。けれども、いつのまにか悪者になっていた。ルールが変わっていた。「おい、おい、どうなってんの？」ということが、本当に日常的によく起きている。そうした人間社会の構造は、おそらく人間が進化的に獲得したものであって、人間が人間である限り変わらない。そのことを前提にして、社会について考えないといけない。これがぼくの基本的スタンスです。

大畑　先ほど、私と東さんの間では、同じ「モノ」という言葉を使っていてもズレがあるというお話がありました。その点に関してひとつだけいわせてください。共同体の同一性に関して、ジョン・サールが強く推進する「社会存在論」のプロジェクトでは、企業や大学といった社会制度もモノのように存在し持続すると言われたりします。制度的事実の実体性をみんなで承認するというイメージです。マルクス・ガブリエルとかと通じるところがあるかもしれません。でもそれはさすがに無理があるとぼくは考えているので、そういう話はせずに、目の前にある日常的なものから議論をはじめたかった。少なくともその点は、東さんの哲学に近づけたかったという感じです。

宮崎　先ほどちょっと言及がありましたが、アーレントの制作論も、ものを共有するところに公共性が生まれるという話でしたよね。それについても、東さんが『訂正可能性の哲学』の中で論じていました。そこは、議論を広げる余地があるのかなと思います。時間があれば、後半のパネルで論じていきたいと思います。

（第1部討議　おわり）

第2部　シンポジウム・同世代／先行世代セッション

著者自身にあてた「長い手紙」

宮﨑　前半のパネルでは、『存在論的、郵便的』の詳しい紹介がありました。『存在論的、郵便的』の読み直しというところから、いろんな議論が詰め込まれていました。後半では、東さんの新著『訂正可能性の哲学』との関係を扱いたいと思います。その中で、『存在論的、郵便的』のアクチュアリティというものを考えていきます。『訂正可能性の哲学』の「おわりに」に、この本が『存在論的、郵便的』の著者にあてた「長い手紙である」と、東さんは書かれています。これは、このシンポジウムの意義を考えるために、ふさわしい言葉だと思います。『存在論的、郵便的』から『訂正可能性の哲学』の議論を検討することが求められていると、私自身は考えています。そういう形で『存在論的、郵便的』の議論の枠組みから、『訂正可能性の哲学』の議論をたどりながら問題提起していきたいと思っています。後半は私、佐藤嘉幸さん、清水知子さん、檜垣立哉さんの順番で発表を行います。

Ⅴ　現代民主主義の訂正可能性——『存在論的、郵便的』からみた『訂正可能性の哲学』の問題

宮﨑裕助

『訂正可能性の哲学』は、『存在論的、郵便的』にはない二つの大きな主題「家族」と「民主主義」（一般意志）を扱っています。「家族」は『観光客の哲学』（二〇一七年）の問題設定を引き継いだものであり、「民主主義」は『一般意志２・０』（二〇一一年）の問題設定を引き継いだものです。

「家族」は血縁にもとづく閉鎖的集団とみなされて批判にさらされてきましたが、『訂正可能性の哲学』は実際にはそうではないこと、つまり拡張可能性をそなえながら、たんに恣意的なつながりではない持続的な共同体のモデルとして再定義されています。ウィトゲンシュタインの「家族的類似性」という概念がヒントになるのですが、家族は、ゆるやかなつながり、すなわち訂正可能性に支えられた、たんに閉鎖的でも恣意的でもない共同体として新たに理解され

ることになる。つまり、本書によって家族の概念は脱構築されるのであり、まさに訂正されているると言えます。

さて、ここから「民主主義」について議論を深めていく前に、まず「訂正可能性」の概念について問題提起をしておきたいと思います。『訂正可能性の哲学』ではまさに「訂正可能性」を主題として『存在論的、郵便的』以来の問いが展開されています。しかし一般に「訂正可能である」ということが意味するのは、問われている事柄をひとつの正しさに固定することができず、たえず改変・修正にさらしてしまうということです。一方でこれは、第１部で言われているように、家族の拡張性や共同体の開放性にもつながるけれども、他方で、なんども訂正が繰り返されれば、さまざまな公共的な秩序の不安定化が避けられないように思われる。そこには危うさはないのでしょうか。

『訂正可能性の哲学』の第１章註19（二九、三二頁）では、訂正可能性の概念が、カール・ポパーの「反証可能性（falsifiability）」の概念に近いことが指摘されていました。自然科学で「反証可能性」が成り立つなら、人文科学では「訂正可能性」なのだ、と。

自然科学ではたしかに、漸進的な訂正や修正によってより正しい真理に少しずつ近づくのだという考え方がありますが、変化があるリミットを超えると、トマス・クーンが述べたように、複数のパラダイム間の通約不可能性が問われるようになり、たんなる部分修正では追いつかないかたちでパラダイム・シフトが起こる。一言でいうと、これは革命的な変化であってたんなる訂正という言葉ではカバーできないような事態ではないか。

東さんの訂正可能性の概念は、こうしたパラダイム・シフトのような事態に対してどのような関係をもつのか。要するに、訂正可能性は「革命」の可能性を含むのか否か。「訂正」は、革命のラディカルさをあえて抑制した言い回しにみえるが、どう理解すればよいのか。

人文科学のほうが、パラダイム間の通約不可能性、タコ壺化した複数の専門分野のあいだでのディスコミュニケーションを感じることが多々あるので、なおさらこうした論点を掘り下げることが重要になってくるように思います。

人文学での訂正可能性というと、歴史認識の問題がある。デリダ没後十年の折に東さんにインタヴューする機会がありました。そのときに問題になったように、東さんの立論は、脱構築が歴史修正主義であることをただちに肯定するような議論に感じられて最初は違和感を覚えました。訂正可能性は歴史修正主義とどのように異なるのか、あるいは重なるのか。あのときも話題になったわけですが、『訂正可能性の哲学』が出たタイミングで、あらためて確認しておく必要があると思います。関連してもう少し言うと、たんに訂正可能性を言うだけでなく、「どのように訂正するか」の問いをもう少し展開する必要があるのではないか。言い換えると、訂正しやすさ／訂正しにくさ、訂正の粘度のようなものを考えなければならないのではないか。

ひとつヒントになるかもしれない論点として、『訂正可能性の哲学』には、家族との関連で「持続性」の主題があります。アーレントの『人間の条件』が「制作（work）」として探究している人間活動では、「物」や「作品」を介して公共体を持続させる働きが重視されており、『訂正可能性の哲学』もその側面を高く評価している。つまりこの「制作」の議論が、訂正しにくさ、簡単に訂正すべきでないものについて考えさせることになるのではないか、とも思うのですが、いかがでしょうか。

それではつぎに、『訂正可能性の哲学』のもうひとつの主題である民主主義へと議論を進めたいと思います。『訂正可能性の哲学』は、ルソーの読解を通じて前著『一般意志2・0』の民主主義論を取り上げ直しています。ルソーでは、一般意志は、個別の特殊意志でも、その集積たる全体意志でもない、ひとつの高次元に属する意志を指しています。社会契約論は一般意志について、個々の人民たち全員がみずからの主権をいったん放棄することでひとつの全体が構成されるような、いわばメタ人格としてこの意志を見出したわけです。

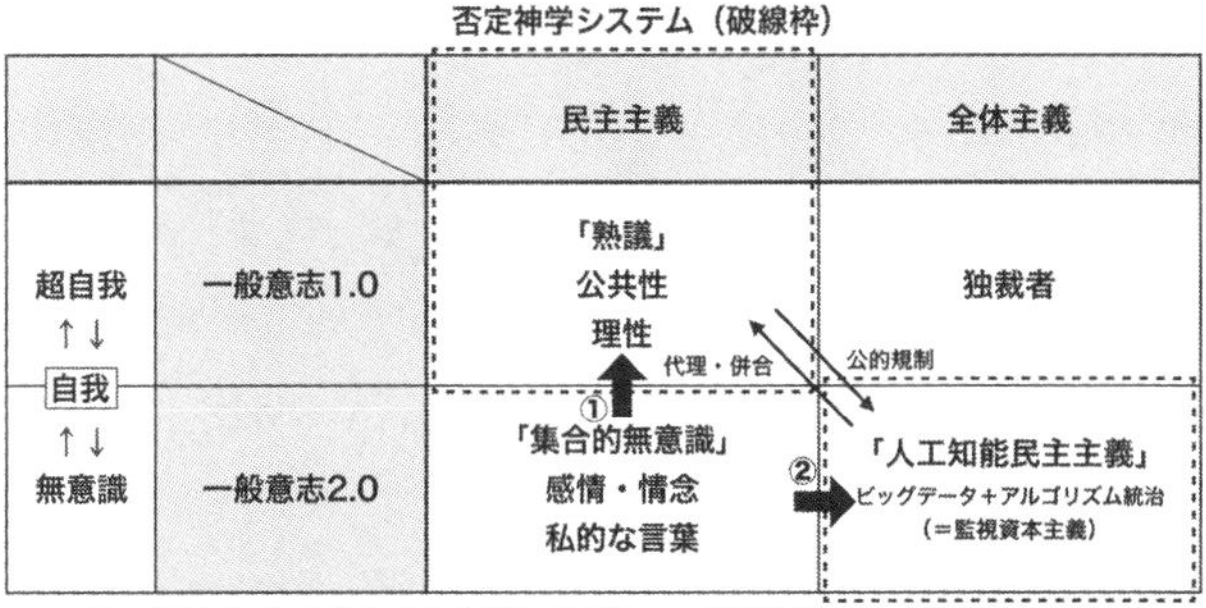

太い矢印（➡）は集合的無意識の諸抵抗（＝①訂正可能性／②郵便的不安？）

ヘーゲルによれば、これは国家に相当することになりますが、前著『一般意志2・0』は、フロイトの議論を応用するかたちで「一般意志」を「集合的無意識」とみなしました。通常の応用であれば、一般意志は「超自我」の水準に位置するはずですが、『一般意志2・0』の議論によれば、一般意志には、現代のITによって部分的に可視化されるような無意識の次元が存在するはずである。つまり「一般意志2・0」と言われるものには、通常理解されるような一般意志とは別の次元、つまり、集合的な無意識の次元に一般意志の新たな水準があるからです。図示します。

この図は、『訂正可能性の哲学』から読み取れたことを、『存在論的、郵便的』の枠組みを維持しつつ理解するために、私なりに図解を試みています。『訂正可能性の哲学』では「一般意志2・0」という呼び方はされておらず、たんに一般意志をこの集合的無意識とみなしている。しかし『存在論的、郵便的』との関連で用語法に混乱が生じないよう、図では「一般意志1・0／2・0」の区分を明示しています。まず、左の欄の関係は、フロイトで良く知られているトポロジーに対応しています。自我となる共同体は、一般意志1・0（超自我）と2・0（無意識＝エス）のあいだに成立します。

一般意志は民主主義体制では、熟議や公共的理性によって実現されるべきものですが、これはそのつど近似的に達成すべき理念、いわゆる統整的な理念として想定されており、十全なかたちでは実現されえない。ルソーにおいてたえず問題視されているように、一般意志を実現する独裁者が現れるとき、この政治体制は全体主義に陥ってしまう。

『一般意志2・0』の民主主義論では、無意識の次元によって一般意志は二重化される。一般意志2・0は、IT技術の発達により、ライフログやSNSに記録されるビッグデータとして蓄積され、人工知能のアルゴリズムによって解析されることを通じて、部分的に可視化されることになる。人工知能が可能にするこうした新たな民主主義のヴィジョンは、ポストモダン以後語られなくなっていた大きな物語の復権を可能にします。『訂正可能性の哲学』では、この物語は、落合陽一や成田悠輔の議論などの若手論客に見出されることになります。

『訂正可能性の哲学』は、こうした一般意志にもとづく政治を「人工知能民主主義」と呼び、ショシャナ・ズボフの批判する「監視資本主義」とも連動する、新たな全体主義の台頭として厳しく批判しています。というのもこうした民主主義のヴィジョンは、可視化され計算処理されるビッグデータの束を、一般意志の集合的無意識そのものと取り違えることで、一般意志に内在する訂正可能性を抹消するものだからです。

『訂正可能性の哲学』が、前著『一般意志2・0』の議論を引き継ぎつつ訂正を加えているのは、熟議や公共的理性の役割に対してです。前著では、熟議は、可視化された一般意志2・0のデータベースとセットになって、互いに補い合いかつ批判的な働きを担うという重要な役割がありました。つまり、一般意志はいつでも暴走しうる以上、公共的理性が行なう熟議によってその暴走に歯止めをかけなければならない、とされました。

しかし『訂正可能性の哲学』では、熟議をつかさどる公共的理性そのものに浸透する「私的なもの」の役割が強調されている。つまるところ、熟議が民主主義の公共性を担うわけでないということです。引用します。「理性的で公的な言葉ではなく、感情的で私的な言葉こそが、一般意志の暴走を、すなわち「自然」や「公共」や「真実」や「正義」の絶対性を切り崩す。というよりも、それらの絶対は、むしろその脱構築によってこそ可能になり持続する」（三二六頁）のである。

ここでいう脱構築とはまさに訂正可能性によって作動します。もう一度図をご覧ください。いま引用した文章は、図では①の矢印の働きを述べたものだと言うことができます。しかしこれは②の働きも言及しているのかがよくわからないままです。本書の趣旨を考えると、②の働きにも言及したものだと考えられるべきでしょう。しかし「感情的で私的な言葉」が「理性的で公的な言葉」を訂正する働きは、人工知能民主主義が体現する一般意志の暴走を果たして食い止めることができるのかどうかは不明なままです。

最後に、この論点について問題提起を行なうことによって議論を締めくくりたいと思います。

人工知能民主主義が基礎としているビッグデータは、ＡＩのアルゴリズムによって統計的に処理される。その場合、採集されたデータに幅があってもすべては平均的な収束点へと均されてしまい、特異なものや突出したものは外れ値として無視されるか軽視されるかしてしまう。これが意味しているのは、訂正可能性が基礎としているようなコミュニケーションの一回性は考慮されないということ、平均的に想定されるような、近似するものや類似するものへとこの一回性が還元され、消去されてしまうということにほかなりません。ビッグデータに真偽は関係なく、すべてのデータがサンプルになる。結果、訂正可能性の契機となる誤謬や例外性は抹消されてしまうことになり、こうしたビッグデータの統計的処理の前では、訂正可能性は不可能にされてしまう。ならば、そのためには、たんに訂正可能性の強調だけではなく、別の戦略を働かせる必要があるのではないでしょうか。

ショシャナ・ズボフはこうした人工知能民主主義のヴィジョンが前提としている経済論理として「監視資本主義」の存在を見出しました。この論理は反民主主義的に拡大する（つまり全体主義になる）のであり、ズボフは、公的な規制を通じてこれに介入し、歯止めをかけることの必要性を説いていました（『監視資本主義』参照）。

『訂正可能性の哲学』もその問題に気付いており、ズボフの議論をとりあげています。しかし、二四九頁の註41では、ズボフの主張するような政治による「抵抗や介入の正当化は、彼女が主張するよりもはるかにむずかしい」とされている。では、どのような方向で、この歯止めをかけることができるのだろうか。これがここでの問いです。

『訂正可能性の哲学』ではその点は充分に追究されていないように思われます。この点を掘り下げるためにこそ『存在論的、郵便的』から引き継がれた議論に注目することができるのではないでしょうか。

『観光客の哲学［増補版］』第10章「郵便的不安について」では、『存在論的、郵便的』ではあいまいなままだった「確率（probability）」の概念を再定義することが試みられています。それによれば、probabilityは、蓋然性と確率とに訳しわけることができるが、確率は「客観的蓋然性」と言い換えることができるものとされます。これは「主観的蓋然性」と対比されています。たとえば「主観的蓋然性」が、私自身の死は、いつかやってくるがいつ死ぬかはわからないという仕方で蓋然的であるとするならば、「客観的蓋然性」のほうは、事故死で統計的に死ぬ確率を与えるものであり、その場合私の死は、統計に資するひとつのデータであるという仕方で蓋然的であるということです。

後者の蓋然性こそ、じつは『存在論的、郵便的』が「確率」と呼んで探究しようとしてきたものである。この確率性が喚起しているのは、私の生の一回性・特異性・有限性が、生権力によって統計データのサンプルにすぎなくなるということへの不安です。『存在論的、郵便的』からすれば、この確率的感情は「郵便的不安」と呼び換えられるべきものです。ハイデガーは、私の生の一回性ないし有限性そのものによって喚起される感情を「実存的な不安」として探究していました。それに対して、「郵便的不安」は、そうした「実存的不安」そのものが感じられなくなってしまうような不安であると言えます。東さんは「郵便的不安」のこのエッセイで、これを「運命を予感する不安ではない、運命の欠如に絶望する不安」(『観光客の哲学［増補版］』四〇二頁)と記しています。

訂正可能性は、私のこの生の一回性ないし有限性のうちにこそ「別の仕方でありえたかもしれない」という可能性の重みを示すことができます。デリダの言葉では、これは、反覆可能性と呼ばれるものに当たります。「郵便的不安」が示しているは、統計学的な権力によるそうした訂正可能性が抹消されてしまうことの不安です。もちろん不安を感じたからといって統計学的権力の広がりがただちに阻止できるわけでありません。しかしまずはそのような感情に踏みとどまることこそ、人工知能民主主義の拡大におうじて高まる一般意志の暴走に対する歯止め、少なくともその歯止めへの前提条件になると思われます。私としては、このような方向で『訂正可能性の哲学』の論点を補いたいと考えています。

以上になります。ありがとうございました。

東浩紀氏の、宮﨑裕助氏への応答

最初に、革命について。ぼくはそもそも革命なるものは存在しないと考えているところがあります。いま「革命」とぼくたちが呼んでいるものも、実際には革命ではなかったのではないか。革命なるものによって社会全体がリセットされるという欲望そのものが、近代の幻想だったのではないか。トクヴィルとアーレントが大事だと思うようになったのも、そういう考えを抱くようになったからです。彼らは一貫してフランス革命に対して厳しい見方をしています。特にトクヴィルがそうです。彼は本は二冊しか書いていません。『アメリカの民主主義』と、もう一冊は未完に終わった『旧体制と革命』です。トクヴィルは後者において、いかにフランス革命の前後で制度が一貫しているかということ、グレートリセットが起きていないことを、延々と立証しようとしています。革命は、実は起きていなかった。彼はそう言いたいのではないかと思います。

次に、歴史修正主義と訂正可能性の概念に関して。歴史修正主義とぼくの考える訂正可能性の哲学は違います。ぼくの哲学は基本的に過去を引き受ける哲学です。記憶を保つものです。記憶を保っているからこそ、訂正しなければいけないわけです。たとえば、ソクラテスについての新しい発見があったときに、ソクラテスの定義を遡行的に修正する。なぜ遡行的に修正するのか。それは今までのソクラテスをめぐる議論を連続させるためにです。過去を保とうとするからこそ、訂正しなければいけない。他方で歴史修正主義というのは、むしろ過去を消す、忘却する、否定するところからはじまるものだと思います。だから決定的に違う。

ところでひとつ指摘させてください。宮﨑さんがつくってくださった図（一三三頁参照）に、読み間違えているのではないかと思うところがありました。『訂正可能性の哲学』の構造に関わる話です。一般意志2・0は集合的無意識である。これが『一般意志2・0』という本のテーゼでした。それを今回は破棄している。宮﨑さんの図では、この集合的無意識が左下にあります。そして「人工知能民主主義」が右下にあります。ただ、ここに書かれるべきなのは、大陸哲学っぽい用語でいえば、むしろ「遊び」とか「戯れ」みたいなものの領域です。言語ゲーム論というのはまさに遊びの話ですが、ある遊びに対して新しいプレイが出てくることによって、ルールがどんどん書き換わっていく。その新しいプレイの集積が左下に位置する。新しいプレイが来ることによって、左下＝集合的無意識も右下＝人工知能民主主義も絶えず書き換えられてしまう。だか後者も機能しない。ぼくが言いたいのはそういう話です。つまり、人工知能民主主義についていては、歯止めが必要だというのではなく、どうせ機能しないのだから、それに対して大きな夢を見るのはやめた方がいいという話をしているのです。だから、人工知能民主主義を、大きな物語の最新版だといっているということです。

宮﨑さんが『訂正可能性の哲学』から引用されています。「理性的で公的な言葉ではなく、感情的で私的な言葉こそが、一般意志の暴走を、すなわち「自然」や「公共」や「真実」や「正義」の絶対性を切り崩す。というよりも、それらの絶対性は、むしろその脱構築によってこそ可能になり持続する」（三二六頁）。一方に理性とか公共性というものがあり、それに対して他方に感情的・私的な言葉があるのではないのです。感情的で私的な言葉が周りにあり、それが常に書き換えを行なっているからこそ、公共性が持続し存在するのですね。公共的で理性的な議論と感情的で私的な議論を、ふたつに分ける考え方そのものが、意味がないんじゃないかということです。

つまり、この左下の部分は、トクヴィルのいう喧騒の世界、もしくはバフチンのいう対話・ポリフォニーの世界ともいえます。極めてプライベートでインフォーマルな、感情的言葉が満ちた世界です。それが常に公共性を書き換えてしまう。もしくは人工知能民主主義が押し付けるようなルールを書き換えてしまう。

集合的無意識について、もう一点付け加えておきます。『訂正可能性の哲学』でも書いていますが、ルソーの『社会契約論』にはそもそも謎めいた議論があります。現代の二一世紀の観点から見ると、そこでルソーが考えたことは、統計的な規則によって明らかになる集合的無意識として解釈するのが合理的に見えます。それを、そのまま現代に展開すると、人工知能民主主義になるわけです。つまり、ルソーは、理性による社会統治を、最初から信じていなかった。彼は常に自然と社会を対立させていたし、自然と文明を対立させていた。啓蒙主義的な公共性というものを全然信じていない人だった。だからこそ、『社会契約論』では、無意識による統治みたいな理論を、それこそ無意識に作ってしまったところがある。でも、それが良くないことも直感的に分かっていた。しかし同時に、ルソーは『新エロイーズ』も書いている。だから『新エロイーズ』も書いている。一方にロマン主義者、文学者としてのルソーがいて、絶えず個人による戯れみたいなものによって、無意識の統治を脱構築していた。ルソーが持っているそうした二面性が、『社会契約論』と『新エロイーズ』の二重性に現れているということです。

VI 『存在論的、郵便的』への二五年後のコメント

佐藤嘉幸

今回のシンポジウムに当たって宮﨑裕助さんから依頼された内容は、以下の二点に要約されます。（1）同世代の人間として、『存在論的、郵便的』出版当時のコンテクストを明確にしてほしい。（2）『存在論的、郵便的』と、私の著作『権力と抵抗――フーコー・ドゥルーズ・デリダ・アルチュセール』[1]の影響関係について明らかにしてほしい。そのような依頼に従って、1、2節で（1）の問い、3節で（2）の問いについて述べたいと思います。

1　主体の理論

大まかに述べて、『存在論的、郵便的』（以下、本書）はデリダの思想から次の二つの異なった

1　佐藤嘉幸『権力と抵抗――フーコー・ドゥルーズ・デリダ・アルチュセール』人文書院、二〇〇八年。

脱構築を析出することを通じて、異なった主体システムを描出しています。

（1）ゲーデル的脱構築：ラカン＝ハイデガー的な「単一の不可能なもの」（現実界＝単数的無意識）によって逆説的に縫合される主体＝統覚システムを、「否定神学的」主体システムとして定義すること。

（2）郵便的脱構築：無意識を複数的メディア空間へと接続された複数的無意識と見なし、複数的メディア空間＝無意識に接続された主体システムを「郵便的」主体システムとして再定義すること。

『存在論的、郵便的』というタイトルは、これら二つの脱構築、これら二つの主体システムに対応しています。その意味で本書の議論は、一般に考えられているような「メディア哲学」ではなく、むしろ「主体の理論」だと定義できます。

（1）については、次の節で述べるように、柄谷行人の影響が大きいと同時に、ジジェク『イデオロギーの崇高な対象』の影響が大きい。ジジェクは難解なラカン理論を、現実界、すなわちトラウマ的な「単一の不可能なもの」による主体の縫合の理論として明快に解説しました（『批評空間』第I期、第一号（一九九一年）—第七号（一九九二年）に、第二部までが翻訳され、二〇〇一年に単行本として全訳が刊行された）。本書は基本的な戦略として、ラカンを直接引用するのではなく、ジジェクの形式化によってラカン理論を要約的に把握しています。

（2）の読解は、東さんのオリジナルな読解です。私はこの読解の、超越論的なものの複数性、そして偶然性の概念に影響を受けました。

　ところで、最終章である第四章は、それまでメディア空間として把握してきた郵便空間を突如「転移空間」として再定義します。最終章でのこのような転回は、メディア空間に接続された主体システムの探究として本書を把握する場合、まったく不必要なものだと言えるでしょう。にもかかわらずそのような転回が最後に行われるとすれば、それは最終章の主題がデリダ思想の分析から自己分析に移行していることを意味するのではないでしょうか。つまり、「なぜデリダはこのように複雑なテクストを書くのか」から、「なぜ私はこのような複雑な哲学に転移するのか」という自己分析への転回です。そこから本書は、「転移の切断」をパフォーマティヴに記述するべく、突然「本書は予告された問いの答えに到達しない」と宣言し、終了することになります。ここから東さんに、このような議論の「破綻」の演出＝パフォーマンスについて事後的にどのように考えるか、と問いたいと思います。

2　「批評」的コンテクスト化について

　第二の論点は、本書の議論の「批評」的コンテクスト化です。本書の議論は、とりわけ柄谷行人の問いを真剣に受け止める形で展開されています。例えば、柄谷が『隠喩としての建築』、『内省と遡行』において展開した「形式化」の問題をめぐってです。そこで柄谷はゲーデルの

「不完全性の定理」を取り上げ、それを次のように要約しています。「ゲーデルの定理は、どんな形式的体系も、それが無矛盾的《コンシステント》であるかぎり、不完全である、ということだ。彼の証明は、形式体系に、その体系の公理と合わない、したがってそれについて正しいか誤りかを言えない（決定不可能な）規定が見出されてしまう、ということを示す」（『隠喩としての建築』講談社学術文庫、五七頁）。「外部性があるとすれば、それは形式体系における自己矛盾としてのみあらわれるだろう。そこで、あるテクストの簡潔的な意味（構造）を、同じテクストからそれと相反するような意味（構造）を引き出すことによって、「決定不可能性」に追い込み、解釈し囲い込むこと自体を無効化する企てがなされる。ディコンストラクションと呼ばれるこの批評行為は、しかし、それ自体〝形式化〟されれば、ゲーデルの証明に帰着するのである」（『内省と遡行』講談社学術文庫、一三七頁）。この議論は本書に、次のように反響しています。すなわち、主体のオブジェクトレベルとメタレベル（これ自体、柄谷の用語を踏襲している）の二層が経験的＝超越論的主体として二重化するとき、その二層の分裂を縫合するためには「単一の不可能なもの」＝「決定不可能なもの」が必要になる、という議論です（ラカン＝ハイデガー的主体システム、あるいは否定神学システム）。ところで、この構造の明示化がなぜ「ゲーデル的脱構築」と呼ばれるかは、柄谷の議論に通暁していなければ理解できません（私も今回本書を改めて読み返して、とりわけ柄谷的コンテクスト化の強さに驚きました）。哲学的コンテクストの中に唐突に現れる「批評」的コンテクスト化は、当時の「批評」的議論に通暁しない現在の読者にとっては、唐突なものに見えるかもしれません。しかし、こうした「批評」的コンテクスト化こそが、当時の「講壇哲学」（＝大学制度における「哲学科」的言説）に対する差異としてある種の価値を持っていたことは記憶されるべきでしょう。当時のハイデガー止まりの「講壇哲学」に対して、同時代の問いを哲学しているように見えたのは、こうした「批評」的コンテクストでした。

なおこれは余談ですが、私自身は一九九〇年代に、京都大学経済学部の地下、いわゆる「ガラパゴス」で現代思想を勉強しました。例えば、先に触れたジジェク『イデオロギーの崇高な対象』は、浅田彰さんの自主ゼミで、『批評空間』連載と同時期に、邦訳と英語で読んでいました。ガラパゴスの戦略は、ポスト構造主義をポスト・マルクス主義として読むというもので、そうした文脈に沿って現代思想を勉強した私は、同じように「講壇哲学」の外部で哲学を学んだことになります。そのため私自身は、大学制度の内部に場を見出すことができず、フランスで博士論文を書かざるをえなくなったわけです。

3　『権力と抵抗』との関係について

最後に、本書の『権力と抵抗』への影響について触れておきたいと思います。『権力と抵抗』は、二〇〇四年にパリ第一〇大学に提出された博士論文が元になっています。『権力と抵抗』の

第二部（デリダ論、アルチュセール論の部分）は、本書に少なからぬ影響を受けています。とりわけアルチュセール論への影響について論じるために、『存在論的、郵便的』第二章末尾のアルチュセールに触れた断章「（1）イデオロギーについて」から引用します。

私たちはさきほど「ジジェク的ＡＩＥ［＝国家のイデオロギー装置］」という語を使った。しかし実際にはジジェクにはＡＩＥ、つまり「装置」の発想があり得ないと思われる。彼の理論的枠組みにおいては、イデオロギーの呼びかけがどこからどのように聞こえてこようと、その受容には本質的に関係がないからである。ジジェク的主体では、真実の「呼び声」はつねに主体のゲーデル的亀裂から、そしてそこからのみ響いている。したがってイデオロギー、つまりラカン派精神分析の術語で言う「空想fantasme」は、現実界が響かせるその壊乱的な声を聞かないためにのみ要請されるにすぎない。このことはジジェクの議論において、アルチュセールが強調した「階級闘争の場」、複数のイデオロギー装置が交錯するネットワーク空間が完全に欠けていることを意味する。［…］アルチュセールが分析したように、「イデオロギーは各個人を主体へと呼びかける」。個人は国家のイデオロギー装置の呼びかけに答える（「それが私だc'est moi !」）ことではじめて、「主体」として確立される。だがアルチュセールのデリダ的再読は、その呼びかけが失敗する可能性、ＡＩＥの声が目

> 的の個人に届かず途中で行方不明《デッド》になり、さらにそれが時期を逸しつつ回帰する可能性を示唆することになるだろう。行方不明《デッド》を通過した呼びかけ、過去から響く幽霊の声たちこそが、支配的AIEが確立する主体の自己同一性を切り崩す。(『存在論的、郵便的』一四〇－一四一頁)

ある意味でこの箇所への応答として、『権力と抵抗』はアルチュセール『再生産について』(一九六九年に執筆され、「イデオロギーと国家のイデオロギー諸装置」論文の元となった草稿)が述べる「一次イデオロギー」と「二次イデオロギー」の差異に注目しました。簡潔に述べれば、「一次イデオロギー」とは国家のイデオロギー諸装置(AIE)がその呼びかけによって生産しようとするイデオロギーであるが、それは主体にそのままの形で内面化されることはありません。イデオロギーは実際には、主体への呼びかけの過程において、複合状況、あるいは階級闘争の効果として「ずれ」を伴って主体に届きます。アルチュセールは後者を「二次イデオロギー」と名付けています。

> 私たちは、ある区別が不可欠であると言いたい。一方では、特定の〈装置〉とその実践の中に実現され、存在する国家のイデオロギーの特定の諸要素と、この〈装置〉の直中で、

> それら実践によって「生産される」イデオロギーとを区別しなければならない。言葉の上でこの区別を示すために、第一の〈イデオロギー〉を〈一次イデオロギー〉と呼び、第二のもの、つまり〈一次イデオロギー〉が実現される場である実践の副産物を、従属的な二次イデオロギーと呼ぶことにしよう。［…］この二次イデオロギーは、〈一次イデオロギー〉を実現する装置の実践によって「生産される」、と言うことにしよう。こういった言い方もある。なぜなら、この世のどんな実践も、それだけで「自分の」イデオロギーを生産することはないからである。「自然発生的」イデオロギーは存在しない。たとえ、限られた論点に関する表現と例証の便宜のために、「自然発生的」イデオロギーという表現を用いるのが有益でありうるとしても。私たちが問題にしている事例において、これら二次イデオロギーは複合的諸原因の結合によって生産されるのであり、そこでは、問題となっている実践の傍らに、外在する他の諸イデオロギー、外在する諸実践の効果が――そして最終審級においては、さらには隠されてもおり、遠くさえあるが、実際には非常に近い階級闘争の諸効果が現れるのである。[2]

アルチュセールとデリダの間には、複数の類似点が存在します。まず、「ゲーデル的」脱構築の概念は、アルチュセールで言えば「症候論的読解［lecture symptômale］」に相当します。テクストが抑圧している非決定の要素を、読解を極限まで厳密化することによって明るみに出すこと――アルチュセールによる『資本論を読む』のマルクス読解はこのような読解戦略によって成り立っていました。また、デリダ的「郵便的」脱構築は、アルチュセール的「偶然性唯物論」に対応します。アルチュセールにとって、イデオロギー的呼びかけは必ずその途上で「ずれ［décalage］」を伴って主体に届きます。つまり、イデオロギー的呼びかけによる主体の服従化とその再生産という「法則性」を壊乱するのは、まさに法則性に還元されない複合状況、つまり政治的「偶然性」の効果に他なりません。

なおアルチュセールは、「フロイト博士の発見」という一九七六年の論考の中で、ラカンのテーゼ「手紙は宛先に届く」に対して、「手紙は宛先に届かないことがある」という唯物論的テーゼを対置しています。この「届かないことがある」は、イデオロギー的呼びかけを逸れさせる政治的抵抗＝「複合状況」の侵入に対応します（「真理の配達人」の初出は一九七五年。アルチュセールはこの時点で恐らくデリダの論考を読んでいる）。支配的イデオロギーに転移した主体は、いかにしてそこから脱転移＝脱服従化し、社会変革を実現できるのか――イデオロギー的呼びかけに対す

2　Louis Althusser, *Sur la reproduction*, PUF, 1995, pp. 114–115.〔ルイ・アルチュセール『再生産について』西川長夫ほか訳、平凡社、二〇〇五年、一三一－一三三頁〕。『権力と抵抗』第五章（二四三－二四四頁）に引用。

る「ずれ」は、アルチュセールにおいてそのような意味を持っていました。

最後にこうした文脈から、『訂正可能性の哲学』について、東さんに二つの問いを示しておきたいと思います。
（1）こうした脱服従化の実践と「訂正可能性」の関係についてどう考えるか。主体が支配的イデオロギーに転移しているとき、「訂正可能性」はどのように機能しうるのか、むしろ機能しないのではないか（アルチュセールが言うように、「イデオロギーは外部を持たない」）。『訂正可能性の哲学』では「理性的で公的な言葉ではなく、感情的で私的な言葉こそが、一般意志の暴走を、［…］「正義」の絶対性を切り崩す」（三二六頁）とあるが、感情的で私的な言葉は、むしろ支配的イデオロギーへの転移を増幅させうるし、ポピュリズムとも親和的ではないか。ラクラウは『ポピュリズム的理性』で「部分対象への情動的備給なしに、いかなるポピュリズムも存在しない」と言っている[3]。
（2）『訂正可能性の哲学』は、「かつてジャック・デリダは、脱構築とは正義のことだと記した。それに倣えば、［…］正義とは訂正可能性のことだと表現できるかもしれない」（一三三頁）と述べるが、デリダの「正義」とは、主権秩序（国家＋法権利＋資本主義）に対抗する「歓待」、「贈与」、「赦し」のような理念のことだった。また移民の「歓待」について考えれば、この理念は明らかにマイノリティ的理念を意味している。こうしたデリダ的「正義」と「訂正可能性」、「観光客」の関係をどのように考えればよいのか。とりわけ、社会運動について論じるために「観光客」という言葉を使う理由が私にはよく理解できない。

　東さんは「自分は政治的な人間ではない」と言われているので、このような問いによって対話が成立するかどうか、正直に言って私には自信がありません。しかし、本シンポジウムは東さんとの対話の場であると自己規定しているので、とりあえずこのような問いを投げかけておきたいと思います。

3　Ernest Laclau, *On Populist Reason*, Verso, 2005, p. 116.

東浩紀氏の、佐藤嘉幸氏への応答

『存在論的、郵便的』の最後で書いた挫折なるものについては、パフォーマンスでもなんでもありません。そのことは、この二五年間の、ぼくと大学との関係が証明しているのではないかと思います。パフォーマンスといわれるのは心外です。

次に、正義に関わる問題に関しては、佐藤さんがおっしゃる通り、対話はちょっと難しい。なぜか。政治と人間との関係、もしくは政治と社会の豊かさとの関係をどのように考えるか。その点で、大きな開きがあると考えられるからです。先ほども話したことですが、人間の生の中で、政治が占めるポジションというのは、今の人文系の学者たちが思うよりも小さいと、ぼくは思っています。「政治」という言葉が強すぎるのであれば、アーレントのいう「アクション」でもいい。たとえば佐藤さんの発表の中に、「支配的イデオロギー」という言葉がありました。しかし、イデオロギーが本当に社会を「支配」していたことがあったのか。ぼくとしてはそういう問いを立ててみたい。あったとしても限られた例外だったのではないか。もちろんナチズムのような、極端な例に対して、私たちはどのように対応するか。そのことは考えておかねばならないし、大事なことです。けれども、同時に、その例外的な事例を参照項としてあらゆる社会について考えるのが正しいかどうかも、考えるべきではないのか。

たとえば、人間と人間が連帯する場面を考えてみます。イデオロギーや概念で連帯することもあれば、同じ服を着ている、同じ音楽を聞いているということで連帯することもあります。もしくは、同じ土地を見た、同じ場所に行ったということで連帯することだってあります。つまり、「連帯」という言葉の意味そのものを、もっと大きく広くとることもできる。必ずしも政治的な連帯だけではない。それがぼくの考えです。おそらくはこういう提案は政治的な問題の優越性を消去するもので、それ自体が政治的な現実否認のように聞こえるでしょう。ぼくに向けられている批判の多くが、その種のものだと思います。「観光客」の観点で連帯をとらえたらどうかという発言に対して、いやいや、そんなぼんやりした連帯のことを考えている場合ではないといわれる。移民や難民との連帯はどうするのか、今ここに喫緊の政治的な問題があるだろうと。まったくもって正確な批判だと思っています。ぼくの哲学に対する全面的な批判として受け止めています。ただ、ぼくのようなことをいっている人はいないわけです。つまり、みんながみんな政治の話しかしない。それだけで人文学に未来が来るとは、到底思えないということです。だから、ぼくは今のこの役割を果たしている。そういう点では、対話は成立しないけれども、役割分担はできます。

今日、じつはこういうタイプの批判は来るだろうと思っていました。けれども、ある種の役割分担だと理解していただきたい。大学における哲学だけが哲学ではない。政治について考える人文学だけが人文学ではない。そして人々の連帯のあり方も、やはりいろいろな形がある。

付け加えると、感情的で私的な言葉が、佐藤さんがおっしゃるように、危険性を帯びることはわかっています。本の中にも書いていることです。ただ、どちらかというと、この場合の「私的な」というのは、バラバラで統一されないぐらいのニュアンスです。先ほどいったことと関係しますが、バラバラに様々な言葉があることが大事だということです。

もう一点、今回の本には書いていないことを話します。アーレントの『エルサレムのアイヒマン』で、凡庸な悪について語られます。アイヒマン自身には、実は個人のユダヤ人の友人がいっぱいいいました。反ユダヤ思想についても、真剣に信奉してはいなかった。けれども、ナチスという超自我から命令されると、私心を殺して従ってしまう。その私心を殺してしまったことが、アイヒマンの悪のポイントをなしている。アーレントはそう書いています。

ぼくが大学生の頃、この本が論壇で話題に上ったことがあります。当時は高橋哲哉さんと加藤典洋さんとのあいだで、歴史認識論争が繰り広げられていました。あの論争のとき、まさにアーレントの『エルサレムのアイヒマン』が話題になった。そこで加藤さんが、「語り口の問題」ということをいいはじめる。アーレントの「フリッパント」（軽々しい）語り口が大事なんだと。当時はよくわからなかったのですが、僕は最近ではこの指摘にはとても重要な問題が含まれていると考えています。『エルサレムのアイヒマン』をシリアスに読むことそのものが、まさにアーレントが指摘していた、アイヒマンが抱えていた問題を反復してしまうということです。つまり、アイヒマンにとって重要なのは、実は「フリッパント」であることだった。ナチスのいうことを真面目に聞かず、ユダヤ人の友人たちと適当に付き合う。それがアイヒマンにとっては大事だった。アーレントがそういう指摘をしているにもかかわらず、アーレントの語りをシリアスに読むこと自体、実はおかしいのではないかと、加藤さんは高橋さんに問いかけたわけです。あの時の加藤さんの指摘は、非常に重要だと思います。

悪や政治の危険性といった類のものを批判するとき、やはり二つの側面から考えなければいけない。一方には、今佐藤さんがおっしゃられたような側面があります。非常にシリアスな理論的な側面から考えていく。他方で、それを崩すような別の形もあるのではないか。もしくは連帯というものに関して、巷間いわれているよりも気軽で、簡単なものだと提起していく。「観光客」という言葉を、なぜぼくが使いはじめたのか。答えはシンプルです。福島第一原発の問題については、佐藤さんの方が詳しいし、これもまた意見が分かれるところかもしれません。ただ、ぼくの観点では、ある時点から、運動が当事者主義で先鋭化していった。福島のことについて真剣に考えている人間でなければ、発言権がなくなっていった。少なくともぼくは、そのことを感じました。それが果たして、運動のやり方として良かったのかどうか。

「観光客」という言葉自体は、『ゲンロン』でチェルノブイリ原発を取り上げたときに積極的に使いはじめました。実際にツアーを組んで、チェルノブイリまで何回も行きました。「福島第一原発観光地化計画」をはじめて、ぼくはいろいろな批判にさらされるようになりました。それで、逆に観光客の価値を考え直す必要があると思ったわけです。観光客を排除する運動のあり方というのは、これからの時代、本当に正しいのだろうか。無責任な人もいるだろうけれど、そういう人たちを、ある程度巻き込んでいかないと、運動は先鋭化するばかりである。そう考えるようになりました。これが、ぼくから佐藤さんへの答えになります。

Ⅶ　魔法使いの弟子たちはどこへ行くのか――誤配・訂正可能性・民主主義の未来

清水知子

今日は「魔法使いの弟子たちはどこへ行くのか――誤配・訂正可能性・民主主義の未来」というタイトルでコメントさせていただきます。「魔法使いの弟子」はゲーテの詩に感化されて、フランスの作曲家ポール・デュカスが一八九七年に作曲した交響詩ですが、私たちがよく知るのはディズニー映画『ファンタジア』（一九四〇年）ではないでしょうか。ミッキー扮する魔法使いの弟子が師匠の魔法使いのもとで修業するのですが、毎日水くみばかり。そこで夜中にこっそり魔法使いの帽子を持ち出し、聞きかじった呪文で魔法をかける。水汲みの仕事を箒に押し付けてうまくいったと居眠りするミッキーはしかし、魔法を解除する方法を知らず、水びたしになって大混乱に陥る、というあのエピソードです。

人工知能や原発に見るように、私たちは魔法のようなテクノロジーによって驚くべきものを作りだしてしまった。けれども、誰もその暴走を止めることができない。まるで魔法使いの弟子に扮するミッキーのようだなと感じました。『訂正可能性の哲学』は、そんな私たちの現状をどう「訂正」し、別の可能性を見出していくのか、そのための補助線をいくつも差し出してくれる本であるように感じました。

この本には『郵便的、存在論的』以来、練り上げられてきた批評的なポイントがたくさん散りばめられています。例えば、家族的類似性の問題とともに、強制性、偶然性、拡張性という観点から、「家族」を遡行的な訂正可能性に支えられた持続的な共同体として捉え直すという指摘もその一つです。

では、いったい何が「訂正可能性の哲学」を可動させているのか。今日はこの問いを探るべく、以下三つの点からコメントをさせていただき、のちほど皆さんと議論しながら掘り下げていけたら、と思います。第一にアーレントの『人間の条件』における「現れの空間」と公共性をめぐる問いについて、第二に人工知能と民主主義について、そして第三に「誤配」とゲンロンカフェという場についてです。

まず、最初にアーレントの「現れの空間」と公共性をめぐる問題について見ていきたいと思います。『訂正可能性の哲学』で述べられているように、アーレントは、公共性について、開放的な「現れの空間」の重要性を論じ、それが機能するのは、「人間の複数性」、「活動」、そして「何」ではなく「誰」という固有名として尊重されることの必要性を指摘していました。ですが、あらゆるひとが固有名として尊重される開かれた社会としての公共性は果たして実現可能なのか。この問いに対して、『訂正可能性の哲学』は、「共通の世界」を「持続」するために必要な「制作者たちのものづくり」に注目していました。アーレントの公共性を「活動」と開放性のみならず、「制作」と「持続性」の観点から定義されたものとして捉え直す。それによって、誤配で生まれ、訂正可能性に支えられた持続的な共同体として公共性が再構築されるというわけです。

また、『訂正可能性の哲学』は、「訂正の連鎖の実践」のなかで今日危機に瀕したと言われる人文学の持続性を説き、民主主義の問題へと接続していきます。このあたり、なるほどその通りだなと思いながら拝読しました。

ですが、もしかしたら、「制作」は、現代社会においてはまた別の観点からも重要な意味をもつのではないかと思いました。というのも、新自由主義社会は「不安定さ」を不均衡に配分し、「生きるに値する生」とそうでない生を区分する生政治／死政治の光景を可視化してきました。競争社会の中で、あらゆるものが強引に数値化され、数値に換算された金銭的交換が支配的になりました。人々を個別化、分断化し、他者と競い、他者を合理性や有益性によって功利的に測定するよう促してきたこの社会は、私たちから他なるものに対する想像力を剝奪してしまったように思います。

こうした社会では、割が合わないと判断された人間は安易に切り捨てられ、孤立してしまいます。そのようにして捨象された人間が失ったものはしかし、仕事や時間だけでなく、何より信頼関係でありそれに基づく倫理ではないでしょうか。そしてそれは、数字に還元できる計算可能なものでも、何かの対価でもありません。信頼はけっしてお金で買うことができる「商品」ではないからです。

アメリカの哲学者ジュディス・バトラーは「責任」という考えが新自由主義に奪用された問題の重大さについて述べています。新自由主義は、労働者が経済的に自立する可能性を奪い、同時にその責任を労働者自身に負わせる。けれどもそこに待ち構えているのは、「自立しろ」という要求に従えば従うほど、社会的に孤立し、不安定さに陥るというパラドックスでした。こうした状況下において、労働者は資本によって「使い捨て可能」な存在とされ、同時に自らの生存の責任を自分で負わなくてはならなくなりました。

今日の資本主義社会では、ケア労働、情動労働などコミュニケーションを基盤とした非物質的労働が大きな比重を占め、かつ不安定性が不均衡に配分されています。非物質的労働は感情労働でもありダイレクトにメンタルにくるものでもあります。だからこそ、孤立した社会のなかで自身の生を維持するために、いつのまにか書店にはマニュアル本、ハウツー本が並び、あるいは合理性を重視したプログラミング思考に傾倒する動きが出てきたのではないでしょうか。その光景は、自己を喪失し、さらに世界とのかかわりも喪失してしまう寂しさ（loneliness）に陥らないための救済手引きを求めているようにも見えます。

このように考えるとき、公共性をめぐる問いは、アーレントが『全体主義の起原』のなかで論じていた孤独（solitude）と孤立（isolation）と寂しさ（loneliness）をめぐる議論と共に再考できるのではないかと思いました。自分のなかで自分自身と対話し、思考し続ける「孤独」、相互の政治的交流を絶たれ、公的領域から退き、共同性を失ってはいても制作を通して人間ではなくモノと対峙しながら世界と接続する「孤立」、そして自己との対話も私的な活動も失われ、世界とのかかわりもなくしてしまう「寂しさ」。東さんは活動だけでなく、モノをつくる制作という点から公共性を再考しました。アーレントのいう「孤独」、「孤立」、「寂しさ」と公共性について考えようとするとき、とりわけ「寂しさ」は「訂正可能性の哲学」によってどのように公共性と出会い直しうるのでしょうか。これが第一の問いです。

そしてこの問いは、第二の質問である人工知能と民主主義の話とも関係しています。『訂正可能性の哲学』の第二部では、これまでの人工知能民主主義をめぐる議論の落とし穴が浮き彫りにされていきます。そこでのポイントのひとつは、人工知能民主主義は、固有名として市民が現れる「現れの空間」ではなく、個人ではなく群れ、つまり「定義の束」を扱う「表象の空間」のみで構成されているということでした。「表象の空間」では、遡行的発見＝訂正そのものが成立せず、誤配も起きず、主体にもなれない。それどころか、私たちは、「あなた」ではなく「あなたに似た人々」によって監視資本主義のプラットフォームに暮らすサンプルの「羊」あるいはモノにすぎない。監視資本主義において商品に剰余価値を与えているのは人間ではなく、人工知能であり、人間はたんに個人情報を提供しているだけである。産業資本主義の構図に倣って換言すれば、人間は労働者でも消費者でもなく、製品の原材料を提供しているだけであり、それは言わば、「繊維工場において羊毛を提供する羊に近い」というわけです。私たちはプラットフォームという牧場に暮らし、サービスという檻のなかで、無料を餌に、個人情報という羊毛を人工知能に提供する羊である。グーグルという資本家はそれを加工して人工知能という繊維工場に送り、布を作って販売する。羊毛にはもはや羊の固有性は担保されていない。私の羊毛もあなたの羊毛も同じ一枚の布。だから「搾取」を訴えることも難しい。したがって、こうしたアルゴリズム的統治においては、公共性への志向が喪失されてしまうという論点でした。

なるほどたしかにその通りで、とても興味深く拝読しました。と同時に、私がここで思い出したのは、ドイツのアーティストで文化理論家のヒト・シュタイエルの指摘です。彼女は、データが生成する画像を「平均化した画像（mean image）」と呼び、人物のジェンダー、肌の色など個別性をぼかして超平均的なイメージが生成される今日の画像について、ダーウィンの従兄弟でもあるフランシス・ゴルトンが一八八〇年代に造った合成写真を参照しつつ考察します。**図1**は、シュタイエルがサーチエンジン〝Have I been Trained?〟で自分を検索し、それをStable Diffusionでレンダリングしたものです。で、どうなったのかというと、これが**図2**のようになってしまうわけです。ちょっと意地悪な卑屈なイメージに見えますよね。でも、それこそがポイントで、まさしく〝mean image〟の〝mean〟なのだと言います。〝mean〟には、平均だけでなく、マイナー、みすぼらしい、規範、ケチ、意地悪など様々な意味があります。平均化したイメージは、このように一見すると相容れない多様な意味づけのレイヤーをぼかして重ね合わせたもので、シュタイエルはこれを「ブラックボックス」というより、むしろ「ホワイトボックス・アルゴリズム」、あるいは社会がネットのフィルターを通して自分をどう見ているかの概算とも言うべき「社会的フィルター」だと述べています。つまり、平均化したイメージは、社会の不合理な機能を論理的な帰結に処理するデータ・ポピュリズムである、というわけです。

これに加えて、もう一つポイントとなるのが「ヤヌス問題」です。二〇二二年にテクストから３Ｄに変換するDreamfusionというツールが試用されました。そこで生成された３Ｄモデルに

図1

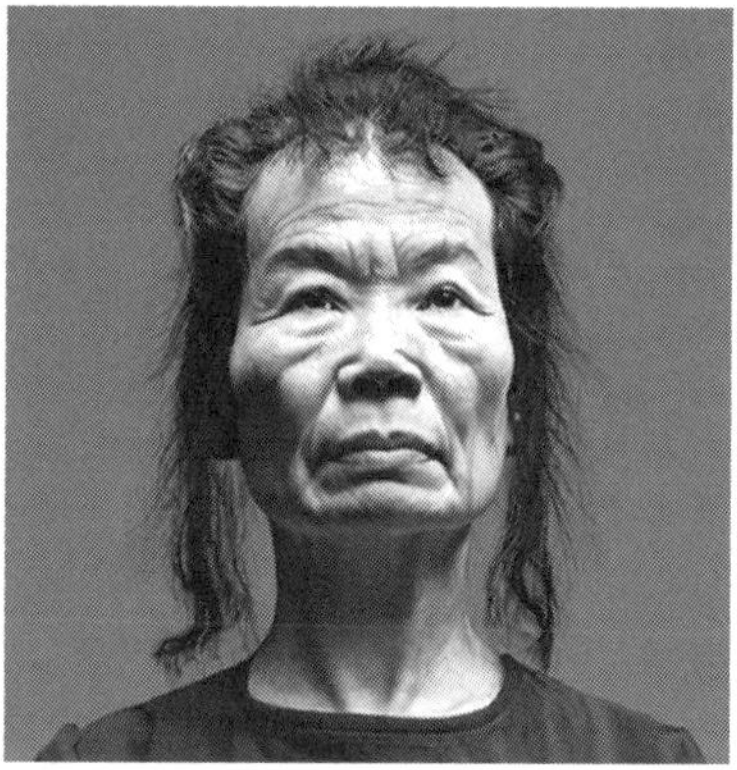

図2

は、複数の顔が出現するという奇妙な現象がしばしば起きました。機械学習による画像認識・解析では身体の他の部分よりも顔を重視する傾向があり、それがこの不具合の原因だと言われています。ローマ神話の神、出入り口の守護神であるヤヌスの二つの顔は、過去と未来に向いています。ヤヌスはまた戦争と平和、あるいはある社会の状態から別の状態への移行の神でもあります。シュタイエルによれば、機械学習におけるヤヌス問題は「個人と集団の関係」をめぐる重要な問題を示唆していると言います。つまり、群衆をどう描けばよいのか、あるいは逆に、群衆、集団、グループ、階級、リバイアサンを構成する一個人をどう描くのか、個人と集団の関係とは何かといった問いをここに見出せるというわけです。

また人工知能と民主主義について考えるうえで、シュタイエルはもう一つ興味深い事例をあげています。**図3**の一番右側の列の幽霊のようなぼやけた画像です。これは、推測される人種スコアを使って四つのカテゴリーに分けた顔の画像のそれぞれが平均化された画像です。知られるように、画像認識ソフトウェアは白人に最適化されていたり、ジェンダーステレオタイプを学習して再生産するなど、顔認識ソフトウェアが持つ人種とジェンダーのバイアス問題はこれまでにも盛んに議論されてきました。**図3**の取り組みは、こうした現状を改善すべくRacial Faces in-the-Wildの開発者が非白人に対して十分な性能が発揮できない現状を解決するために、より公正なデータセットやAIを目指して取り組んだものでした。けれども、一番右側の幽霊のような顔画像は、まるで一九世紀末に司法写真の実践として犯罪者に典型的な顔を合成したゴルトンを想起させるものになっているというわけです。優生学者だったゴルトンは、典型的な「ユダヤ人」「結核患者」「犯罪者」の肖像を作成するために複数の写真を重ね合わせる方法を考えました。優生学者は「人種改善」と「計画的な繁殖」を重視していたので、彼らが「不

図3

適格」であると考えるたぐいの人間を隔離、断絶、さらには社会から除去しようとしていました。つまり、ここに登場する幽霊のような顔はこの世界から抹消されるべくカテゴリー化された顔なのです。

じつはシュタイエルの顔は、このマイクロソフトのデータベース（MS-Celeb-1M）にも登場していました。つまり、顔認識アルゴリズムの初期のトレーニングデータセットの一部になっていたのです。そして皮肉なことに、結果として、マイノリティを識別するためのデータとして簡単に再パッケージ化されてしまった。というのも、顔認証の最適化を待ち望んでいたのは警察でもありました。センスタイムという会社が中国に監視ソフトウェアとして提供し、ウィグル族の監視と追跡に使われたのです。シュタイエルの顔画像は、ネット上に彼女の顔が存在するというだけで、デジタル独裁国家が振りかざす差別の道具に取り込まれてしまった。バイアスを是正しようとしたのに、解決するどころか、むしろそれに加担しより多くの問題を生み出してしまったというわけです。

こうした統計的手法は、二〇世紀になると契約、コスト、アフォーダンスといった市場ベースのメカニズムやパラメータを含んで微調整され、市場原理を利用したものとして展開していきます。シュタイエルのこれらの事例は、東さんが指摘されていたように、「あなたに似たひとたち」につねに差し戻され、監視資本主義の「行動余剰」として利用される現状を裏付ける事例ではないかと思いました。

こうした状況は、統計学的な数値の力による「デジタルの規範」が秩序と化し、「父の名」によって支えられていた「アナログな規範」にとって代わった一例と言えるのでしょうか。言い換えれば、今日の社会の秩序は、マリー゠エレーヌ・ブルースが「統計学的超自我」と呼ぶものにとって代わってしまったのでしょうか。

監視資本主義は、前述した「現れの空間」とも密接に関係しています。というのも、「現れの空間」としての公的領域は、今日、情報を収奪される可視的な場であり、とりわけ戦時下にあっては、日常的な社会なら罪が問われる殺戮行為が公的領域において人為的に構成される現場となっています。

また都市空間には膨大な個人情報とデータが渦巻き、ソーシャルメディアが浸透し、ユーザーの発信に大きく依存しながら膨大な情報が行き交っています。今日、私たちは自分にとって心地よい「インフォメーション・コクーン（情報の繭）」（キャス・サスティーン）に引きこもり、客観的な事実よりも感情や個人的信条への訴えが影響力を持つ「ポスト真実」の時代に暮らしています。そこでは、事実は隠蔽されるどころか破壊され、場合によっては「別のリアリティ」が造り出されるのが現状です。そして今日のロシアとウクライナに見るように、公的空間そのものがハイブリッド戦争の舞台と化し、ドローンによって狩り、狩られる状況では、もしかしたら公的空間に現れ得ないものに目を向け、そこから見えてくるものがとても重要ではないのかと思いました。

体制を批判し、公的空間で戦争を阻止しようと声を上げることが投獄や死の危険と背中合わせにある人びとは、歴史的にどのように闘争＝逃走してきたのでしょうか。戦時下にあちこちで取り組まれる小さなピケや地下出版など、検閲をくぐり抜けるために編み出された数々の知の技法やその歴史を振り返ると、「現れの政治」とはまた異なる別の政治的レイヤーが浮かび上がってくるように思います。それは必ずしも、私的なものへ退却するのではなく、むしろ秘められたものを守る権利によって、公的なものや政治的なものの意味を政治的に問い直す、非暴力的な実践と呼びうるものかもしれません。そう考えると、「秘密」について論じたデリダの言葉を思い出さずにはいられません。デリダは『ならず者たち』のなかでこう述べていました。

民主主義は公共空間を、公共空間の公開性を、フィクション、シミュラクル、秘密、文学などと同様に、調子の変化（*Wechsel der Töne*）に、イロニーに、権利を与えることによって開くのである。ゆえに民主主義は、公共的なもののうちで公開である公開的ならざるものに、公共的なものと公共的ならざるものとの差異がそこでは決定不可能な限界に留まるような *res publica* に、公共物に権利を与えることになる。

（デリダ『ならず者たち』鵜飼哲、高橋哲哉訳、二〇〇九年、一八三頁）

ということで、人工知能と民主主義については、公共性と「現れの空間」の重要性と同時に、こうした「秘密」についてはどのように考えることができるのかについてお伺いしてみたいと思います。

また、個人的にこの問いについて考える上でヒントになるのではないかと思ったのが、ロンドン大学ゴールドスミス校に拠点を置くイスラエル出身の建築家エヤル・ワイツマンを中心に、建築家、アーティスト、映像作家、ジャーナリスト、科学者、考古学者、ソフトウェア開発者、法律家など、総勢二六人程度の多彩な専門家からなる英国のアーティスト調査機関フォレンジック・アーキテクチャー（以下ＦＡ）の取り組みです。

ＦＡの活動は、人間の証言のみならず、瓦礫と化したモノたちによる「事実」の語りから暴力を裏付け、国家、警察、軍隊、企業による暴力を含む歪曲された事実、沈黙した声、人権侵害、暴力の所在を浮き彫りにし、科学捜査を権力側から人々の手に取り戻す「人権の実践」として知られています。

何よりその特徴は、建築史家の五十嵐太郎さんが「情報の建築」と呼ぶ独自の手法にあります。目撃者の証言、衛星放送、ソーシャルメディア、テロ現場で崩壊した建築物、瓦礫、そしてそれらを撮影したプロあるいはアマチュアの膨大な画像記録、カメラのブレ、太陽や雲の位置、影の射し方、埃、音声、風向き、司法解剖記録などの解析を通じて、事件現場の空間を再構築して、事件の真相を暴き出すのです。また映像、音声、地図、現地の物質的条件からシミュレートされた「真実」は、法廷で説得力をもつのみならず、暴力への闘争／抵抗の一部として美術館やウェブサイトなど複数のプラットフォームで公開され、その証拠を社会に開いています。

ワイツマンは「芸術は虚構のライセンスだけではない」と述べています。曰く、「美学的な実践は非常に有用かもしれない。だが、建築家、映画制作者、アーティストとしての非常に基本的なツールやテクニックを使って私たちにできることがある。誰もが手にするノートパソコンに搭載されたソフトウェアは、国家と政府の嘘を突き詰める非常に強力なツールになりうるのだ」と。そしてまた「真実は誤りの中にある」とも述べています。蓄積されたビッグデータを源泉とし、収集されたデータのメタ分析を通じて国家や企業が私たちの行動パターンやトレンドをマッピングするメタデータ社会では、情報の断片はアルゴリズム統治の源泉となっています。他方、FAの実践は、逆にコモンとしての情報と、それに基づくさまざまな知のブリコラージュによって、出来事がどう知覚され、文書化され、提示されるのか、それらの情報から相互関係を地図化して真相を究明することで、真実とされているものを再吟味するのです。

ここから考えられるのは、モノに語らせるということ、つまり、人間が羊ないしモノと化した社会において「つねに訂正を加えてしまうプレイヤー」であることも踏まえ、徹底したモノの関係性から立ち上がる民主主義の可能性と監視資本主義の両義性をどう誤配によって訂正可能性の場として作動させうるのかということではないか、と思いました。

東さんはご著書のなかで「いくら技術水準があがったとしてもそもそも政治から人間を排除するなどということが可能なのか」とおっしゃっていました。としたら、ここには人工知能民主主義的なものに抗する「訂正可能性の哲学」と響き合う知のあり方があるのではないかと思いました。

最後に、三つ目の問いとして、この知のあり方として、「誤配」とゲンロンカフェという場についてお伺いしてみたいと思います。ゲンロンカフェの活動は、ある意味で、先取りした「ポストユニバーシティ」なのかなと思いました。というのも、連日、様々な論客とともにアクチュアルなテーマが掘り下げられ、また訂正可能性がつねに模索される場でもあります。『訂正可能性の哲学』のなかでは、ハーバーマスを引きながら「理性的で公的な言葉ではなく、感情的で私的な言葉こそが、一般意志の暴走を、すなわち「自然」や「公共」や「真実」や「正義」の絶対性を切り崩す。というよりも、それら絶対性は、むしろその脱構築によってこそ可能になり持続する」（三二六頁）と論じられていました。かつてフェリックス・ガタリは、自由ラジオについて、支配層や大学人が使う小綺麗な言語に複写された「公式のメディアの言語」ではなく、既存の言語のただなかに「外国語」を創り出す「欲望の言語」を見出しました。ゲンロンカフェで語られる言葉は、この「欲望の言語」をめぐる議論ともどこか響き合うように思いました。

もちろんそれは、『ゲンロン戦記』で論じられるように、表舞台と裏舞台があり、公私を貫く様々なドラマを経て持続してきたわけですが、「誤配」はまた、表舞台の論者からなる「活動」とその観客の「あいだ」においても起きてきたのだと思います。「誤配」はいつ起きるかわからない偶然性に満ちた出来事でもあるわけですが、この二五年間において、ゲンロンカフェは「訂正可能性の哲学」が練り上げられる、コンスタティヴかつパフォーマティヴな現場であり、そしてまた活動、制作、労働が折り重なる現場であったようにも思われます。そこで、「訂正可能性の哲学」はどのような場によって生成しうるのか、またそこにおいて「誤配」はどのように駆動しうるのかという点からゲンロンカフェについて遡及的にいま何が再発見できるのか、お話をお伺いできればと思いました。

※図1、2、3出典 Hito Steyerl, "Mean Images" New Left Review, 140/141, Mar/June 2023.
https://newleftreview.org/issues/ii140/articles/hito-steyerl-mean-images

東浩紀氏の、清水知子氏への応答

まずアルゴリズム的権力について。『訂正可能性の哲学』で記したとおり、ぼくはそれは、むしろスタンダードを「作らない」ことによって人々を管理する権力だと考えています。そういう意味では、ゴルトンとかが考えていた、一九世紀の生権力のパラダイムとは異なると思います。つまり、標準的な人間がこうであり、そこからずれているものを危険だと捉えるのではない。それぞれのグループごとに、すごく細かく分けながら管理し、ケアしていく権力。たとえば今は、昔は心が弱いとして一括りで考えられていたものを、細かく分けて、ひとつひとつ名付け直し、ケアするようになっていますね。それと同じことです。いわば、標準というものをなくしていく。しかし、標準をなくしたからといって、みんながひとりひとり輝けるようになるのではない。むしろ、すごく細かいケアのネットワークが張り巡らされるようになった。

次に、仕事と孤独と公共性の問題に関して。社会への参加というのは、物を介しての参加でもある。これがぼくの基本的な考え方です。まったくの引きこもり状態にあったとしても、何かものを作っていれば、社会参加とはいえる。そちらの方向に、社会参加や政治参加の定義も変えていった方がいい。先ほどの話にくりかえしになりますが、今は政治参加や社会参加の定義が狭すぎる。たとえば文系と理系の仲が悪くなっているのも、そういう話に関わってくると思います。

「エンジニアって所詮タイヤ作ってるだけでしょ」みたいな話を、文系の人間はする。だけどタイヤがなかったらどうするのか。本当に真面目に考えた方がいい。技術が社会を変える。その変えることの政治思想的な意味を、もっと考えに入れていかないといけない。医療の在り方でも、お金の在り方でも、もしくは投票の在り方でもいい。実際は全部、技術が更新していっている。その更新していることに対して、きちんと政治思想的な意味付けができていない。これが今の人文的知の弱点だろうと思っています。

最後に、公私の区別の問題とゲンロンカフェの話は、確かに関係しているのではないかと思います。今発表を聞きながら思ったのは、清水さんのいう「公共性」というのは、ぼくの言葉にすると「無料空間」になります。ロボットがクロールできる、デジタル的に障壁がない空間のこと。たとえば今、ＡＩで粉々にデータを抜かれている、著作権者の人たちがすごく怒っています。ＡＩの開発をしている人たちからすると、なぜ怒っているのかさっぱりわからない。誰もが読める、見られるものとして公開されていて、人間が読んでも怒らないデータを、機械が読んでどうして怒るのか。ぼくらは、誰もが読める、クロールできることに対して、「開放性」という言葉で表してきました。その定義も技術的条件によって変わってきます。開放的でいいと思えるのは、この会場に二〇〇人の人間がいるとして、すべての顔を記憶できないからです。

もし二〇〇人の顔を記憶できることになれば、開放の意味を変えなければいけない。技術的条件によって、開放とか公共の意味が変わりつつある。顔認証システムの進歩も含めて、ダイレクトに変わる途上にあると思います。

率直にいって、新しい技術的環境のもとでは、今までのような公共性や開放性は維持できなくなるだろうと思います。たとえば、以前ならば、酒場でぶっちゃけてしゃべろうという話になった。それができたのは、参加者が誰も録音していないことが前提になっていたからです。今だと二〇人もいれば、録音されている可能性がある。だから、酒飲んだからといって、適当にしゃべっていると、何が起こるかわからない。そのことを、みんなが考えはじめています。そういう世界においては、行動も変わらざるを得ない。今は私的な飲み会だとしても、YouTubeで中継されているくらいの気持ちで臨まないとならない。そういう時代において、開放性の意味はどうなるのかということです。

ゲンロンカフェの先駆性について考えてみると、最初からイベントは無料公開にはしていませんでした。プライベートな話を結構していながらも、商品として売っていく。変な運営の仕方をしてきました。試行錯誤の結果ですが、昔の考え方でいう開放性、閉鎖性の対立とはちょっと違う組み合わせ方をしています。プライベートなんだけれども公開する。そうやって公開しながらも、ペイウォールを作る。そのことによって聞き手とのあいだに、共犯関係ができる。

この手法が万能だとは思いません。そういう意味では、今いろんな人たちが、いろんな仕方を試している。二一世紀に入ってから二〇年間ぐらいは、「開放性＝善」「無料＝善」だったと思います。なるべく早くスケールすることが、公共的なインパクトを持つ時代でした。それが現在は、多くの人が危険だと思いはじめている。その時に、「閉じる」といっても、ではオンラインサロンでいいのか。それだけでは今度は少数の中に閉じていって広がっていかない。公共性の再定義が求められている時代だと思います。

話を戻します。清水さんが「顔」の話をされました。全然別のコメントを加えたいと思います。顔って、そもそも誰のものなのか。難しい問題だと思います。近代になって写真という技術が誕生した。つまり複製技術によって、自分の顔を物理的に複製し、それを自分のものだと思えるようになった。それ以前は、自分の顔を自分で見る経験は、鏡で見るくらいしかなかった。むしろ顔の機能は、他人が別の人を認知するためにあった。だから、自分で自分の顔を所有するという経験は、歴史的にはものすごく短い。その時に、顔を撮影されることが、本当にプライバシー侵害になるのか。そんなことを、ちょっと考えました。顔はそもそも誰のものだったのかも含めて、実はもう一回、考え直すべきことなんじゃないかという気がしています。

Ⅷ　25年の時を超えて読む『存在論的、郵便的』

檜垣立哉

様々な方向から議論がなされてきました。前半のパネルでは、若手の方たちが、『存在論的、郵便的』と『訂正可能性の哲学』に対して、解像度の高い解説もされました。私は好き勝手なことを喋ります。こういう場に出てきて、まず非常に悲しく思っています。なぜか。発表者の中で私が一番年上で五九歳です（笑）。見渡してみると、私より年上の方もがぽつぽつおられますが、平均的には、非常に若い人が多い。こういう哲学の場に、若い人たちが最近よく聞きにきてくれます。ズームとかオンラインを通して、聞いている人たちもいます。東さんがいったように、技術が変わり状況も変わったということを感じています。ただ、今回、学生たちと話していて、こんなことがありました。「二五年前、東浩紀という若い書き手が、すごい本を出したんだよ」というと、反応はひと言でした。「ぼく、生まれてません」。二五年って重いですね。ここにいる人の八割がたは、二五年前には存在していなかった。そういうこともあって、二五年前のことを振り返りつつ、年寄りの役割を果たしたいと思います。

一九九〇年代、東さんは『批評空間』でデビューされた。当時は、柄谷行人さん、浅田彰さん、中沢新一さんというビッグスターが思想界では輝いていて、『批評空間』の中心的人物が、柄谷さん、浅田さんでした。一方でフランス哲学の方は、若干暗い時代でした。デリダの初期の本は七〇年代に、そこそこ訳されています。高橋允昭さんや田島節夫さんが訳されていました。『グラマトロジーについて』も足立和浩さんの訳で出ていた。だから、初期の著作は訳されていたんです。中期はどうかというと、『絵葉書』にせよ『精神分析の抵抗』にせよ、翻訳の断片が『現代思想』に載るくらいで、全然わかりませんでした。その意味では、東さんがデリダの中期の仕事をまとめてくれて、本当に助かった。それが当時思ったことです。

もう一個いうと、デリダを読んでいる人って、さっきもちょっと名前が出ましたが、高橋哲哉さん、鵜飼哲さん、あるいは港道隆さんでも、デリダの一面をひきたてすぎという感覚が、ぼくには強かったんですね。東さんが正義の話をされて、鵜飼・高橋系の話をしましたが、ぼくもほぼそれには乗れなかった。だってデリダって、もっとふざけた人じゃないのと思っていましたから。『絵葉書』なんて、明らかに遊んでるわけであって、ぼくは全然読めませんでした。

本当に東さんはよく読むなと思っていました。

一方で、高橋哲哉さんたちの他にこの時代には、合田正人さんがいました。合田さんは、レヴィナスの初期の著作を超人的に訳されている。『全体と無限』にせよ『存在するとは別の仕方で あるいは存在することの彼方へ』にせよ、合田さんがばんばん訳された。それもあって、レヴィナスも流行ったんですけど、結局は現象学批判なんですよね。現象学は共時性で、身体的な同時性があって、メルロ＝ポンティ批判のような話に繋がってきて、それに対する他者や隔時生の強調が喧伝された。そういう流れの中で、東さんが「幽霊」を出してきた。本当にこれはびっくりしました。それが第一印象です。

東さんは、『存在論的、郵便的』の第三章で、『意味の論理学』の第二七章を取り上げています。最後の、本当に訳の分からない残りの八章の「身体からの言語の発生」。あれについて書かれていて、僕はドゥルーズやベルクソンとかやっていたんですけれど、これを書かれたらしょうがないと思われるような思考をなされていた。そのドゥルーズの『差異と反復』にしても、翻訳が出たのが一九九〇年代の初めです。フランス語がよほど堪能でない人間以外、アクセス手段がなかった。ドゥルーズ・デリダ・フーコーは、八〇年代から有名人だったけれど、一番激変しているのがデリダです。ドゥルーズだって、翻訳がどうであろうが、なんとなくドゥルーズ＝ガタリから入ってきた部分はあって、むしろ初期の『差異と反復』や『意味の論理学』の方が遅れて解読されてきた歴史があった。こういうことは若い皆さんは、まったく知らないと思います。まともな翻訳がなかったんですよ。特にドゥルーズの主著作はなんにもなかった。

当時の文脈でいうと、いろいろあって、講壇哲学者とフランス哲学者が脆弱だったと思います。今の若手がこんなにいる状況はそれも大変でしょうがうらやましい。自己批判もありますが、そう思います。また東京大学だと、駒場と本郷の文脈があって、齟齬もあったりして仕事をしていなかった。そこに、パッと東浩紀が出てきて、喝采しました。本当にやられた感じがあった。そこは、今の皆さんとの情報差を考えてほしい。これがひとつあります。ドゥルーズにしても今は河出文庫で読める。あれは二回目の翻訳です。一回目の翻訳はまともに読めませんよ。それしかないところで、東さんはフランス語でコツコツ読んできて、こんなスピードでよく読めるなと思いました。

もう一つ文句をいいたいのは、日本に巣食う大量の私の先輩、本郷の先輩も、ハイデガー屋さんたちなんです。東さんが『存在論的、郵便的』の最後の方になってくると、要するにデリダはハイデゲリアンだという。まったくその通りだと思います。一方でフロイトを援用しますが、やっぱりデリダは、どこまで読んでもハイデゲリアンだと思います。ハイデガーをここまでちゃんと読んだ人はいないない。マニアじゃないですか。本当かどうか分かりませんが、ハイデガーはたとえば「Geist」という言葉について何回述べているとか書いたりする。本当は違うかもしれない。嘘なんじゃないかみたいな感じがあるんですが、本当のハイデガーオタクですよ。日本のハイデガー主義者は、それについて、ハイデガーの側から何か言えるのか。皆さん何も言いません。ハイデガーの哲学の本があんなに出てるのに、なぜ日本人で、デリダから見たハイデガーという文脈できちっと書いてくれないのか。そこは強く言っておきます。

九〇年代に関してもう少しいっておくと、個人的には暗い時代でした。ガタリが死んじゃって、ドゥルーズも死んじゃって、現代思想という、リオタールとナンシーとかが出てきて、それも割と断片的にしか聞こえてこないから、なんだったんだろうなと。湾岸戦争論があったり、そういうのに対する論調は、特に盛んだったというのはあります。その時の潮流でいうと、浅田さんも八〇年代のキラキラが、だんだん美術や建築論になってくる。その中で、東さんは偉かったなと思います。あの時にスパーッと東さんが出てきて、要するに、まずは「ふたつの脱構築」とか、「郵便的空間」とか、今読むと、本当に東さんがしっかり読んでいるのが分かります。これは批判している意味じゃなくて、本当におふざけなデリダ中期を扱っている。デリダがどこまでふざけていたか、よく分からなかった。あれを本当に読まなきゃダメなんだよといってくれたのは、当時のフランス哲学系の救いです。

もう一つは、やっぱり「古名」の問題なんですよね。さっき佐藤さんが、パフォーマンスなんじゃないかっていうことをいっていました。僕もニュアンスはちょっと違うんだけど、古名の問題については同じことを聞こうと思っている部分があります。デリダはずっと「喪」の話をしますよね。だからデリダも暗いっていえば暗い。本当に暗い話で、そこのところが一体何だったのか分からなかったのが、東さんの本によって明らかになった。これは確かなことだと思います。だから、東さん自身は、自分の本がまともに読まれなかったと、ずっと思っておられるでしょうが、読んでいる人たちもいたと思ってください。

僕が今、こうやって話をしながら、東さんを持ち上げたいわけではなくて、ここにいる人たちが二五年前は姿形もない人がほとんどだと思うので、こういう時代だったということがわかっていてほしいということです。年寄りの冷水じゃないですけど、言っておきます。東さんの優れているところはいくつもあります。もう散々色々言われていることですし、今日、森脇さんがきちっとまとめてくれました。僕が言うこともまったくないんですけど、デリダってなんか巧妙なんですよね。二項対立にいくんです。パロールとエクリチュールとか、何でもいいですが、それだけやりながら、デリタは飄々と位置付けを変えて、カードを動かしていくように動いていく。そういうのを、今どう捉えればいいんだろうと思うわけです。要するに、僕は哲学屋だから、さっき佐藤さんが政治が専門で、東さんも超域文化科学ですとかいって、僕はしょうがないから哲学屋ですと言わざるを得ないんですが、哲学屋としては、ここをどう捉えたらいいのか、よく分かりませんでした。ただ、東さんが「幽霊」とかを出してきて、これはそうなんだなと思います。

今改めて見ると、九三年の『マルクスの亡霊たち』ですよね。東さんの本にも註でちゃんと書いてある。『マルクスの亡霊たち』は、そこそこ重要だと、僕も思っています。『絵葉書』の精神分析とか郵便空間で多用される幽霊とはちょっと違うマルクスですよね。やはり佐藤さんに関係する、政治的マルクスかもしれないけど、あれとかもきちんとこの本の中に出てきている。

もう一つ、僕が気になっているのは、ツェランの日付についてです。この問題は結構大きくて重要だろうと思います。ちなみに、日付については、ドゥルーズの『差異と反復』でも出てきます。また、もう一つ、僕が気になったのは、ハイデガー的な「良心の呼び声」ですよね。呼び声ということについて、この本は、結局否定神学にいくんですが、もちろんパロールとエクリチュールというときのフッサール的なものとは違うんですよね。全然違うんです。それはやっぱり単独者への呼びかけなんです。ところが、やっぱりそこからも逃げていこうという、東さんの戦略がある。ここら辺で、二項対立を利用しながら二項対立からずれていく。この在り方が、改めて読み返したんですけど、本当にすごいと思います。もちろんデリダが、パロール

／エクリチュールといって、コンスタティヴ／パフォーマティヴといって、ゲーデル的脱構築／デリダ的脱構築といって、途中からハイデガー的・否定神学的脱構築／フロイト的脱構築・郵便的脱構築といくんですが、どんどんどんどんずれていく構造になっている。ここがすごく面白い。だけど、コンスタティヴ／パフォーマティヴの話のあと、日付の問題とかコーラの問題とかをすぐ出してくるじゃないですか。これは二項対立に入らないんですよね。二項対立そのものを逃れていく。第二章だと、やっぱりトラウマとか喪のテーマがあります。これは否定神学的脱構築、散種的脱構築を出してくるんですけど、案外ここからずれてくるところが基本的に重要だと思います。ここから出てくるところは三章につながっていく。クリプキの一つの名が届くとか、あと確率論的誤配としてのデッドストックですよね。名が届かないということが届くという、誤配です。これをハイデガーにさらにずらしていって、もうパロールとエクリチュールどころではなくて、ハイデガーの呼びかけっていうのが、もう現前の話ではありませんから、一つだけの声が届くと誤配の話にしていって、最後は固有名のplusと古名のplusの話にしていく。

ここでちょっとうかがいたいんですけど、ここで唐突に割と固有名の話と古名の話を、東さんはぶった切っちゃうんですよね。ぶった切っちゃうんですが、ここの読みが東さんのデリダ読みの本当にちょっとスリリングで、おもしろいところだと思います。二項対立を書いているようで、どんどんずれていく。どんどんずらしていって、最後は、東さんは、三項構造になっちゃうでしょ。カルナップ、ハイデガー、フロイトになっちゃう。あれっ、みたいな感じになってきちゃって、カルナップから入るのかみたいなところが入って来て、すごくおもしろかったです。

また、僕がここに呼ばれた一つの理由は、第三章のドゥルーズ＝ガタリについてのコメントを求められているからだと思います。それについてちょっと喋ります。一九九五年ぐらいに、第三章を書いたんだと思うんですけれども、『アンチ・オイディプス』を否定神学側に配置して、『意味の論理学』の二七章、これはアルトーが出てくるところなんですが、ルイス・キャロルの話と古名の話で、アルトーの身体の話をする。これが静的生成・動的生成っていうドゥルーズ的な言い方では、もはや今や常識化した部分はあるんですが、これを、この時代にスパパ書いてるというのはちょっと驚きでした。その次にガタリの四世界論です。三ページぐらいに渡って、ガタリの話を書いていく。ガタリの四世界論って本当に難しくて分かんないんですよ。これを東さんが、郵便的といっちゃうから、いや、これ本当かよとか、いろいろ思いつつも、これは『分裂分析的地図作成法』から取っていると思うんですけど、『分裂分析的地図作成法』も本当に読みにくい本ですから。特にこの四世界論については、もちろんドゥルーズ＝ガタリ系の連中が分析してますけど、腑に落ちた話がありません。ここはちょっとどうなのかなと思いました。

あと、もう一つ、動的発生と静的発生については、樫村晴香論文が当時結構持てはやされていて、そこから出てるのはあるんですけれども、問題はやっぱりそこで固有名のplusっていうのが、これは分析哲学系の方が説明されたように、クリプキ的な固定指示子、つまり確定記述ができないということですね。できないんです。これをやっぱり持ち上げているんだけれども、東さんはドゥルーズが使うキャロルの方は否定神学だと、アルトー、フロイトの方が動的生成であって、これを否定神学モデルを超えるものとして読めるんじゃないかなっていうところまでは書いてある。これはドゥルーズ＝ガタリの側からすると、すごく冒険的な読みだと思います。書かれたのが九五年か九六年か分かりませんが、こんな読まれ方をされたら、もうお手上げだよみたいな感じです。当時『意味の論理学』は誰も読めなかったですから。日本語で読んでもさっぱりわけわかりませんでしたから。ここは、そうなのかみたいな感じのことはありました。ここについて言うと、やっぱり大きな論点になるのは、ドゥルーズ＝ガタリです。ガタリが入っている部分はかなり難しい。ドゥルーズだとやっぱりスピノザとかライプニッツなんですね。郵便空間の分散っていうのも、ドゥルーズで読むんだったら、ライプニッツの共約不可能性かなっていうのは、ちょっと思ってるんですよ。ところが、これは東さんもおそらくそうだし、デリダもそうなんですけど、スピノザ、ライプニッツについてはほぼ言及しない。嫌っているのかどうなのかわからないんですけど、ほぼ言及しない。逆にいうと、この時期のドゥルーズは、スピノザは哲学の王様だとか言っちゃうわけですよね。それもちょっといろんなニュアンスあるんですけれども、このズレと郵便空間は、今どうやって解釈したらいいのかと思うんです。これは東さんへの質問というよりも、東さんがこんな議論を二五年前に投げているんだから、ドゥルーズ＝ガタリを読んでいる側が、間違いだの正しいだの、ここからアイデアを、それこそ散種的に繰り広げるようなのをやればいいだけのことで、こちらが側の問題だなと思っています。でも、この時にこれを言ってくれたっていうのは、本当にすごく面白かった。なるほどねと思いましたけど、やっぱりスピノザ、ライプニッツでどうなるのか考えなきゃならないと思います。

時間もないと思いますので、最後にいきます。四章ですね。ここでやっぱりズレがあるんですす。カルナップ、ハイデガー、フロイトという三層構造にするんですね。非常に見事なことに、ハイデガーの解説を始める。『アナクシマンドロスの箴言』の話が出てくるわけですよ。そこまで出すのはすごいなと思うんですけど、結局ハイデガーの中期の呼び声の話と、後期が違っているんだと。中期は否定神学的固有名で読めるんだけど、やっぱりハイデガーの後期は読めないんじゃないということを言っている。ちょっとそれはハイデガーに点が甘いかなといまは思えますね。ただ、ここでやっぱりすごくこだわっているのが、これはもう東さんも否定できないと思うのは、浅田・柄谷だと思ってるんですよ。四章で、クラインの壺をどんどん精緻化させる図を書いて、最後の方のフロイトとか、正直わかりませんでしたけど、とにかく複数的郵便性とクラインの壺を解体しようとしている。だけど、「呼び声」っていう届く声ですよね。「あなた」って届く声ですよね。ハイデガーの良心の呼び声というのは。これが一方である。否定神学的に、これはダメだと言われちゃうんだけれども、すごいこだわりが見えてて、ハイデガーの良心の呼び声とかっていうのは、ちゃんと考えた人って、ハイデガー論者でも、そんなにいないと思うんですよ。ここのところは、クリプキの固有名と重なる話で、すごく面白いし、考えなきゃいけない部分はあるだろうと思います。ここは佐藤さんと同じ問いかけになっちゃって、私の二五年を見てくださいといわれるかもしれませんが、やっぱり最後の終わりは固有名のplusですよね。それを古名のplusで乗り越えようとして失敗したという。古名のplusでもって固有名のplusの方を、否定神学的だと言って変えようとして、精神分析的読みを獲得するんだけれど、最後は、実は自分の古名は固有名でしたと。これから先に行くとデリダの欲望に飲み込まれてしまう。ちょっと怒られるかもしれないけど、僕はそれは柄谷の欲望だなと、ちょっと思いました。ここが大きな問題だと思います。一つはやっぱり古名っていうのは、僕もすごく関心があって、ドゥルーズ読みとしても、ドゥルーズは古名みたいなものにあまり関心ないんですよね。「概念を創造せよ」なんですよね。ところがデリダは『声と現象』もそうですが、徹底的に概念は古名だと言っている。やっぱり古名っていうのは、古名の持っているplusですね。古名の持っているplusっていうのは解消されていなくて、結局回帰してくる日付だとか、亡霊が帰ってくるだとか、マルクスの亡霊が共産主義の亡霊とか、この古名の部分っていうのは帰ってくるだろうと、それで重ねちゃうっていうのは、固有名の問題がどこかで最後まで残っちゃって、この固有名を打ち捨てていいのか。結局打ち捨てられなかったっていう東さんのこの本を読むことは何なのか。二五年後に引き継ぐのであれば、やっぱり古名の問題は個人的にも考えてみたい。東さんみたいに全部読むのは、年齢的にもできないかもしれないですけど、これは本当に大きな問題だと思います。

ということで、これで終わりでいいんですが、ちょっと思ったのは、ここで東さんとしては当然なのかもしれないけれど、『訂正可能性の哲学』についていえば、家族的類似性の問題とからめて、家族の問題が冒頭に出てきているのは、やっぱりそうなのかと思いました。アーレント的な公共とか、後半のルソーもそうなんですが、ただやっぱり全部（ヴィトゲンシュタインを解釈した）クリプキに収斂しますよね。結局は固有名の問題ですよね。最後のビッグデータ的民主主義とかアルゴリズム的民主主義がダメなのは、結局東浩紀って個体がどうなのか、固有名がどうなのか、それがないとやっぱりダメだろうって話からできている。やっぱり『訂正可能性の哲学』はクリプキの固有名のplusっていうのが、結構効いていると思うんですよ。僕が聞きたいのは、東さんはやっぱりこれを、『存在論的、郵便論的』では、斥けようとしていて、二五年後に再びあつかっている。それは東さんにおける幽霊なのかもしれない。欲望の幽霊かもしれません。やっぱり家族の問題って、要するに近代家族が滅びるとか、家父長性的家族がダメだからなくなるとかって、僕も当たり前だと思っているんです。だけど、なくなったらばいいという話で終わるのかって言ったら、終わんないだろうと。僕も同じようなことを書いたことがあって、そこがやっぱり重要なんですね。これは開かれと閉じ方の問題ですよね。でもこれはデリダの問題圏そのものだと思うんですけれども。『存在論的、郵便的』だと、ハイデガー・フロイトライン、デリダそのもので、この問題を捉え直していたのに、『訂正可能性の哲学』では、第一章の終わりで、東さんがデリダの名前を最後でだしてくるんだけど全面的には出さないじゃないですか。もうデリダじゃないよ、俺はデリダじゃないよと、アーレントに変えていったりしていると。これはハイデガー、フロイトラインってことからどうなっているのか。最後の所で、クリプキについて『存在論的、郵便的』では否定しているのに、それを『訂正可能性』ではとらえなおしている。その面白さですよね。『訂正可能性』でハイデガー、フロイトであれだけ推してた事態は消えていっているところを、どう考えたらいいのか。考えるいろいろな手立てをいただいたなと思ってます。以上です。

東浩紀氏の、檜垣立哉氏への応答

古名について。こういう言い方でうまく伝わるかどうかわかりませんが、振り返ってみると、当時のぼくは大陸哲学的な手法に囚われていたと思っています。『存在論的、郵便的』以降の二五年は、大陸哲学をなるべく避ける方向に進みました。今回の『訂正可能性の哲学』でも、ヴィトゲンシュタインやクリプキ、ポパーを引用しています。つまり、英語圏の哲学によって、大陸哲学とは違う伝統に基づいて語ろうとしている。ただ、そうは見えながらも、実は脱構築的な手法に必然的に行き着く。フロイトにもほとんど言及していないし、ハイデガーも同様です。ハイデガーは註に一回と、本筋とはあまり関係ない箇所に出てくるくらいだと思います。

『存在論的、郵便的』を書き終わったときには、古い概念を使って、それを読み変えていくタイプの哲学のやり方そのものに対して、限界をすごく感じていました。けれども、その後、長くやってきて、今回の本は、いろいろ他の手法も試してみたんですが、結局そのやり方に戻るしかないんだと、なおかつ別の手法でやることができたという構造になっていると思います。家族の問題にしても、本当はフロイトの問題なんです。初出では註で説明していましたが、単行本にするときに削除しました。ただ、そのこと自体は自覚しています。デリダの『絵葉書』にしても、奥さんあるいは恋人への言い訳の手紙をずっと書いているわけで、家族の話ですよね。「散種」も生殖のメタファーです。家族が、家父長制的な閉鎖空間の中から飛び出してしまう契機を持っていることをいっている。

第2部　討議

動物と人間の往復化

宮崎　後半の討論に進んでいきたいと思います。私の発表で、まだ聞きたいことがあったので、そのことを話します。「郵便的不安」という話がありました。あらゆるものがデータに採集され、自分が、自分という人間を生きる一個の個ではなくなり、データの粒みたいなもの、自分と似たものにすぎないものに還元されていく。そうやって実存的な存在であることすら許されなくなってしまうことへの不安が、『訂正可能性の哲学』では論じられていたと思います。一番気になったのは、今やその不安すら覚えなくなってきている人が多くなっている。それが現実なんじゃないかというとです。テクノロジーによって、これまで気にしていたことが気にならなくなるという話がありました。たとえば、こういうシンポジウムの場で、登壇者を撮影したりする。昔は、カメラを向けられるだけで、強い拒否反応を示す人が大勢いました。現在は、そこまではいかない。あるいは飲み会にしても、誰かが撮影していて、YouTubeで動画を流される可能性がある。そのぐらいの緊張感を、常に持っていなければならない。ただ、逆にいうと、そういうことすら段々気にならなくなっていく。データ使用に関しても、「どうぞご自由に」みたいな感じで、今や私たちの社会では、そういうことに対する不安すら覚えなくなってきているんじゃないですか。

東　むしろ人々は、「私は、何者でもない何かかもしれない」みたいなことばかりを考えるようになった。たとえば、ぼく自身はむろんやっていませんが、マッチングアプリとかをやっていると、「自分」というものが属性の束であることにかなり意識的になってくるんじゃないですか。私のスペックだと、こういう相手しか来ないんだなとか考える。つまり、お前はこういうカテゴリーに属するんだと、何回も何回もいわれる。といっても、それは、アルチュセールのいうイデロギー装置みたいもの、「お前はこういうものである」と押し付けてくるタイプの権力ではない。そうではなく、「あなたは、こういう人でしょう」と教えてくれる権力であって、抵抗しにくいわけです。でも、同時にそこへの違和感も、今の人たちに広がっているのではないかと思います。

宮崎　それはわかります。マッチングアプリが広がり、それを利用せざるを得ない人たちも増えている。そこでは、今東さんがいわれたような状況があるのかもしれません。他方で『動物化するポストモダン』のときにも議論があったと思いますが、「ポストモダン」というのは、人々がまさに動物化し、そういう郵便的不安を抱かなくなるというか、それを受け入れてしまう雰囲気がありますよね。

東　そうですね。この問題に関しては、非常に簡単にいうと、動物と人間の往復化が大事であるという話になります。動物であるということは、消費者であるということなんです。ハイデガー的な言葉でいうと、ケアがない世界です。ハイデガーの定義だと、現存在というのは、世界に対してケアする存在のことです。けれども、今は世界があまりに複雑なので、世界全体をケアしている状態を維持できない。つまりつねに現存在＝人間でいるわけにいかない。すごいシンプルにいうと、それがぼくの考えです。ハイデカーの時代は、世界は単純だったから、あんなことをいえたのかもしれないですね。あなたの時代はケアできたかもしれないけれど、今の現実を見てみろ、インターネットをやってみろと。世界が複雑化した結果、世界に対するケアが限定的にしか使えない。それがぼくたちの現存在的な条件である。そうなってしまうと、現存在であるときと動物であるときを行ったり来たりするしかないのではないか。つまり、ある領域においては世界をケアするけれど、別のことについては、いわば動物的消費者にならざるを得ない。そこはケアを外すしかない。だから、宮崎さんの問いに答えるとすれば、そういう情報環境に囲まれて、動物的に安楽に生きている部分もあれば、そうじゃない部分もある。モザイク状にできているのが、私たちの時代の実存というものなのではないか。

宮崎　今の話で、大分理解しました。ただ、今回の本を読んでいると、どちらかというと、人間に戻ろう的なノリを感じたんですよ。[1]

東　そうですか。

宮崎　そこは微妙に、これまでとは違った、新しい立場を入れているのかなと思ったんです。

東　そのつもりはありませんでした。いまの話は実は今度出る『ゲンロン15』に少しだけ書いています。フーコーの有名な「経験的＝超越論的二重性」という言葉がありますよね。あれは今は「生産者的＝消費者的二重性」と読み替えるべきなのではないか。つまり、現在の人間は、ケアする現存在とケアしない現存在の二重性としてある。超越論というのは、経験的世界があって、それに対してちょっと上のレベルで見るということです。いまはそうではなく、感覚としては、現存在であると

1　本シンポジウムの討論のあと（二〇二三年九月下旬）に執筆した拙稿「郵便的訂正可能性について——東浩紀の『存在論的、郵便的』と『訂正可能性の哲学』のあいだ」（本書所収）でも『訂正可能性の哲学』には人間讃歌のトーンが認められる旨のことを記した。あとで気づいたことだが、二〇二三年三月一八日のイベント「ゲンロン友の会第一三期総会」のスローガンが「人間復活」と題されていたこともこうした印象に影響しているかもしれない。
　後日、東氏がこの質疑で述べている『ゲンロン15』（二〇二三年一〇月刊）の論考「哲学とはなにか、あるいは客的‐裏方的二重体について」を一読することができた。そこでは、人間の動物的側面と人間的側面が、リゾートでものを考えないで過ごす「観光客＝消費者」の幻想の空間と、さまざまな配慮を求めて現実問題の世話に奔走する「裏方的」空間とに割り振られることで、人間と動

物の関係性が再考されている。そのうえで、哲学の役割の再定義が試みられている。そこでの比喩を用いていえば、哲学は、客たちの幻想に耳を傾けて客たちの満足を阻害しないよう顧客対応する仕事、つまりそうした幻想の調整ないし「訂正」役を行なうものと定義される。それに対して、自然科学や他の学問は、現実の検証や証拠提示にいそしむ、いわばリゾートの裏方的な役割を担うということになるだろう。

　この論考にはカントの『諸学部の争い』に反論している箇所あるが（一九頁）、この論考で展開されている哲学の役割は、興味深いことに、東氏が想定しているのとは反対に、カントのいう哲学部の役割に近いものだ。カントによれば、哲学は、他の上級学部（医学部・法学部・神学部）に対して下級学部に位置しており、上級学部が現実との関連で国民に直接影響力を行使するのとは異なり、現実の目的にとらわれずに議論することしかできないという意味で、無力さによって特徴づけられる。しかしまさにこの点で、哲学は、現実の仕事にかかずらうことなしに、休暇（skhole>school［学校］の語源）を使ってなされるのであり、ある意味で、東氏のいう「幻想の空間」、つまり現実から解き放たれた遊びの余白のなかで自由な議論を存分に繰り広げることが可能になるのである。東氏のこの論考は、現実から距離をとって「ものを考えないこと」の意味を考えるという点に哲学の定義を見出しているが、大筋では、哲学が下級学部において上級学部に依存することなく、そのツッコミ役に回るとみなす、カントの説明と食い違うものではない（カントにとって、哲学のツッコミは「争い」の種でもありうるが、どこまでも慎ましいものであり、権力を行使したり偉ぶったりするわけではない。この点については、拙論「秘密への権利としての哲学と大学――カント『諸学部の争い』における大学論」、西山雄二編『哲学と大学』未來社、二〇〇九年所収を参照）。こうした近似は、私の目には『訂正可能性の哲学』の思考が、カント的人間主義への回帰と言わないまでも、哲学の伝統にそくした正統性と一貫性のなかで展開されていることの明確な傍証であると映っている。

きと現存在でないときを、私たち人間は切り替えている。

佐藤さんの問題提起とも関わるんですが、社会は政治だけが負うものではない。そういう話ともつながります。政治参加は、世界に対する配慮です。けれども、現実には政治参加できるときとできないときがある。そのあいだを、行ったり来たりしながら生きている。モザイク状の人たちが、さまざまに組み合わさってできているのが、今の社会だと思います。完全に政治的な人とか、完全に目覚めている現存在的な人なんていない。すべての人が、どこか動物的消費者であることを、相互に承認しながら生きている。そういう感じで現代世界をとらえています。

宮崎　佐藤さん、いかがですか。

世界は様々な出来事に囲まれている

佐藤　東さんには、私の発表に対して率直に答えていただき、非常に感謝しています。「役割分担」という話をされましたが、対話としては成り立っていたと思います。これが怒鳴り合いになって終わったら、立場の違う者の間でよく起きる喧嘩の繰り返しになる。それはよろしくない。東さんが先ほど言われたことに対する質問になりますが、ご自身としては、マジョリティに対して呼びかけているのだと、そう考えてもよろしいでしょうか。[2]

東　というよりも、マジョリティのうちの一部を、いつの間にか巻き込むやり方をしていきたいということです。マジョリティに対してストレートに、彼らが喜びそうなことをいって、呼びかけてしまったら、むろんポピュリズムになる。それではダメです。だから、たとえば「観光」という言葉をもって呼びかける。これは、SEALDsとかがやっていたこととも似ています。「デモって楽しいよ」といって、デモに来させる。実際にデモに参加すれば、運動に対しても自覚的になる。そこの点は、そういう新しいデモも同じ考えです。その時に、消費社会における連帯というものに対して、ぼくの方がやや楽観的であるとは思いますが。

2　（この点に関する後記）その場合に、マジョリティに加えてマイノリティに対する視点も同時に必要ではないかという点が、先の私の発表の含意の一つでした。例えば、福島第一原発事故について言えば、東京住民と福島住民、福島住民と福島からの避難者、区域内避難者と区域外避難者、といったマジョリティとマイノリティ（誰がマイノリティかは、関係性によって異なる）の横断的連帯が必要だということです。前半に、ネグリ＝ハートの「マルチチュード」を「否定神学的」と批判する発表がありましたが、これはあまり適切とは言えない批判だと思います。ネグリ＝ハートは「マルチチュード」を否定性としてではなく、マジョリティの運動と複数のマイノリティの運動の横断的連帯として、ポジティヴな仕方で定義しています。この点は、私たちが翻訳した『アセンブリ――新たな民主主義の編成』（岩波書店、二〇二二年）や「〈帝国〉からの二〇年」（塩田潤訳、『現代思想』二〇二〇年八月号）をご参照いただければと思いますが、ラクラウ＝ムフのラカン主義（対象aを結節点とするポピュリズム的結集）に対する、ネグリ＝ハートのドゥルーズ＝ガタリ主義の帰結として捉えられるでしょう。

佐藤　その場合の消費社会というのは？

東　つまり「物を消費する」ことについて、ぼくは否定的ではないんです。消費というのは、ある意味で、何も考えないことです。便利だから買う、うまいから食う、安いから買う。そういう行為に対して、一部の知識人は批判的です。「その服がどこで作られていると思う？」「その食べ物が、どういうもので作られていると思う？」といった批評を行う。そうやって世界のありかたへの自覚を促す。それも大事だと思います。しかし、そういう批判を繰り返したからといって、すべてに対して自覚的になることはできない。このことも知っておくべきです。世界は様々な出来事に囲まれている。私たちは、私たちが関心のある一部のことに対しては、アクティビストになれるし、運動家にもなれる。けれども、どんなアクティビストでも、自分の関心のあるもの以外については、かなり無自覚な消費者なはずです。そういう人たちが、モザイク状に絡まって生活しているという認識に立ちたい。だから、あらゆる人に対して、「おまえが使っている電気がどこからくるか考えてみろ」と問いかける気持ちにはなれません。人はそれぞれ自らの現場を持っている。そこにおいては、他の人にはなかなか理解できないされないヴィジョンをもち、行動しているのかもしれない。そのことで頭がいっぱいで、電気については無自覚でもいいと思うのです。むしろそれは裏返せば、自分の専門領域で偉そうなことをいっていたとしても、別のことについては無自覚な消費者であったり、ハラスメント的な振る舞いをしていたりするかもしれないということでもあります。でも、そういうことも含め、最終的に、お互いに訂正し合っていくしかない。それが、今のぼくの立場です。

佐藤　ありがとうございます。残された問いは、『存在論的、郵便的』の最終章の位置付けについてです。あの「破綻」が演出＝パフォーマンスではないということは、完全に理解しました。「転移」についてはいかがですか。「転移空間」を最終章で扱うことの意味付けについて、お伺いできますか。

二〇世紀哲学史の闇

東　それについては、率直にいえば、本を書いていて段々嫌になってきたということだと思います。それがベースとしてあります。『存在論的、郵便的』はすごく熱心に高揚して書いていたのですが、途中から、こういう探究の仕方で本当にいいんだろうかと、ふと考えてしまったわけです。たとえば「古名」の戦略という話が出ました。それは確かに有効です。ただ、そうやって古い概念を新しく読み解いていったとしても、ベタな言い方をすれば、極々狭い人たちにしか届かない。哲学って本来そういうものではないんじゃないか。そういう問いかけが、自分の中に出てきたんですね。『存在論的、郵便的』は、第三章くらいまでは快調に書いていたのですが、第四章が本当に苦しかった。デリダをやるといってスタートした以上、こういう方向に行かなければならないのはわかる。でも、これは何かがおかしい。元々哲学は、こういうものではなかったはずだ。そう強く思うようになったわけです。

佐藤　つまり当初は、デリダの哲学について コンスタティヴに書けると思っていた。それが第三章までだった。しかし第四章に進んだとき、コンスタティヴに書こうとしても、どうしても剰余が出てきてしまうことに気づいた。それが嫌になって中断したということですか。

東　剰余が出てくるのが嫌になるというか、簡単にいうと、デリダの謎を解くはずだったのに、そもそも何の謎を解いているのか、わからなくなったということです。昔の記憶でいいます。当初僕が想定していたのは、非常にシンプルな問題でした。デリダは「脱構築」といっている。そこには、普通哲学でいわれていることと違う新しいアイデアがあるはずだ。それが社会を理解するのに役立つんじゃないか。そう思っていたんです。ところが、いくら頑張ってもそういう方向には行かなかった。二〇世紀哲学史の闇みたいなところに突入してしまった。これではどうしようもない、何やってんだろう、スタートから違うんじゃないか、そもそもよく考えたら、デリダも奇妙なテクストを書いていたじゃないか。自分の研究は何の役に立つのだろう、これはやめないといけない。そう思うようになったということです。

佐藤　やはり第四章は、自己言及的になっていく感じがするんですね。要するに、最初に立てた問いに対して、何らかの障害ゆえに答えることができなくなり、自己の方に戻ってきてしまう。結果、議論全体が自己言及的になっていく。

東　そうです、そうです。だから、いまは二五年前の自分の何が問題だったのか。残酷な言い方をすれば、彼、つまり二五年前の東浩紀には哲学をやる目的がないんですよ。それがないのに、哲学をはじめちゃっている。哲学が本当に大事だと思う気持ちがない、現実がないわけです。それで最後までいって、現実がないことに気付いて、ちょっとまずいと思った。そういう本だと思います。

その意味では、今はずいぶん健全な人間になりました（笑）。現実があって、どのようにして思考を世の中に役立たせればいいのか。それを実現するために、どういう話し方をすればいいのか、はるかに明瞭になっている。前半部でも話題になりましたが、昔よくいわれたのが、東浩紀は「営業」を重視している、そのせいで『批評空間』から放逐されたんだと、そういう話になっています。実際そうなんですが、あの時の彼は「営業」という言葉を使ってはいたものの、営業が何かなんて全然分かっていなかったと思います。抽象的なんです。社会人経験すらないんだから。一時が万事その調子で、すごくアンバランスな状態だったと思います。それを回復するのに、二〇年ぐらいかかった感じがします。

津波みたいに押し寄せるテクスト

檜垣　東さんが本の中で書いていましたが、デリダは一九九〇年代、ガリレー社から毎年三冊、四冊の本を出していた。「常軌を逸している」とも、東さんは書かれている。そういうデリダのあり方とも関係しているのかな。

東　ガリレー社がいっぱい本を出すのにも、ちょっと嫌になっていました。それもありましたね。当時はすごいデカい本が次から次へと出された。

宮﨑　分厚い本がバンバン出て、その後、小さなパンフレットみたいな本が出たりしました。そのやり方ってどうなのかなと思っていたことはあります。こちらは、それになんとか追いつこうとしていた。

東　デリダ研究をはじめた頃は、あんなに厚い本は出ていなかったんです。『プシュケー』も『哲学の権利』も出ていなくて、もう少し気軽に読める雰囲気だった。ガリレー社から出ているものも、薄くて小さかった。だから読もうかなと思っていたら、新刊で、次から次へと津波みたいに押し寄せてきたので、嫌になりました。訳されている方々の前でいうのもなんなんですが、細かいテクストを寄せ集めていてる感じの本ですしね。

宮﨑　系統だってわからないし、どういう方針で出しているのかもまったく見えない。ひたすら固有名の欲望だけで、デリダ好きが翻訳するしかない。

東　本当に厚かったでしょ。八〇〇ページとかありましたよね。

宮﨑　『哲学の権利』がそうですね。『プシュケー』も、後に二分冊になる。

東　狂ってますよ（笑）。

宮﨑　本当に（笑）。

次に、清水さんお願いします。

人間の人間性

清水　はい、これまでのお話に出てきた社会運動と観光客をめぐる議論が興味深いなと思いました。なぜなら、社会運動を目的としてある土地に赴くとしても、移動の手段や宿泊場所、あるいはそこで何を食べるのか等、社会運動は運動の現場に至るプロセスも含め、個々人の日常生活やライフスタイルと深くかかわっているからです。こうした観点から、政治、運動、観光という言葉とその概念を改めて再考できるのではないかと思いました。

もう一つ、『訂正可能性の哲学』を読んで感じたことですが、私たちは今日「あれか、これか」といった二者択一の選択肢を差し出されることが多いですよね。けれど、それは私たちを思考不能の状態に陥れるまやかしの選択肢でもあります。さきほど東さんが訂正可能性の概念について「過去を引き受ける哲学」だとおっしゃっていましたが、「訂正する」というのは、たんに道徳的な善悪に二分された選択肢から選択するのではなく、アラン・バディウが論じる倫理、つまり、抽象的な範疇に結び付けるのではなく、様々な状況に差し戻し、それぞれの個別の条件と文脈のなかで自ら思考して行動を決めていくことが駆動力になっているのかなと思いました。

そして最後に、ご著書のなかではテクノロジーや家族について魅力的な議論を展開されていますが、東さんは、ダナ・ハラウェイの思考についてはどのように考えているのかなという点が気になりました。

東　ダナ・ハラウェイは、サイボーグ・フェミニズムとか、その辺りのことを書いていたとき以来、読んでいないのです。

清水　SFやテクノロジーをめぐる議論はハラウェイの思考とも深い関係にあるのでどこかで繋がっているのかなと思いつつ、あまり出てこなかったな、と。

東　そこはぼくの別の弱点なのかもしれません。ぼくはそういう点ではたいへん古いタイプの哲学者で、簡単にいうと、人間の人間性というのは、身体の問題とは切り離されていると思っているところがある。ジェンダー論をやらないのも、そういうことと関係しています。つまり人間の人間性を、もっと抽象的な側面に求めてしまう。『訂正可能性の哲学』でいえば、人間は絶えず訂正してしまうような超越論的欲望に、人間の人間性を求めてしまう。それはすごく大事なところだと思っていますが、同時に視野の狭さだとも思います。もっと経験的な変化について考えるべきですね。

宮﨑　檜垣さん、いかがですか。

後期デリダの動物論をどう考えるか

檜垣　先ほど、動物と人間の話をされました。要するに、ハイデガーのケア（ゾルゲ）の話です。面白いと思ったのが、後期のデリダって、ガチな動物論をやっていますよね。東さんの『動物化するポストモダン』は、主にコジェーヴを使われていますよね。デリダのラインともちょっとずれている。「動物化」といっているならば、デリダの後半の動物論については、どう考えているのか。これが、ひとつ気になりました。

もうひとつは感想だけです。前の本が『観光客の哲学』で、今度の本にも「観光客」が出てくる。これについては、いろいろ考えさせられるところがあります。たとえば観光客の一番いいところって、無責任性だと思うんですね。一ヵ月いても二ヵ月いても、どうせいなくなってしまうから。こうした無責任性って最近嫌われるだけじゃないですか。でも、さっきの参加の問題を考える際にも、結構重要だと思うんですね。つまり、多くの人が責任を取り過ぎているから。同時に、『訂正可能性の哲学』の話に強引に引き付けてしまうと、父とか子とか、家族のあいだでも、無責任であるべきことが重要になってくるんじゃないかというのが、私の意見です。

東　ぼく自身は「父」とか「母」という言葉があまり好きではなく、「親」という言葉を使っています。父や母という言葉に、人々が過剰な意味を見出してしまうからです。父や母にならなくても、親にはなってしまう。ここが重要だと思います。それこそ私生児の問題にも関わってきます。あとデリダの動物論については、あまりきちんと読めていないせいだと思いますが、まだ使えるものとしては消化されていない。いつか結びつくのかもしれないとは思っています。僕自身としては、今はむしろコジェーヴに、もう一回戻りたい気持ちがあります。なぜか。歴史って戦争ですよね。つまり「歴史の終わり」というのは平和の話でしょう。ウクライナ戦争がはじまってから、平和についてすごく考えるようになりました。そのときに、簡単にいうと、平和とは動物的状態のことをいうのではないかと思ったんですね。ハイデガーや京都学派に代表されるように、哲学者が真剣に考えた末に戦争に加担してしまう問題がありますが、実は根っこが深い。それこそ世界への「ゾルゲ(配慮)」とかいっていると、国のことを考えなきゃいけない気持ちになる。哲学と戦争は不可分に結びついている。そういう意味で、平和について考える際には、パラダイムを根本から変えないといけないんじゃないかとか、それと動物の話が繋がるんじゃないかとか、最近考えるようになりました。

テーマパーク化された社会

宮崎　アメリカ的消費社会の動物的な状況があり、その次の段階をスノビズムとしてコジェーヴは日本社会に見ていたわけですよね。そのことを『動物化するポストモダン』では書かれていた。そして日本社会が、今や逆に動物化するという話です。そこに、もう一度ねじれがあるわけです。

東　それって、テーマパークの問題と同じなんですね。つまり、コジェーヴが、あの時見出したアメリカ的動物性というのは、アメリカが最も豊かだった時期の話です。一種のテーマパークというか、今から見ると、ノスタルジーとして捉えられるような時代のアメリカですね。大量消費の時代で、みんなが豊かなように思えていた。実際はそのあとに公民権運動が来るわけで「みんなが豊か」ではなかったわけですが、その点でもテーマパークです。コジェーヴはそんな世界で気楽にアメリカン・ウェイ・オブ・ライフを謳歌している人たちを、「動物」と名付けた。戦後日本も、一時期それに近い状態になるわけです。コジェーヴが見た五〇年代の日本は違ったかもしれないけれど、六〇年代、七〇年代を経て、そうなっていく。このテーマパーク化している社会の状態を、「動物」と呼んでいると思います。では、それは本当に、完全に否定するべきことなのか。それこそが平和という状態ではないのか。これが、今ぼくが持っている問いです。だからといって、平和ボケであることと、動物であることを全肯定しているわけではない。しかし、こういう問題について、哲学者がまったく考えていないということです。

物性と言葉性の重なり合い

宮﨑　ここからは第1部の皆さんも一緒に議論していきたいと思います。小川さんどうぞ。

小川　今の流れで思ったのは、言葉性についてです。東さんのテクストを読む、あるいは話を聞く際、しばしば端的に唯物論的ないし実在論的な直観を表明されるイメージも実はあるのですが、確かに東さんの議論自体は言葉性が非常に強い印象もある。それはハイデガー、フロイト的なものの読み直しを図る郵便本から一貫していて、しかも、そのパートが東さんのテクストのなかで疑似家族性やSF的なもの、文学的なもの、あるいは身体的なものに対する剰余部分、まさに亡霊的なものへの関心をつくっている。そこは、唯物論的、実在論的な傾向が強調されたとしても脱構築の鍵になっているのかなと思っています。先ほども話題になりましたが『訂正可能性の哲学』では持続というのがポイントになっており、その際にはたとえばゲンロンという場所が五反田にある、だとか普通に生活をする身体があるといった、端的な物性の持続というのは抜きにはできない。その上で、物性と言葉性の重なり合いみたいな問題設定は『存在論的、郵便的』のときからある気がします。その意味で、言語哲学と現実の語り方のハイブリティみたいなものについては、ダナ・ハラウェイとは違った仕方でやっているんじゃないかとは思っていて。つまり、物と言葉、物と意味とのハイブリティのあいだで、我々が生きることについての思考は東さんのなかにあるんだろうと。そんなことを、感想も含めて考えていました。

東　いい質問で、そのことに関しては、常に考えていて、これもまた自分の弱点であると思っています。ぼくという人間は、すごく言葉に偏っている人であり、ちょっと油断すると、物が見えなくなってしまうというか、物があるのかないのかわからなくなってしまう。そういう傾向がすごく強い。自分自身のこともわからなくなってしまう。冗談ではなく、不安に思うことがいっぱいあるんですよ。クワス算の話は、そういう点で自分にとって実存的な感覚でもある。たとえば、ぼくは自分はデリダの本を書いたと思っている。けれども、多くの人に「じつは書いてない」といわれたら、「書いてなかったっけ?」と記憶を訂正してしまうのではないか。自分自身のことにすら、自分の中で確固たる信頼が置けない。そういうタイプです。スポーツとかをやっていないせいかもしれませんが、現実が身体としてどうもうまく摑めない。言葉にすごく偏っちゃって、その点で騙されやすい人だと思います。

宮﨑　デリダも多かれ少なかれ、そういう人ですね。

東　そんな気がして、僕は共感したんです。

宮﨑　では、森脇さんお願いします。

見えるもの／見えないもの

森脇　まずここまでの皆さんのやりとり全体について、私の問題設定にひきつけてコメントします。まずは清水さんのご発表の中にあった、公共性と秘密の話について話したいと思います。私はデリダの「秘密」概念に大変興味があり検討しているところですが、『存在論的、郵便的』と関係するところで『絵葉書』について話してみたい。デリダは『絵葉書』の第一部をみずから「露天のクリプト」という言い方で呼んでいます。「クリプト」とは精神分析家のアブラハム＆トロークから引き継がれた概念なわけですが、もとは「地下礼拝堂」「暗号」「秘密」などを示す多義語ですから、「露天のクリプト」は地下に埋蔵されているはずの秘密がまるごと外部にさらされているという一種の矛盾した事態を示している。実際、このパートでデリダは恋人との手紙のやりとり（ラブレター）――デリダが送ったもののみですが――を生々しく収録し、「秘密」を白日のもとに晒しているわけですね。大雑把に言えばこれはルソーにも連なるような一種の露出癖にほかならないわけで（笑）、この観点でも東さんがルソーとデリダの「やばさ」や「危険さ」につねにこだわってこられたことは面白いと思います。

この手紙のやりとりのなかでデリダは精神分析について批判的に考察したり、実際に郵便制度の歴史を検討してみたりと、哲学的な言説も展開してみせる。この点はある程度普通に読むことができる。しかしやはり手紙ですから恋人との隠語的なやり取りも多く、多くの部分は読者には読めないものになっている（デリダ自身、「このテクストが読み通せるものなのかはわからない」とか言ってしまっている）。要するにデリダは意図的に暗号的な含みを持たせていて、ここがルソー的な自伝とは異なる点です。ここから考えると、デリダの定義する「秘密」というのは、公共世界に現れている秘密、プライヴェートなものがパブリックなものと不吉に絡み合っている状態、こういう言い方が正しければ「公然の秘密」なんだと思います。現れているんだけどよく分からないもの、そういう暗号的な両義性をフロイトであれば「不気味なもの」と呼ぶでしょう。

デリダの「秘密」論は七〇年代から晩年まであるのでそのすべてをここでまとめることはできませんが、さしあたり必要なのは、「見えないもの」ではなく、「見えるもの」だが解釈しがたいような「不気味なもの」としての「秘密」を考えることなんです。東さんも初期に、デリダと暗号についてエッセイを書かれているし（「暗号と言霊」『郵便的不安たちβ』所収）、「見えるもの／見えないもの」の問題系には『不過視なものの世界』以来最近まで一貫してこだわってこられた。この点は『存在論的、郵便的』第四章の精神分析論や、「古名」と「固有名」の問題の連関でも読めるかもしれません。

　さて、東さんに改めてお聞きしたいことは、『存在論的、郵便的』の最後の結末を、どう解釈するかについてです。檜垣さんや佐藤さんとのやりとりのなかで、ガリレー社から次々に本が出されて嫌になったという話はエピソードとしては大変面白く、またデリダの読者として心から同意もするんですが（笑）、ただ、この点は『存在論的、郵便的』の内容に照らしてきちんと理解できると思うんですね。たとえば、末尾の部分で東さんはデリダ派を内破するために、デリダはあんなに本を出しまくっているんだと解釈している。要は、研究者共同体が追いつけないぐらいに本を出していた。

檜垣　だから、嫌がらせにしか思えない（笑）。

デリダ派のダブルバインド

森脇　デリダ自身がデリダ派に対する「嫌がらせ」をしているという解釈なんですね。これもよくよく考えるとなんだかシュールな話なんですが（笑）、結構深い話でもある。というのも『存在論的、郵便的』は、はじめから共同体の話を繰り返ししているからです。のちに『観光客の哲学』で提示される「否定神学的共同体」への警戒もすでにここで登場していて、東さんの共同体に対する（デリダ的というい以上にローティ的とも言える）問題関心がここにすでにあることがわかるんです。それで最後、デリダのテクストや術語系をマニアックに追究・研究しているわれわれ自身がすでに共同体の罠（古名の固有名化）にはまっている、だからこそ、そこから抜け出る、この仕事を「打ち切らねばならない」という結論に至る。これは「パフォーマンス」というよりも、唐突かもしれないけれどある程度論理的に筋が通っているし、鮮やかでもあると思うんですよ。少なくとも一時期のデリダ派のように、デリダ・ジャーゴンを振り回して満足するような空虚な議論からは逃れていかねばならないという意志を感じる。

ただ厳密に考えていくと、難しいのはここからです。なぜなら、実際にはここで東さんが目指した「脱出」は困難だからです。東さんもすでに指摘されていることですが、「デリダ派から出ていくこと」自体を「デリダが望んでいる」みたいな形になると、ダブルバインドになり、どう動いたところで「デリダ派」でしかなくなる。「誤配」を起こすことがデリダの哲学だとすれば、どうデリダを裏切って動いたところで「誤配」を達成するということで、そのプロジェクトに乗った感じになってしまう。発表内でも指摘しましたが、ここの点、素朴に考えるなら、それでは目的論を転倒しているようで実は転倒できておらず、いわば「非目的的な目的論」みたいになってしまうことも考えうる。実際、私が先ほど話したコレージュなんかはその罠に陥っているような印象もある。そこをどう考えるべきなのか。『ゲンロン戦記』を読むと、ゲンロンについて誤配を起こすための拠点みたいな言い方をされていますよね。目指された誤配でいいのだろうか。その点を東さんにお聞きしたいと思います。

非意味的切断／二重の切断

東　後半の質問からお答えします。ゲンロンカフェで目指していることは、比較的簡単です。お客さんがイベントに来る。その前と後で何かが変わるか。約束通りの情報が手に入ったというのではなく、意外な面が見られたなとか、その話者に対する考え方が変わったなとか、ある種の驚きを持ってもらえるか。自分の思い込みを訂正する経験を与えたい。それが誤配という話です。だから、結構具体的な話としてやっている。

　前半の質問に関しては、今日は、『存在論的、郵便的』の最後の終わり方が何回も話に出ました。あそこにみなさんがこだわる理由はよくわかります。皆さんもご存知だと思いますけど、あの本は「私たち」でずっと書いてきて、最後だけ「私」になっているんですね。ちなみに、東京大学に提出した博士論文では最後まで「私たち」です。論文だからですが、ちょっと別の観点からいうと、あの最後は『批評空間』のコミュニティの中で書かれたというのが大きいんですね。当時の僕には、『批評空間』のコミュニティが強烈なプレッシャーとして存在していた。簡単にいうと、そこから離脱したかった。結果はみなさんもご存知のとおりです。それは柄谷さんや浅田さんにも申し訳なかったと思うけど、ぼく自身もすごく傷つきました。ただ、今振り返っても、ああいう切断しかなかった気がします。ぼくが考える哲学が『批評空間』にはないと思ってしまった。でも感情的には転移があるから、「お前はバカだ」と非難されるような状態にならないと関係が切れない。『動物化するポストモダン』を書いたのも、半分ぐらいは、そういうところがあって書いています。あれを書けば、全然違う人間、書き手になれると思った。そんなことは普通やりませんよ。おとなしく哲学論文でも書いていけばいい。今のぼくだって、そう思います。しかも、何か大きな目的があったり、絶対に譲れない、柄谷さんや浅田さんとの政治的な葛藤があったりしたのでもないわけです。かなり意味不明です。

小川・森脇　非意味的切断……。

東　ただ、そういう切断があったからこそ、今の自分もある。結局は、人間ってそういうことなんじゃないかと思います。

森脇　僕の論旨としては、『存在論的、郵便的』の最後の切断が、デリダ（派）からの逸脱として普通に必然的・論理的に理解できるということでした。ただ、今お話を聞いているいと、それはデリダ派と同時に『批評空間』コミュニティからの切断でもあった。そういう意味で、最後の結論部には複数の切断が走っているということですね。

東　そうです。ぼくは柄谷さんや浅田さんをあまりに深く読んでいた。同一化していた。依存もしていたし、彼らが評価してくれないとイラだった。そういう自分にも嫌になっていた。もう関係の強制終了しかないんですよ。だからデリダやラカンが「転移」といっている話は自分の問題として読んでいました。『批評空間』で書き続けているかぎり、自分は終わりだろうと思っていました。あの本の最後は、自覚的に書いています。具体的にはデリダ派についていっていますが、デリダ派の話じゃないといいえばないんです。

森脇　腑に落ちました。私の発表でも『存在論的、郵便的』は複眼的に読まねばならないと言いましたが、その点は一筋縄ではいきませんね。

東　今に比べれば、インターネットもほとんどなかった。もしSNSとかがあって、個人で情報を発信する場所があったならば、もっと空気が良かったと思います。なんていえばいいのかな……出版業界とか批評業界って、すごく狭いんですよね。文壇バーみたいなところに連れていかれたりとか、いまでいえばハラスメントになるような洗礼もいろいろ受けて、何か違うと感じた。この業界ではとても生きていけない。かといって、それについて発言する場所もない。そういうことも大きかった気がしますね。

檜垣　話を聞いていて、ひとつだけ感想をいいます。ぼくは古い人間だから、柄谷ではなく吉本隆明に影響を受けています。吉本隆明って何が偉いか。アガデミックに一切依存していなかったことだと思うんですね。『試行』を自分で作って、試行出版社を作る。あれも、最初は谷川雁とか、文学者何人かと一緒になって作ったんだけれど、結局は喧嘩別れで終わる。そういう在り方を見ていて、東さんは、ティピカルな日本の批評家だと思うんですね。ぼく自身は、ずっとアカデミックにいる人間だけれど、東さんの生き方は本当によくわかる。今の東さんの話からすると、東さんは二度切断しているんですよね。アカデミックとの切断と、批評・文壇の切り落とし。そこから会社を作るという方向性は、よくわかる話だと思いました。

東　ありがとうございます。

「見取り図」としての哲学

大畑　二点ほど感想をいいます。ひとつは、今日何度も話題に上った固有名の問題です。『訂正可能性の哲学』でも、第七章「ビッグデータと「私」の問題」で論じられています。私であることが、ビッグデータからは消去されてしまうのだと。今日これまでの議論を受けて、そこでなされているのは、私の自己意識は大事だといった話ではなく、むしろ「喧騒できる私」を残しておかなくてはいけないということかなと思いました。クリプキに関連させて話をします。クリプキは高校生のとき、様相論理の完全性に関する証明で天才として現れました。しかしその後、『名指しと必然性』という本を書いてしまった。クリプキは本書で、哲学は「理論」となった時点で間違うと述べ、ゆえに自らの哲学は「理論」ではなく「見取り図」として受け取ってほしいといっています。要は『名指しと必然性』はとても奇妙な本なんです。それにも関わらずこの本は、分析系の専門家も読むし、批評家も読むし、本当に多くの人たちに読まれてきた。クリプキという天才的な論理学者が、口語調のままいくぶん強引に押し出してしまった本が、むしろ彼のマスターピースになっている。そこが非常に面白いわけです。分析哲学者は、もっとクリプキの『名指しと必然性』みたいに書いていい。そのことが、周囲から求められている属性に汲み尽くされない「私」を回復することになるのかもしれない。その点、今日はちょっと勇気をもらえました。

もうひとつ、動物の問題も話題になりました。『動物化するポストモダン』によれば、人間であることと動物であることが奇妙な仕方で乖離しているのがオタクであり、そこがオタクの面白い部分だった。『ゲーム的リアリズムの誕生』に引き付けていえば、キャラクター文学は半透明の文体で書かれていて、キャラクターというのは生きているのか死んでいるのかわからない、人間なのか記号なのかわからないものだった。半透明の文体、まんが・アニメ的リアリズムの文体によって可能になるものがあった。しかし、いま電車や駅に貼られているポスターなどを見ると、描かれたキャラクターは全部生きているように見える。これは、まんが・アニメ的リアリズムではない。架空の世界に住んでいる生身の人間を透明な文体によって描いていると、ぼくには見えるわけです。オタクも今や人間的なものしか求めていない。VTuberなどはその最たるものです。文学においていて、あるいは他の表現方法でもいいのですが、人間であることと動物であることとの往復を描く文体が凋落しているように見える。そのことについて、何かお考えがあればお伺いしたいと思います。

東　それは、ぼくには答えることができないかな。小説家に聞くべきことだろうと思います。大畑さんがおっしゃっている問題提起はわかります。しかし、それを今日の話とどう接続させせられるのか……あまり繋がる話が思いつきません。

宮崎　ルソーの話に少し繋がりますかね。ルソーは一方で社会的な議論をしながら、なぜ小説を書いてしまったのか。東さんはそこにずっとこだわっており、その問いから、『新エロイーズ』の読解をしていく。そういうジャンルを超えたエクリチュールのあり方がある。

キャラクター文学の起源

東　『新エロイーズ』という小説が好きなので、ああいう形で入れましたけれど、本当はルソーの「遡行的訂正」を考える上でもっとも重要なのは『告白』でしょうね。告白文学というのは、ルソーが作ったといわれる。でも、あれは、かなり虚構の告白だと思うんですよ。それは読めばわかる。たとえば、何十年もまえのある日、散歩でたまたま出会った二人の少女の話なんかをすごく詳細に書いている。でもそこまで詳しく記憶しているわけがない。絶対嘘ですよ。

しかし、ルソーのすごいところは、それがひとつの現実になってしまうことです。早朝散歩していたら馬に乗った二人の少女と出会い、近くの城に行く。そして遊んで夕方に帰ってくる。そういう何気ないエピソードが『告白』にあるのですが、この城や出会った場所は、のちの研究者によって全部特定されています。おまけに、ぼくは行ったことがないのですが、その城には、登場人物三人の巨大な絵まで飾られているらしい。そういった現実をルソーの『告白』が作ってしまった。『告白』の冒頭は、これから自分の人生をいっさい透明に語るとか、嘘をつかずに語るという宣言で有名ですが、本当は全体が遡行的訂正で作られている。その点で危険な文書です。ルソーの考えている自然や透明性は、遡行的な訂正にすぎない。

さきほどの大畑さんの関心に近づけていえば、ルソーは自分を徹底的にキャラクター化した文学者です。そこに彼の変なパフォーマンスがある。『訂正可能性の哲学』にも書きましたが、『ルソー、ジャン・ジャックを裁く』や『孤独な散歩者の夢想』で書かれている極端なエピソードは、単純な被害妄想ではない。ルソーは被害妄想をしている自分を演じている。彼は、自分という人間をキャラクターにすることを発見した人である。近代文学の起源であると同時に、キャラクター文学の起源みたいな人です。しかも、今いったように、過去を作ってしまってもいる。『新エロイーズ』の中に、レマン湖の畔のある村が出てきます。その村には、いまサン＝プルーが座ったとされる岩があるんです。大事なのは、サン＝プルーはあくまでも登場人物であり存在しない人物だということです。だからこの岩も嘘です。しかしグーグルマップで見ると、観光ポイントになっている。いつか行きたいと思っているんですが、嘘から作られた場所です。

檜垣　「聖地巡礼」をされるわけですね。

東　まさにそうです。ルソーは聖地巡礼を作っちゃった人なんです。それが、今の大畑さんのキャラクターと半透明の話に繋がってくるんだろうと思います。

宮崎　会場からも質問を受けたいと思います。

――『動物化するポストモダン』についてお聞きします。あの本には、民主主義を肯定する意図が含まれていた気がします。今の時点で、何か付け加えてお話しできることはありますか。

オタクのいる社会は平和な社会

東　難しい質問ですね。『動物化するポストモダン』という本は、オタク論ということになっているんですが、本当は「日本の戦後民主主義論＋オタク論」みたいな構造になっています。そもそも下敷きとして、宮台真司と大塚英志を参照している。

先ほどのコメントの延長線上で答えますと、

『動物化するポストモダン』でやっていたことは、戦後日本の「平和論」だったのだと考えています。オタクのいる社会は平和な社会です。平和でなければ、オタクなんて存在できない。ここが重要なことです。実際二一世紀に入って、オタクの重要性は下がっていると思うんですね。これは逆説的に聞こえるかもしれません。もちろん産業としては巨大になっています。エンターテインメントとしてはめちゃめちゃ環境も整備されているんですが、それはつまりオタク的な生き方が社会の中に包摂されたということでもある。九〇年代まで存在していたような新しい類型としては意味を持たなくなっている。いまはオタクの問題というと、引きこもりとか貧困とか社会問題に近づけて議論されることも多い。

『動物化するポストモダン』は、今から考えると、昭和後期から平成にかけての、オタクにとっていい時代を描いていた本です。地政学的な問題もあまり意識されず。格差が広がっているとかいいながらも大して広がっておらず、少子化や非婚もそんなに話題になっていなかった。破滅は近づいているんだけど、誰も何も考えていなかった、すごくのんびりした時代について書いている本です。だから今とりあげるとすれば、それをもう一回メタレベルで再解釈するしかない。あの時代のオタク、『動物化するポストモダン』で描かれたようなオタクはもういない。アクチュアルなオタク論としては読めない。著者としてそう思っています。ただ、あの本をあの時に書いたことには、別の意味があって、救える部分があるんじゃないか。そのことを、平和論と結びつけて書くことができないか。今いえるのは、そんなところです。

伝統は引き受けざるを得ない

──『存在論的、郵便的』の中で、サイードによるデリダ批判があったと思います。脱構築といっても、デリダが対象としているのは、ヨーロッパの伝統的領域にあるものであると。今回の『訂正可能性の哲学』のクリプキの話でも、伝統の話が出てくると思います。そのことについて、もう少し話をお聞かせください。

東　伝統は引き受けざるを得ない。引き受けたくないと思っても、伝統を変えるということでしか、伝統に対して抵抗できない。結局のところ、単なる記憶の忘却、もしくは記憶の改変、いわゆる歴史修正主義の立場を取らないのであれば、過去を引き受けていくしかない。それがぼくの考えです。そこからすると、デリダがヨーロッパの哲学の伝統を引き受けているから、保守的なんじゃないかという批判は、まったく見当はずれです。デリダはそうやって過去を引き受けていくしかできないはずだし、過去にあったものを変形させることでしか哲学の未来はありえないと考えていた。それこそがクリプキの教えでもある。

人間は、危機が起きたときに起源に戻る

──吉松さんの発表にあったリズムの話と、固有名の訂正可能性の話は、どう関係している

のでしょうか。

東　固有名は遡行的にしか発見されない。存在するのは訂正可能性だけです。訂正可能性というのは、デリダの言葉でいうと「アルシ－エクリチュール」であり、固有名が「エクリチュール」です。ぼくたちは、この世界で、いろいろな人と出会い、認識を訂正することによって、遡行的に固有名を作っていく。そういう状況がいっぱい起こっている。言い換えれば、この世界には、いろんなリズムを持っている人たちがいて、それぞれが勝手なことを考えている。その勝手なことを考えている人々がぶつかることによって、そこに訂正が生じ、固有名が遡行的に生じる。

固有名の問題はすごく難しい。難しいというか、一種のフィクションでもある。たとえば『存在論的、郵便的』という本が、今二五年経って評価されている。あの時代にはいろんな本が読まれていた。どれが生き残るかなんて、誰にもわかりません。そして、生き残った本だけが正しいかどうかもわからない。なぜ『存在論的、郵便的』が生き残っているのか。当事者としていえば、東浩紀という人間がちょっと変な奴で、いろんなことをやってきたから、読者は常に『存在論的、郵便的』に戻って考えようとする。ひとつの参照先として再発見される。人間は起源に戻りがちだからです。そうすると、デビュー作が輝いて見える。結果として『存在論的、郵便的』は固有名になる。遡行的につくられたものにすぎないわけです。

もうひとついっておきます。デリダの初期に『「幾何学の起源」序説』という論文があります。フッサールの遺稿である「幾何学の起源」を扱ったものです。フッサールの論文自体は、一九三〇年代に書かれたものです。なぜ、それが問題となるのか。要するに、当時数学にはいろいろな危機があった。そのときに、フッサールは幾何学の起源について考えたいと思うようになった。そして、今から二五〇〇年くらい前に、タレスという男が数学について何かを書いた。そこに戻らなければならないと記した。デリダはその論文について長い注釈を書いたわけです。そこでデリダは、起源は大事なんだけど戻れないというようなことをいっている。

人間は、何か危機が起きたとき、起源に戻る。フッサールのテクストには、それがすごくよく現れていて、裏返していえば、私たちはつねに起源に戻ることで危機を乗り越えるわけです。そういう形でしか、前に進むことができない。これがぼくの考えです。共同体のアイデンティティについて考えるときも同じことがいえる。社会がうまくいっているときはアイデンティティは必要ない。危機に陥ると起源を求める。それが「ナショナリズム」といわれているものです。この話はもっと一般化できるのかもしれない。何か危機が起こったとき、外界と自分たちの行動予測を修正するために、人間は、単に修正を試みるだけではなく、過去を作る。過去を作って、起源に戻る形で、現在の行動パターンを変える。そういうことを常にやりつづけている。それが、人間の脳の癖なんだと思います。その癖が固有名論とも関係しているし、最終的には、ナショナリズムみたいなものも、そうやって作られていくものなんじゃないか。かなりぼんやりとした話ですが。ぼくはそう思っています。

宮崎　このままずっと議論していたい気持ちなんですけれども、『存在論的、郵便的』の締めくくりではないですが、そろそろ打ち切られねばなりません。本当に長時間にわたってお付き合いいただき、ありがとうございました。東さん、ご参加いただいたみなさん、本当にありがとうございました。

（第2部討議　おわり）

第3部 『存在論的、郵便的』解説篇

本書は『存在論的、郵便的――ジャック・デリダについて』二十五周年を記念した専修大学のシンポジウム「25年後の『存在論的、郵便的』から『訂正可能性の哲学』へ」（二〇二三年九月二日）の記録であり、当日の発表をもとに加筆修正を行なったものである。以下のパートでは『存在論的、郵便的』の内容解説・要約を行う。これは本書を読むための最低限の手引きをつけてほしいという編集部からの依頼により作成された。第一章・第二章の担当が私（森脇）、第三章・第四章の担当が小川歩人である。

随所に多少の所見を付しはしたが、少なくとも私の解説は『存在論的、郵便的』を読めばわかることをパラフレーズして書いているにすぎない。そもそも『存在論的、郵便的』の文章は多少の基礎知識を要求しはするもののおおむね明晰である。いずれにせよ、この内容については改めて解説するまでもないと私には思われる。可能な読者には『存在論的、郵便的』を直接読むことをお勧めする。なお、『存在論的、郵便的』にたいする私のコメントは専修大での私の発表「誤配と「再生産」」（本書第1部第I章に収録）の冒頭にも記しており、そちらではより広い視野から見た場合の本書の位置づけを行なっている。

なお、この原稿は、専修大シンポジウムの前日に私と小川氏の共催で行われたイベント「誤配と人文学」（二〇二三年九月一日）[1]における基調報告に用いたものがオリジナルである。さらに遡れば、この報告は小川さんと行なった『存在論的、郵便的』読書会のレジュメとして作成されたものでもあり、したがって原稿の中には小川さん、イベント登壇者の皆さん、読書会参加者の皆さんの指摘を反映した箇所が多く存在する。ここに皆さんに感謝を記しておきたい。

森脇透青

※解説の丸括弧内に示された漢数字は、とくに断りのない場合『存在論的、郵便的』のページを示す。
※〔 〕内に示したものはすべて私の注記である。第一章は節タイトルが設けられていないため私が便宜的に付している。

第一章　幽霊に憑かれた哲学

〈イントロ〉　六－一一頁

本書全体の問題設定と位置づけが語られている箇所。詳しくは森脇発表「誤配と「再生産」」の冒頭で論じているのでそちらを参照してほしいが、ここですでに、「アカデミックな哲学論

1　登壇者は、小川、森脇のほか、批評家の韻踏み夫・渡辺健一郎、音楽家の灰街令、学芸員で美術評論家の南島興。

文を書いていた前期デリダ」（一九六〇年代）と「政治的なテクストを書きはじめた後期デリダ」（八〇年代以降）、言い換えれば理論と実践で分裂している当時のデリダ論の状況を牽制し、そのはざまにある七〇〜八〇年代を論じることでその分裂を乗り越えるという課題が提示されている。デリダの「奇妙なテクスト」を、たんなる言葉遊びの実践としてではなく、脱構築それ自体の理論的変容として捉えるという視座はこの状況認識から生まれたものだろう。ここには脱構築の統一的解釈という野心が見え隠れする。

1〈脱構築とは何か〉 一二一‐一二八頁

第一章の全体は、「脱構築とは何か」という基礎的ではあるが困難な問題に真正面から応答している。ここで東が基づくのは『ユリシーズ・グラモフォン』（一九八七年）と「署名　出来事コンテクスト」（一九七一年、『哲学の余白』所収）であり、おおむね言語哲学的な整理だと言ってよいだろう。ここで注目すべきは、「脱構築」「散種」「同じもの」「エクリチュール」といったデリダの基礎概念がきわめて図式的に術語化され、「使える」概念へと錬成されていくことだ。他の哲学書を読む場合もそうだが、このような基礎的に見える操作の箇所にこそ哲学的な戦術が見て取れる。

この戦術には功罪がある。実際のデリダはあらゆる語をそのコンテクストに応じて用いるため、その使用には多義的な揺れがある（この点について私は別の場所で「束 faisceau」という語で説明したことがある）[2]。したがって東による術語化は誤りではないにせよ多少の単純化という側面は否めない。

だが、他方で二つの理由からこの論述パートを評価することもできる。（1）この単純化によって東の文章はきわめて明晰かつ可読性が高いものとなっている。このような明晰なデリダ論は少ない。（2）そもそも「多少の単純化」の暴力なしにデリダを読むことは難しい。程度の差はあれ、デリダの用いる言語全てを真正面から忠実に受け止めた場合、それはもはやデリダの逐語的な言い換え以上の何もできなくなってしまう。実際にはそれは研究共同体への隠遁にすぎない。

このデリダ読解をめぐる困難は、実際に『存在論的、郵便的』に通底するテーマの一つ（後述する「共同体」の問題とも関連する）であり、第三章・第四章を読む際にもこのことを念頭において読むとよい。

---

2 Cf.『「差延」を読む』。

二重所属――「he war」は翻訳可能か

東がまず注目するのは、デリダによるジェイムス・ジョイス『フィネガンズ・ウェイク』の読解である（『ユリシーズ・グラモフォン』）。『フィネガンズ・ウェイク』は、英語を基調としつつも、多数の言語の引用から織りなされている奇妙な書物である。デリダは読解のなかで、この書から「he war」という一節を取り出している。

多数の言語で記述されている『フィネガンズ・ウェイク』においては、「war」という語がひとつの読解上の難点となる。つまり、これが英語の「戦争war」（[wɔ́ːr]）を示しているのか、ドイツ語の「存在したwar」（[vaːr] sein の過去形）のどちらなのかが確定できないからだ。このことはとりわけこの著作を翻訳しようとする場合に大きな難点となる。

「he war」という文書は英語とドイツ語の双方に同時に属しており（**二重所属**）、どの言語に属しているか**決定不可能**である。ただし常識的に考えればわかるように、この決定不可能性は、文字《エクリチュール》のレベルにおいてしか起こらない。発話《パロール》の水準では二重所属は生じない。[wɔ́ːr]と[vaːr]は発音上明確に異なるからである。発話すればその所属する言語《ラング》は確定する。つまり「エクリチュール」を「パロール」に変換する際、この二重性は消去される。

ところで、ここで東が指摘している重要な差異がある。「**無限の翻訳行為**」と「**決定不可能性**」の差異である。しばしば、デリダの戦略は言語のもつ無限の意味・無限の豊かさを主張するもの、最悪の場合は相対主義として受け止められている（デリダ擁護派からもデリダ批判派からも）。しかし、言葉の意味の無限の豊かさを追いかけることは、デリダの目的ではない。

たとえば英語の「war」には辞書的な意味がいくつもある（戦争、戦争期間、争い、競争……）。だが、デリダが着目しているのはそうしたひとつの言語の内部の意味の複数性ではない。デリダが着目するのは、むしろ、エクリチュールの二重所属性（warという文字列が英語とドイツ語にまたがって所属していること）である。ここで前者は「**多義性**」、後者は「**散種**」と呼ばれる（Cf.デリダ「署名 出来事 コンテクスト」『哲学の余白』所収）。図式化しておこう。

（1）**還元可能な複数性**（パロール、「多義性 polysémie」）

ひとつのシステムの内部の意味の多様性。この記号の意味を汲み尽くすことは現実的には不可能だが、理念的には可能である。たとえばジョイスの文学に対して、その歴史的・言語的背景をすべて追いかけ解釈しつくし意味を確定しようとするジョイス研究者の努力は、この複数性を追いかけていると言える（デリダおよび東はそれを「ジョイス産業」と揶揄している）。

（2）**還元不可能な複数性**（エクリチュール、「散種 dissémination」）

複数のシステム間に生じる意味の多様性。意味の集積を汲み尽くすことが理念的にも不可能。脱構築が戦略的に狙っているのはこの複数性。ここでは、ある記号が複数の体系に同時に所属し、しかもそれぞれに異なる意味を産出する事態（二重所属／接ぎ木／引用可能性／散種）が発見される。それぞれの異なる意味の体系は相互に異質であり続ける。

後者の複数性が生じるためには、エクリチュールという「同じもの」が、複数の文脈にまたがって存在していなければならない。エクリチュールという視覚的・物質的な記号がコンテクスト間を動き回ることで、それぞれのコンテクストにおいて異なる音声的・意味的内容を産出する。ひとつの記号が複数の同一性を産出し、それぞれのレヴェル（コンスタティヴ／パフォーマティヴ、文法的／修辞的）[3]において異なることを要請する場合、それは「**ダブル・バインド**」に直面する。[4]

この意味で、重要なのは——デリダ自身の言葉を借りれば——「目と耳のあいだの経験」である。こうした観点は、さまざまなテクストの中に、書き手の「言いたかったこと」（「明言」）を裏切る地点（「記述」）を発見するデリダの読解方法をも支えている。

散種の時間性

だが、注意が必要である。デリダのテクストにおいては、実際にはパロール＝多義性／エクリチュール＝散種といった概念は著しく隠喩化されており、実際には「パロールそのもの」も

「エクリチュールそのもの」も無い。パロールとエクリチュールはあらゆる記号に宿るふたつの傾向性であり、その差異は観点の差異でしかない。デリダに対する誤解の多くは、デリダの概

3　J・L・オースティンが導入した区別で、デリダは「署名　出来事　コンテクスト」でこの区別を批判的に援用した。この区別は『存在論的、郵便的』においてはきわめて重要な意味をもっている。「わたしは結婚している」のように事実確認的な言明はコンスタティヴな言語使用と解釈できる。この言明については真偽が確定できる。結婚していれば真だし、していなければ偽である。「わたしはこの女性を法的な妻といたします」のように行為遂行的な言明はパフォーマティヴな言語使用と解釈できる。この言明を真偽から計測することは有効ではない。むしろ、その言明はひとつの行為であり、その行為を通じてひとつの効果をもたらしている。挨拶や約束、要求、抗議などはこれに相当する。「署名　出来事　コンテクスト」でデリダはこの区別に注目しつつ、オースティンが「寄生的」として分析から除外した劇場での発話や模倣、詐欺といった言語行為を取り上げ、オースティンの枠組みを批判的に拡張した。デリダ『哲学の余白』（下）所収。

4　東が挙げているダブルバインドの例は以下である。

この牛は危険である（オースティンによる例）

（1）牛の性質説明（コンスタティヴ）（2）「危険だから近づくな」という警告（パフォーマティヴ）⇩この場合は「危険だから近づいてみよう」という誤解も生みうる。

What is the difference?（ポール・ド・マン『読むことのアレゴリー』に登場する例）

（1）「何の違いがある?」という質問。文法的（コンスタティヴ）（2）「違いなどない」という否定。修辞的（パフォーマティヴ）⇩「違い」を探させる疑問文と、その「違い」自体を無効にしようとする否定の修辞が同じ文に同居する。問題は、コンスタティヴな読解とパフォーマティヴな読解の双方がひとつのエクリチュールから生じてしまう（二重所属）。

念を実体化し、経験的な声や文字として考えるという過ちに基づく。

このような誤解は、散種を多義性を超えた「絶対的な還元不可能性」の神秘として解釈する過ちに陥る。散種は多義性を超えた根源的な複数性なのではない。東によれば、「もともと散種などなかった」（二二三頁）のだ。どういうことだろうか。

デリダは「散種」の議論を通じて、根源的／起源的な複数性が「声」によって抑圧される、という事態を主張しているのではなかった。つまり「war」というエクリチュールに根源的な複数性や決定不可能性がそもそも宿っていたのだ、と考えてはならない。もしそうであれば、いかにそれが複雑化されていようともそれは形而上学（唯一の根源からヒエラルキーの全体が演繹され基礎づけられる体系）にすぎないだろう。東が主張するところによれば、散種は「war」というひとつのエクリチュールが「複数の異なったコンテクストのあいだを移動することにより、つねに事後的に見出される」（二二三－二二四頁）。散種的複数性は、「同じもの」の移動を介して後から発見され、深層／背後にもともと存在していたかのように捏造されるのである。

脱構築が発見するのは、深層／起源から存在していた根源ではなく、ひとつの表層が伝達され、複数のコンテクストを移動しながら意味（根源）を産出していく事態である。「表層」の背景／以前に深層の「根源」が初めからあったかのように考える思考を、デリダはむしろ形而上学的「転倒」として一貫して批判している。もし散種をそのような起源とみなすならば、そのときには散種は「多義性化」されているにすぎない（「**散種の多義性化**」）。

単数であれ複数であれ、テクストに前もって根源的な意味が潜在しているとみなすことは、テクストを解釈する人間たちの他者なき共同体（解釈学的共同体）の閉鎖性に帰結してしまう。むしろ、「散種または痕跡の思考とは、テクストのなかに絶対的他者を見出す技法、それをある共同体による占有から救い出す戦略」（二八頁）である。すでにここで「共同体」の問題が登場しているが、この論点もまた『存在論的、郵便的』に一貫している。『観光客の哲学』や『訂正可能性の哲学』でも東がこだわる論点だが、この著作を全体として共同体論として読むことは可能なのである。

2 〈「**超越論的歴史の複数性**」**というプロジェクト**〉　二八－五〇頁

ここまでに整理したデリダの概念を用いて、「共同体」や「歴史」の問題を整理するために、『幾何学の起源「序説」』（一九六二年、フッサールの晩年の草稿「幾何学の起源」をデリダが訳し、長大な序論をつけたもの）を検討する。

非歴史的なものの歴史的産出

「幾何学の起源」でフッサールは文字通り「幾何学」の「起源」を問うている。だがフッサールの関心が向いているのは、幾何学の起源に関する「**事実問題**」（認識が成り立つ事実＝経験的）ではなく、「**権利問題**」（「認識が成り立つ事実」が成立するための条件＝超越論的）である。つまりフッサールの関心は、ある定理がいつ・誰によって発見されたかを実証的に検討するような歴史学にはない。その関心は、「特定の数学者によってある特定の時期に発見された定理」ではなく、「理念的対象としての定理そのもの」の存在に向けられる。

だが、「幾何学の起源」はもう一段複雑である。フッサールはこの「理念的対象」がしかし「実際には誰かによって発見されねばならなかった」事実に直面するからだ。理念的対象は、本来ならいつでもどこでも（＝無時間的・普遍的）に妥当する。一般的に言って、三平方の定理は、五千年前でも五千年後でも、エジプトでも中国でもフランスでも南極でも妥当しつづける。だが、そのような定理はいつでもどこでも妥当する一方で、実際には特定の経験的な歴史・経験的な場所に位置を占める特定の誰か（ピタゴラス）が発見しなければ歴史のなかに登場してこなかった。つまりフッサールは「理念的対象」の発生について考察している。そこにおいては、フッサールは事実的な歴史条件が問題系に入り込んでくる、その必然性を認めなければならない。フッサールは権利と事実の相剋、非歴史的なものが歴史的に産出される過程（＝「**超越論的**

歴史」）に直面する。

（1）**権利問題**（非歴史的・無時間的・超越論的・権利的・理念的）

三平方の定理は、ピタゴラスの発見以前から普遍的に妥当する

（2）**事実問題**（歴史的・時間的・経験的・事実的・現実的）

三平方の定理は、ピタゴラスが発見しなければ歴史上に登場しなかった

超越論的歴史の唯一性／複数性

フッサールによる解決は、次のようなものだ。幾何学的定理の「明証性《エビデンス》」がまず発見者に宿る。それは文書というかたちで蓄積、伝承される。私たちはそれを受け取り、その「明証性《エビデンス》」を再生する。フッサールにおいて定理の明証性を理解することは、その誕生の瞬間に発見者の意識に宿った明証性へと遡行し、問い返し、再び誕生を賦活することである。このようにして、私たちはつねに起源に遡り、その起源を再度確証することでその理念性・普遍性を確かめることができる。このことは、歴史的事象を通じて非歴史性へとアクセスすることを意味する。

東の指摘によれば、こうしたフッサールの論理においては、「三平方の定理をピタゴラスが発見しない**かもしれなかった**」と言うことはできない（そもそも、「他の仕方で実現化しえた**かもしれ**

ない」ということに意味がない）。三平方の定理という理念的対象の非歴史性が「ピタゴラスによる発見」という歴史的事実に遡行することで保証されている以上、三平方の定理が非歴史性＝理念性を得るのは、ピタゴラスが定理を発見した後でしかありえない（ピタゴラスが定理を発見していなければ、そもそもこの定理についての問いかけそのものが生まれない）。フッサールにおいて幾何学の唯一性は、その歴史の唯一性によって、そして起源への耐えざる「遡行」の純粋性により保証されているため、他の可能性を考慮することの意味がない。

　これに対し、デリダはエクリチュールの伝達や遡行の不確かさを考えることで、まさにこの可能性を考慮している。私たちはある起源へ遡行するために、特定の媒介物を相手にしなければならない（実際には、そこにはピタゴラスの発見に確実に遡行できるという保証はどこにもない）。東の独特の解釈は、このエクリチュールの不安定性を、歴史に絶えずつきまとう偶然性の必然性、「**かもしれなかった**」**の様相**の問題として考えている点である（東はそれを「条件法」の戦略とも言い換えている。フランス語において条件法は語調緩和「おそらく〜かもしれない」で用いる）。

前期デリダを特徴づけるエクリチュールおよびコミュニケーションの失敗可能性（引用可能性）のモチーフを、超越論的歴史の単数性（univocité）を批判するため、言い換えれば超越論的歴史の複数性を思考するため導入されたものとして捉え直すことができる。

（三三三－三四頁）

デリダがフッサール的な起源への「問い返し」（Rückfrage）のなかにエクリチュールの問題を発見しているのは確かである（それどころかデリダが「エクリチュール」という語を明確に用いたのはこの「序論」が初めてである）。だが、この「かもしれなかった」の可能世界論（「確率」）は、おそらくデリダにおいてそれほど明示的な論点ではない。そもそもこの「確率」という論点は東のデビュー作「ソルジェニーツィン試論――確率の手触り」に見られ、現在に至るまで語り続けられている一貫したテーマである（このテーマは批評のみならず小説作品『クォンタム・ファミリーズ』にも登場している）。

さていずれにせよ、フッサールは超越論的歴史のもつ矛盾に気づいていたが、伝承を純粋化することでそのアポリアを解決してしまった。だが、伝承の過程において「文書」という媒体が実際に存在しなければならない以上、伝承の純粋性はつねに失敗可能性に汚染されている。デリダはこのエクリチュールという「超越論的な場」について考えなければならない、と『序説』で宣言している。東はこれを、複数の「かもしれなかった」に開かれた歴史的モデルとして解釈する。

エクリチュール再考――「同じもの」／「コーラ」

ここから東は再度、前期デリダに戻ってエクリチュール論を再検討する。デリダのソシュールの読み替えを通じて、[5]東は複数のラングの比較可能性を「同じもの」の概念を通じて解釈している。エクリチュールは「同一的 *identique*」ではないが「**同じもの** *même*」ではある。なぜならエクリチュール（または「署名」）は、複数のコンテクストを貫いて流通することができるため（＝あるコンテクストから引用され断絶される）。たとえば「he war」は、「同じもの」として英語とドイツ語を移動し（散種）、それぞれのコンテクストのなかでの「同一性」（多義性）を生み出す。

こうした「同じもの」の動きを、デリダは「場所」や「容器」を意味するギリシャ語「コーラ」（プラトン『ティマイオス』）からも考察している。丸山圭三郎は、ソシュールの記号体系を「いくつもの風船の詰まった箱」として考えた（Cf.丸山圭三郎『ソシュールの思想』）。それぞれの風船（記号）の同一性は、他の風船との緊張関係のなかでのみ決定されている（構造主義的）。

これに対して、コーラはその風船が占める「場所」（＝「名」そのもの）を指している。エクリチュールの引用可能性とは、風船の形と大きさが変化した後でも、「名だけが同じ場所に残りうること」（三九頁）の可能性である。「コーラ」の「同じもの」性は、風船そのもの（あるいは風船間の関係性）に対して「過剰」である。英語とドイツ語は、同じ「容器《コーラ》」を「分有」している。「同じもの」／「コーラ」（エクリチュール）が反復されそれぞれのコンテクストに接ぎ木され反復されることで、各コンテクストのなかで異なる「同一性」を生み出すのである。

クリプキとの比較

ここから柄谷行人『探求Ⅱ』を手引きに、クリプキの固有名論とデリダのエクリチュール論を比較する（この点は第二章・第四章の伏線になっている）。柄谷やクリプキの登場は独自に見える（クリプキの登場については森脇発表「誤配と「再生産」」も参照）。まずクリプキが批判する記述理論との対

5　周知の通り、「記号の恣意性」とは、「犬」の観念（シニフィエ）が「犬」という名称（シニフィアン）で呼ばれることの無根拠性を指す。犬の観念は「dog」（英）とも「Hund」（独）とも呼ばれることができる。それが英語で「dog」と呼ばれることは無根拠であり、単に恣意的である。だが、もしそうした結びつきが無根拠だとして、ならば「dog」と「Hund」がひとつの「同じもの」を指しているという認識はいかにして得られたのか。複数のラング間には「同じもの」はない。だが、もしこの「同じもの」がなければ、複数のラングを認識し、記号の恣意性にたどりつくこともできない。もしまったく「同じもの」がなければ「dog」と「Hund」はそれぞれ全く異なる無関係・没交渉なシニフィアンとしてのみ存在し、そこでは「記号の恣意性」の認識自体が失われてしまう（＝複数言語の比較を通じてのみ、記号の恣意性の認識が得られる）。この論点を東はソシュールおよび丸山圭三郎を通じて展開しているが、おそらくより一般的にはデリダの翻訳論で展開しうる論点。なおデリダのソシュール批判については『根源の彼方に――グラマトロジーについて』（上）の主に第一部第二章参照。

比で簡単にまとめておこう。

◇**記述理論**（**ラッセル**）

固有名は、一見すると交換不可能なひとつの実体を指しているように見える。だが、実際には固有名は諸性質の記述・定義（**確定記述**）に分解できる。つまり、「アリストテレス」という固有名は「プラトンの弟子」、「アレクサンダー大王を教えた」「『自然学』の著者」といった定義の「束」を用いれば記述に還元できる。

◇**クリプキ／柄谷**

固有名は確定記述には還元できない。なぜなら、「アリストテレス」を構成する諸々の記述のひとつひとつが仮に変化・訂正したとしても（「アリストテレスはアレクサンダー大王を教えなかったかもしれない」という可能世界を想定する場合や、あるいはその確定記述が歴史的に訂正された場合）、依然として「アリストテレス」という固有名は依然として使用可能であり、アリストテレスその人を指示しつづけるからである（柄谷は確定記述の「束」からなるような固有名を「特殊性」、固有名が指示する個体の交換不可能な個体性を「**単独性**」と呼び、後者を肯定する）。

すでに理解できる通り、こうした議論は東のフッサール批判と連動している。つまり柄谷自身が『探究II』で述べるように「単独性の現実性」とは、実際には「可能世界から遡行されることで見出される」（この意味で、東の可能世界論は柄谷から引き継がれている）。つまり単独性とは、「散種の多義性化」の結果なのである。

私たちはここで、デリダのエクリチュール論をあらためて、可能性の現実性、あるいは偶然性の必然性、さらに言い換えれば、「かも知れない」の位相を排除することの不可能性について検討した基礎的議論として読むことができるだろう。（四二頁）

脱構築のラディカルさと保守性

ところで、デリダはこのような議論を「西洋」の脱構築として提出するが、この戦略には「保守的」（サイード）「真面目すぎる」（ローティ）と言った批判もある。さらにスラヴォイ・ジジェクによれば、イデオロギーはそもそも失敗をあらかじめ計算に入れて機能するのであり、そうした権力の動きに対して脱構築は無力である。

かりに伝統的な形而上学が徹底的に脱構築されたとしても、読解対象として同じテクスト（正典）が読まれ続けるならば、誰もが批判されたところのテクストを信じているのとたいして変わらない。だとすれば、デリダがなぜここまで「伝統」にこだわるのかを検討する必要があるのだろうか。たとえばフッサールは「超越論的歴史性」を主張するにあたって、ヨーロッパという場所および「ヨーロッパ的人間性」こそが絶対的な理念を担うと主張していた。デリダは、このようなフッサールの自民族中心主義を文化相対主義では乗り越えられないと考える。『他の岬』(一九九一年)のような「政治的」なテクストでもデリダが反復するように、「ヨーロッパ」のなかに、「ヨーロッパでないもの、ヨーロッパでは一度もなかったもの、ヨーロッパでは決してないであろうものへとヨーロッパを開く」ことによってのみ、本質的な自民族中心批判が可能になる。

したがって、歴史の中に直線的同一性におさまらない解放性を見出すことこそがデリダの自民族中心主義批判であった。それは東のパースペクティヴにおいては、現在のなかに「かもしれない」を見出すことである。

したがって彼のテクスト読解は、決して概念の新解釈を打ち出すものなのではない。彼の目的はむしろ、ある概念が特定の意味をもってしまう、その瞬間の前に「かも知れない」の疑いをつねに差し入れることにある。(五〇頁)

3〈「アウシュヴィッツ」の主題、幽霊の声〉　五〇 - 七三頁

リオタール、岡崎乾二郎、ボルタンスキー、カバコフなどが登場し、とりわけアウシュヴィッツをめぐる政治、芸術批評をテクニカルに接続することで「エクリチュール」論の射程をさらに広げる。やや論点は散発的で読みづらいが、おそらく当時もっともストレートに「時事的」に見えた節だろう。

リオタールとデリダのアウシュヴィッツ――記憶と来たるべきもの

リオタールの一九八四年の著作『文の抗争』(*Le differend*)に基づきながら、アウシュヴィッツ論を軸にデリダと対比する（参照されているのはツェラン論『シボレート』であり、東はツェランの収容所経験から間接的に論点をつなげている）。この箇所についてはきわめて図式的な整理を行なっておこう。

リオタール：固有名を一回性の刻印において捉える
　ハンス少年が失われたことの悲劇（反復不可能）
記憶不可能な過去の悲劇、表象不可能なものの表象6

デリダ：

「かつてあったもの」の実体化
固有名の一回性を脅かす反復可能性＝複数性に注意を向ける
失われたのがハンス少年でなかった**かもしれない**ことの悲劇（反復可能性）
「日付」の幽霊的・亡霊的回帰（回帰 revenir ／幽霊 revenant）、カレンダー名の伝達経路への着目。「伝達経路の確率的成立」（六一頁）

ここで着目すべきは、デリダ的な「記憶」と「来たるべきもの」の論理である。ここで東は、デリダが八〇年代以降に頻繁に語るようになる「出来事」の問題を扱うことでそれに答えている。リオタール的な「記憶」は、もはや誰もが経験不可能なアウシュヴィッツの経験の壮絶さから出発し、その記憶しえない出来事を記憶しようとする。それに対し、デリダ的な記憶はカレンダーから思考される。ツェランのセーヌ川への投身という出来事を私たちは経験できないし、ツェラン自身の経験の身代わりになることもない。ところが、ツェランが身投げした「四月二〇日」そのものは毎年――今年も来年も――やってくる。その反復は「同一ではないが同じもの」（五八頁）として経験される。

このような意味での「同じもの」の反復が、幽霊的記憶ないし、デリダ的な意味での「未来＝来たるべきもの a-venir」である（デリダはこの語を一般的な意味での「未来 futur」と区別する）。同系統の語「幽霊revenant」は、「再びre」「来るvenir」ものであり、その含意は当初から何かの「再来」を意味している（そのためこの語は「再来霊」などと無理やり訳される場合もある）。

今日という日には、同じ日付をもった過去の一日がつねにとり憑いており、どれだけ無関係であろうと私たちはその過去の反復性から離れることができない（これは記念日や慰霊の論理である）。また同様に現在は、つねに何かが「起きるかもしれない」絶対的な偶然性（来たるべきもの）に開かれてもいる。このようにデリダは過去と現在と未来の関係性を反復の論理で複雑化させることで、脱構築的な時間性を考察していた。

岡崎乾二郎によるボルタンスキー／カバコフ批判

ここで脱構築の射程をより広げるための実例が導入される。ボルタンスキーはそのインスタレーション作品で、アウシュヴィッツという「外傷」の表象不可能性を強調する。岡崎乾二郎によれば、このような作品は、その傷に観客がもはや到達しえないことを表象することで、逆説的に「センチメント」を喚起し、むしろ閉鎖的な共同体を発生させる（第二章で「否定神学」と呼ばれる論理が先取りされている）。東によれば、このようなボルタンスキーの「センチメント」に

6　この論点については、リオタールというよりもそれに基づいた鵜飼哲・高橋哲哉編『「ショアー」の衝撃』（未來社、一九九五年）が仮想敵として念頭に置かれている。

抵抗する岡崎が「幽霊的なもの」というテーマを選んでいることは偶然ではない（この岡崎＝東的な批判は現代のアートシーンでも一定以上の有効性を持つように思われる。たとえば、安易な「共感」を批判するような展示が、むしろその「反共感」を通じて共感の共同体を組織するような例。したがってこのボルタンスキー批判については美術批評的な視座から再検討されるべきである）。

ふたたび「伝統」の問題（１）——キルケゴールのソクラテス

上記のように現代的な例を見つつ、東は記憶と伝統の問題に戻る。近代以降の哲学には、過去の記憶に接する際、自身の哲学を起源的固有名への回帰として位置づけ、過去のテクストを徹底的に再読することで自身の位置を示すものが少なくない（Cf.フッサール→デカルト、ハイデガー→プレソクラテス、ラカン→フロイト）。

たとえばキルケゴールはヘーゲル的弁証法に抵抗するにあたって、ソクラテスという固有名に依拠する。ヘーゲルは、ソクラテス的なイロニーを精神の運動（絶対知）に奉仕するひとつの契機に回収してしまった。だが、ソクラテスは何もテクストを書かなかった哲学者である。このように書物を書かないことによって、ソクラテスのイロニーは知に回収されることがない。その意味で、ソクラテスは「無知」である。

しかしこのロジックは、「書かないひと」（計算不可能）と「書かれるテクスト」（計算可能）を対比し、その計算不可能な「書かないひと」の固有名を特権化・神秘化するという手順を踏むかぎり、リオタール／ボルタンスキーと同型的である。私たちはここで、アウシュヴィッツが記憶できないことによって記憶されるように、「ソクラテスのテクスト」に出会わないことによって、ソクラテスに出会う。

　ではデリダはどうだろうか。これに対してデリダは「テクストの外というものはない」と語り（『グラマトロジーについて』）、哲学者（固有名）とそのテクストの差異を徹底化している。デリダが哲学者の名前を語るときには、いつでも引用符がついている（鉤括弧つきの「ソクラテス」、鉤括弧つきの「ルソー」……）と考えなくてはならないのである。その意味で、デリダにはテクストから「書いたひと」ないし「書かれたひと」に遡行することはできない。デリダは徹底的に書かれたものにとどまる。つまりソクラテスを書いたプラトンのテクストに。私たちがソクラテスを知っているのは、プラトンが対話篇を書いたからであり、その対話篇が私たちにまで伝達されているからだ。

ふたたび「伝統」の問題（2）——デリダのソクラテス

　よく知られるように、『パイドロス』においてソクラテスは「書くこと」（エクリチュール）の危険性を述べている。その理由はいくつかあるが、そのひとつは記憶にかんするものだ。よく知られるように、ソクラテスは本来的な知は外部から新たに得られるものではなく、内面から「思い出される」ものだと考えていた（想起説）。文書から得られるような知や記憶は、あくまで外的なものにとどまっている。たとえばメモを見て何かを思い出す場合、主体は記憶の訓練を怠っており、本来的な想起（真の知）から遠ざかってしまうのである。

このような文字批判にデリダは西洋の「音声中心主義」の萌芽を見る。しかしそもそも、私たちがこのソクラテスの主張を受け取ることができるのは、まさに『パイドロス』をプラトンが書いたからである。エクリチュールの危険性は、そして真理の重要さは、エクリチュールによって伝達される。エクリチュールは、記憶にとっての脅威であると同時にそれを助ける補助の役割を果たす（Cf.「プラトンのパルマケイアー」、『哲学の余白』所収）。キルケゴールが「ソクラテスの逆説」（＝「書かない人の単独性」、ソクラテスの固有名）へ注目するのに対し、デリダは「ソクラテス―プラトン関係の逆説」（＝書かれて**しまう**こと、固有名が反復可能なものにされる過程）へ注目する。

さてこうしたいずれの議論にせよ、東の読みは一貫している。デリダはリオタールやキルケゴールと同様、テクストのなかに「書かれなかったこと」を発見するが、しかし、それでもそれが「書かれる」こと、記憶不可能なものが記憶あるいは記録（テクスト化）されるという逆説に着目する。それがすなわち、伝達経路としてのエクリチュールに着目するということにほかならない。

ソクラテスもまた事後的にのみ固有名に、精神の起源になる。そしてデリダは固有名的単独性を支えるその事後性＝反復可能性、ソクラテスの背後にいるプラトンを決して忘れることができない。（六六頁）

左の【図】は、デリダが『絵葉書』のなかで取り上げた奇妙な絵である。マシュー・パリスなる十三世紀の修道士が描いたこの絵のなかでは、中央で文章を書き込んでいるのがソクラテスであり、その背後で指示を出しているのがプラトンである。おそらくパリスはソクラテスとプラトンを混同し、逆に書いてしまったと思われるが（実際にはテクストを書いたのはプラトンであり、プラトンの哲学の師はソクラテスだったのだから）、デリダはこの誤謬を大げさに面白がり、『絵葉書』で論じるにまで至っている。ソクラテスの背後にいるプラトンの逆説、「ソクラテス―プラトン関係の逆説」――プラトンはソクラテスを哲学の起源として書いたがプラトンがテクストを書かなければソクラテスは哲学の起

源として見なされなかった――は、この絵に集約されているのである。

さてこのように、ソクラテスからヘーゲルへ、キルケゴールへと伝わっていくエクリチュールの伝達経路そのものを問うことで、「なぜこの歴史（伝統）が成立しているのか」、「なぜこの歴史しかありえなかったのか」、「他の可能性がありえた**かもしれない**」という系譜への問いが駆動する。

> 哲学的発明をいくら積み上げたとしても、それは事後的にはつねに唯一の言語ゲームとして捉えられる。［…］彼はむしろ、私たちが何故つねにこの言語ゲームをもつのか、何故この歴史は唯一なのか、そしてもしそれが唯一だとすればそこで忘却されたものは何か、そのように問いを立てることになるだろう。
>
> （六八頁）

幽霊とアイデンティティ

私なりの言葉でまとめてみよう。やや議論が錯綜しているので見づらいが、ここまでの束の議論は基本的にはシンプルである。それはつぎの二つの主題が形式的に反復されることで進められている。

(A) 散種の多義性化

現在から出発して歴史を遡行し、現在を基礎づけているような「起源」を発見する所作は、その遡行先が幾何学者の精神であれ（フッサール）、「書かなかったひと」ソクラテスであれ（キルケゴール）、もはや表象不可能な外傷的過去であれ（リオタール／ボルタンスキー）、アリストテレスの固有名であれ（クリプキ）、根源的な複数性を想定する場合であれ（脱構築の典型的誤解およびジョイス産業）、いずれにせよ、かならず「散種の多義性化」のロジックを通過している。それは複数の体系の間を移動し伝達するエクリチュールの運動を、過去―現在―未来といった直線的かつ単一の時間軸において認識することで抑圧する一種の認識論的な幻想――おそらくはデリダが「現前の形而上学」と呼ぶもの――である。

(B)「かもしれない」（確率、幽霊）

このような幻想、歴史の単一化に対する抵抗として、デリダはエクリチュールの運動に着目し、そこからむしろ現在に回収されない別の偶然的時間性の抹消不可能性を述べようとする。しかし私見では、デリダの議論が奇妙なのは、別の時間性を直接に主張するのではなく、その抹消不可能性の主張という消極的な態度にとどまっていることだ（嚙み砕いて言えば、デリダが執拗に繰り返している主張は、「現在と違うような時間性がある！」ではなく、「現在とは違うような時間性を考慮することをやめることはできない！」なのである）。

デリダの主張がこのように滑稽なまでに間接的になるのは、「かもしれない」の様相が実際に実体的に存在するわけではないからだ。よりデリダ的に言えば、「存在する」という述語において幽霊を捉えることはもはやできない。それはむしろ現在のなかにとり憑き、現在を揺るがせる不安であり、「かもしれない」の問いかけを投げかける「幽霊」の回帰なのである。

東が着目しているように、「幽霊」の声は、デリダ自身のアイデンティティにも深刻な影響を及ぼしていた。デリダは自己同一性を捨てたいわけではない。だが彼には、「この私」の人生の一回性と必然性を脅かす「幽霊」の声（「～だったかもしれない」）が聞こえる。私は別のようにもありえたかもしれない。さらに、「この私」を固有名として見出す柄谷に対して、デリダにおいては、人間のさまざまな個人的出来事が、むしろその単独性を剝奪され、匿名的な理論的考察と短絡する（Cf.『絵葉書』第一部）。デリダにおいて「私」は端的な「この私」であり続けることができず、かならず匿名的で非人称的な構造に開かれてしまう。

さて、東が着目する時期のデリダのテクストは、この「単独性のエクリチュール化」という逆説をパフォーマティヴに明らかにするために書かれた。このようなテクストを、あくまで形式的に、非デリダ的に読んでいかねばならない。

第二章「二つの手紙、二つの脱構築」

〈イントロ〉形式化の諸問題　七七－七九頁

「形式化の諸問題」

ここまで「脱構築」の諸々のポイントが整理されてきたが、以下では脱構築に内在するふたつの傾向性（存在論的、郵便的）が明らかになる。まず手掛かりとなるのは、柄谷行人によるデリダ批判である。柄谷は七〇年代半ば以降の仕事で、あるシステムを徹底的に形式化し、その形式化の果てにそのシステム全体の自壊する矛盾地点を発見するという批評的戦略を提唱していた（ゲーデルの不完全性定理になぞらえられる）。このような戦略は便宜的に「**形式的脱構築**」と呼ぶことができるだろう。それは以下のようなものである。

> あるひとつのシステムから出発しその内在的逆説に到達する思考の運動［…］テクストをオブジェクトレヴェル（コンスタティヴ）で読むかメタレヴェル（パフォーマティヴ）で読むか決定できない、その決定不可能性を利用してテクストの最終的な意味を宙吊りにする戦略［…］。（七六頁）

しかし、そのような戦略に柄谷は自己批判を加えるようになる（『内省と遡行』一九八八年所収）。このような戦略は、形式化の果てに現れる「根源的な差異」を超越化し、神秘化してしまうおそれがあるからだ。柄谷によれば、デリダの脱構築もこうした形式化の罠から逃れていない。この柄谷によるデリダ批判に対して、東は「柄谷のこの批判は一面で完全に正しい」（七七 - 七八頁）と認めている。しかし、テクストを**形式化**しその決定不可能性を指摘する（＝形式的に決定不可能な地点が発見され神秘化される）脱構築とは異なる**もうひとつの脱構築**はないのだろうか？　これが第二章の全体を導く問いである。

脱構築の危険性

かりに脱構築がいっさいを「テクストの戯れ」「間テクスト性」「著者性の脱構築」に還元するものだとしたら、「私たちはもはやデリダを読む必要はない。より正確には読むべきですらない」（七八頁）。なぜならそれはすべてを懐疑するように見せかけつつイデオロギーを温存するやり方にすぎないからだ。ここで東は「デリダ派」――ここでは、おもにイェール大学を中心にデリダの脱構築を文学理論として受容したアメリカの研究者・批評家たちを指している――を明確にその失敗例として挙げている。というのも、デリダ派においては、あるテクストを脱構築し、ほかのテクストを脱構築しないという「その選択に宿る欲望が問題とされることはほとんどない」（七八頁）からである。ここで東は、デリダがこのような「形式化」の罠からさらに一歩進むために「奇妙な」テクストを書いたというストーリーで記述を進めていく。

1―a〈郵便の隠喩〉　八〇－八八頁

割礼告白

以下で東は脱構築に内在するふたつの方向を主張し、それぞれの脱構築の性質を素描していく。ここで手掛かりとなるのが、デリダの一九九一年のテクスト「割礼告白」である。

「割礼告白」はそもそもその成り立ちから「奇妙」なテクストである。この時期、スイユ社で企画された思想家・作家入門書シリーズでデリダが取り上げられることになった。書き手は研究者でデリダ自身とも親交があったジェフリー・ベニントンであり、彼はきわめてドライかつ明晰な文体でデリダ解説――デリダの諸概念や諸テーマを項目で分けて解説したもの――を書いた（「デリダベース」――これは「データベース」の言葉遊びになっている）。しかしデリダはこの「デリダベース」の下部、注にあたる箇所に、ベニントンの解説を台無しにするような、虚構的で言葉遊びまみれの自伝を配置している。それが「割礼告白circonfession」である（「割礼告白」は「割礼circonsion」と「告白confession」のかばん語）。したがって、読者はベニントンの平明な図式化と、到底図式化しえないきわめて隠喩的なデリダの文章を、ひとつのページのなかで同時に視野に収めることになる。東が訳出している箇所を私なりに訳しなおしてみよう。以下デリダ。

〔…〕渦巻き、真理とはなんら関係をもたない告白の経験、あらゆる形象とあらゆる描線を、古名あるいは濫喩を被っているひとつの割礼告白のように、しかし告白あるいは割礼、割礼告白はそれらの儀式ではない、それらの儀式はお互いに似ており、家族に所属しており、類に所属している、そこでは次のように告白されなければならない、この物語は何にも似ていない、庭の敷居のうえのあの最初の朝から何ひとつとして変動しなかった、と、私もそんなふうにしてみたかった、そして私の割礼告白はマッキントッシュ・セットのなかで階層化されることなくはじまる、想起的で、反復可能で傷つきやすい構造とともに、double-sided / double density、double track〔double piste〕、マイクロ・フロッピー・ディスクMF2-DD、たとえばソニーのそれとともに、〔…〕そして物語が何にも似ていないのは、また、この愚か者たちに投げつけられた挑発によってもそうだ、愚か者たち、彼らはコンピュータがエクリチュールを、「曹長ペン」〔ペン先の一種〕を持った善良な老婆を、両親のエクリチュールを、私の父のペン、私の母のペンをだめにすると信じていて、結局は分身の問題を、あるいはアーカイヴの問題を規制するのだ、何たる素朴さ、なぜなら彼らはコンピュータで書いていないからだ、〔…〕[7]

この箇所で東が着目するのは、ふたつの隠喩系列である。

（1）**第一の系列：**告白ないし割礼、家族、真理、ペン

（2）**第二の系列：**割礼告白、反復可能性、マッキントッシュ・セット

ここで第一の系列に見られる「真理」「家族」「告白」はいずれも、伝達経路の純粋性を含意している。私の「告白」は私の人生を傷つけることなくそのまま伝達する。「家族」は父の、祖先の血を汚染することなく純粋に子孫に伝達していく。[8] 真理はその記述や他者の解釈によって破壊されることはなく、純粋に成就される、云々。こうした構造に対して、第二の系列はそうした伝達過程がいずれも複数の媒介に晒され、傷つけられ、反復され、汚染される事態を指している（デリダは言うまでもなくこの第二の系列に着目する）。

さらに東は『絵葉書』（一九八〇年）を元手に**郵便**の隠喩を導入してこうした隠喩系列を再解

7　Derrida, « Circonfession, » in Geoffry Bennington et Jacques Derrida, *Jacques Derrida*, Seuil, 2008[1991], pp. 117–118. ここに現れる double-sided / double density とはソニーのフロッピー・ディスクMF2-DDの包装紙に印字されている文字を指している。

8　のちの東がこだわる「家族」の問題がすでに登場しているが、ここでは「形而上学」としてわりとシンプルに斥けられている。この点については本書所収の森脇発表も参照。

釈する。第一の系列は、いずれも郵便的事故を無視して成立している（知の郵便制度、血の郵便制度、記憶の純粋さと自己同一性）。この形而上学的なシステムの中では、手紙は必ず過去から現在へ届く「純粋な伝達経路」に基礎づけられている。これに対し、

郵便的隠喩に引きつけ整理すれば、「エクリチュール」とは結局、情報の不可避的かつ不完全な媒介のことだと考えられるだろう。情報の伝達が必ず何らかの媒介《メディア》を必要とする以上、すべてのコミュニケーションはつねに、自分が発信した情報が誤ったところに伝えられたり、その一部あるいは全部が届かなかったり、逆に自分が受け取っている情報が実は記された差出人とは別の人から発せられたものだったり、そのような事故の可能性に曝されている。デリダが強く批判する「現前の思考」とは、その種の事故を最終的に制御可能だと見る思考法を意味している。逆に、コミュニケーションについてのデリダの基本的なイメージは、その種の事故の可能性から決して自由になれない「あてにならない郵便制度」だと言ってもよい。（八三－八四頁）

では、この「事故」をどう考えるべきかが次に問題になる。かりにその伝達の失敗が、「間テクスト性」という別のさらに大きな空間（関係の網の目）のなかにテクストが溶解する――すべ

ては関係のなかで相関的に決まっているのであり、自己も家族も真理もこの関係のなかでのみ意味があると考える――のだとしたら、それは実際にはテクスト空間を実体化しているのであり、柄谷の批判していたような「神秘化」に陥っているにすぎない。デリダはむしろネットワークの切断・不完全性（郵便空間）＝誤配を強調している。

1―b〈ふたつの脱構築〉　八八－九四頁

脱構築の本質的な問題

東は再度形式的脱構築に立ち戻り、その論理を「代補supplément」の概念に集約する。「プラトンのパルマケイアー」における「パルマコン」としてのエクリチュールは、一方で記憶を補助する「薬（サプリメント）」だが、他方で記憶力を弱める「毒」である。これもまたコンタティヴ／パフォーマティヴの撞着として整理できる。だが、このような論理的＝形式的脱構築（システムを形式化し、そのなかに両義的な地点を発見し、そこからシステム全体の脆弱性を主張する）は、実際には何にでも応用できる（建築にも法学にも）。それゆえに抽象的・中立的である。だが、こうした抽象性は現状追認のシニカルな態度を生み出す危険がある。「あるシステム（制度やテクスト）を脱構築するとはそこでは、与えられたシステムの形式的自壊の地点を探すことしか意味しない。そしてそれ以上にシステムの細部に拘る必要はない。この形式性＝抽象性には本質的な問題がある」（九〇頁）。

しかしデリダのテクストにはそこには収まらない部分がある。たんに脱構築のための「てこ」を発見して終わるだけならそれでよいはずだが、「デリダのテクストはそこで終わらない」。たとえばデリダは「パルマコン」を形式的脱構築のための動因として用いるだけに終わらず、「語そのものに異常に拘泥し、そこに多くの参照の糸を絡ませていく」（九一頁）。それが単なる衒学や迂回ではないとすれば、なぜデリダはそのような奇妙な作業に没頭しているのか？ 言い換えれば、デリダはなぜ脱構築を形式的な地点で停止させなかったのか？

ふたつの脱構築

したがって、脱構築を形式的な脱構築とそうでない脱構築、**ゲーデル的脱構築とデリダ的脱構築**に分ける必要がある（現前／脱現前、純粋な伝達経路／あてにならない郵便制度、脱構築可能なもの／脱構築不可能なもの、論理的・形式的／読解あるいは解釈的・系譜学的……）。少なくとも脱構築がふたつの戦略を持つことは、ハイデガー的脱構築とニーチェ的脱構築が区別される「人間の目的＝終わり」（『哲学の余白』一九七二年所収）や、論理的脱構築と系譜学的脱構築が区分される『法の力』（一九九四年）などでデリダ自身が明確に明言している。デリダ的脱構築は、「脱構築不可能なもの」にかかわる。

しかし、東によれば、「脱構築不可能なもの」が「正義」として語られる『法の力』ではデリダ的脱構築が完全に提示されているとは言い切れない。ここでデリダは法と正義の論理的アポリアを扱っているだけであり、そのアポリアに「脱構築不可能なもの」という名が与えられているだけだからだ（ただし、私見ではとりわけ『法の力』第二部のベンヤミン論はそれとは異なる側面を持つように思われる）。このようにゲーデル的脱構築の残余物（「脱構築不可能なもの」）が沈黙や神秘化に陥るリスクについては、実はデリダ自身があらゆるところで犯している。「私たちはこういった言明を評価すべきではない」（九三頁）。だが東によれば、デリダのすべてを読む必要はない。必要なのは「可能性の中心」を読むことである（九四頁）。周知のように、このような豪胆な言い切りは柄谷行人のパロディにほかならない。

2—a〈否定神学性について〉　九四－一一〇頁

この箇所以下、「形式的脱構築」（この箇所で「否定神学」と言い換えられる）に対するデリダの抵抗を見るために、ラカンとデリダの論争を追いかける。ここから、否定神学的脱構築と郵便的脱構築の対決が先鋭化していく。

脱構築の罠

一般的に、脱構築は体系を自壊させる地点を発見すると言われる。その戦略は、その裏面に、

「体系的には語ることのできないもの」、「**不可能なもの**」を神秘化しようとする志向を否応なく宿してしまう。それが、**否定神学**――「肯定的《ポジティヴ》＝実証的な言語表現では決して捉えられない、裏返せば否定的《ネガティブ》な表現を介してのみ捉えることができる何らかの存在がある、少なくともその存在を想定することが世界認識に不可欠だとする、神秘的思考一般」（九四‐九五頁）――である。

東によれば、たとえばレヴィナスやラカンに対峙するデリダは、体系的思考だけではなく、体系的思考を乗り越えた先に待つ罠をも乗り越えなければならなかった。「ゲーデル的脱構築の残余物を神学化すること、デリダはこの誘惑に抵抗せねばならない」（九五頁）。問題になるのは体系をどのように乗り越えるかである。

ここには『存在論的、郵便的』全体の核となる主張が見られる。興味深いことに、東はのちに否定神学的「誘惑」をポスト・モダン思想一般の罠としても考察する（第三章および第四章）。この見立ては幅広い射程を持っている。近代以降の思想は、近代思想の盲点を突こうとする否定神学的思考（ゲーデル的脱構築）と、その否定神学性からもさらに脱出しようとする別の思考（デリダ的脱構築）によって捉えられることになるのである。

「盗まれた手紙」

以下で東は、ラカンによるセミネール（「『盗まれた手紙』についてのセミネール」一九五六年発表、『エクリ』一九六六年所収）と、デリダによるその批判（「真理の配達人」一九七五年初出、『絵葉書』一九八〇年所収）を元手に、ゲーデル的脱構築とデリダ的脱構築の対決を描く。

この箇所は多くの予備知識を要求されるので読みづらいかもしれない。しかし、東は『盗まれた手紙』や「真理の配達人」の内的読解には踏み込んでおらず、この箇所はあくまでラカンとデリダの差異を「不可能なもの」の数という点から読むために導入されている。そのため、『盗まれた手紙』の内実やラカンおよびデリダによる『盗まれた手紙』読解の詳細は――それ自体大変興味深いのだが――ここでは踏み込まずにおく。[9]

ラカンが強調するのは、小説内で何度も盗まれてはほかの登場人物の手に渡っていくことになる「手紙」の中身が最後まで明かされないことである。その中身は王の権力を揺るがす危険であるとされ、小説の登場人物たちから何らかの理由で欲望されている。しかしその内容は読

9　東は言及していないが、ラカンはこの物語を次のように構造分析している。この物語は手紙という「純粋なシニフィアン」（中身＝シニフィエが明かされない）をめぐるものである。登場人物たちの関係図は、つねに「間主観」的な三角関係をめぐっている。つまり（1）「手紙を発見できない者（何もまなざさないもの）」、（2）「手紙を発見できない様を見つつ手紙を隠そうとする者（まなざされている事態を想像し手紙を秘匿する者）」、（3）「その両者の関係から秘密を暴く者（両者の関係をまなざしている者）」である。この構造が、第一場面（王・王妃・大臣）、第二場面（警察・大臣・デュパン）ともに反復されている。

者には明かされず、実体を欠いている。手紙は、欲望されつつその欲望を裏切る（盗まれる）という反復を通じて主体（登場人物たち）を動かしていくが、内容は描かれない。ラカンによれば、それは中身（シニフィエ）を欠いた**純粋なシニフィアン**である。東によれば、ラカンにとって、の物語を駆動するのはひとつの同じ「不可能なもの」である。「小説の登場人物たち、王、王妃、大臣、デュパン、警視総監はそれぞれ問題の手紙に接するごとに主体の分割を蒙るが、それでも皆同じ手紙には接している」（一〇〇頁）。

　このラカンのセミネールには有名なテーゼがある。それは「**手紙はつねに宛先に届く**」というものだ。以下ラカン。

> われわれはデュパンの真の戦略を解読したと信じるべきだろうか？［…］おそらくそうである。［…］私たちがはるか昔からあなた方に告げておいた間主観性の例の定式、つまり「メッセージの発信者は受信者から、自身のメッセージを反転した形式で受け取る」という定式にしたがえば、解決はすでに小説のタイトルに含まれており、そこから解決を引き出すのは容易であった。「盗まれた手紙」、さらには「受取未了〔en souffrance〕の手紙」が意味するのは、手紙はつねに宛先に届く〔une letter arrive toujours à destination〕ということである。[10]

束によれば、「手紙はつねに宛先に届く」とは、登場人物たちがいずれもひとつの同じ手紙に接していることを述べている。つまりあらゆる主体が、共通する形式化可能なシステム（象徴界）の内部で、同様にこのひとつの形式化しえない「不可能なもの」（現実界、ファルス）に接し、その欠如を通じて分割を被るということである[11]。デリダはこの「不可能なもの」の宛先への必着および分割不可能性を批判する。このことは、「不可能なもの」がひとつとはかぎらないということ（分割可能性）を意味している。以下デリダ。

10 Jacques Lacan, *Écrit*, Seuil, 1966, p. 41.（ラカン『エクリI』宮本忠雄ほか訳、弘文堂、一九七二年、四七頁）。このラカンのテーゼは、ジジェクによれば、「盗まれた手紙」の登場人物たちが「手紙」をめぐる象徴理論によって統率されていることを意味する。手紙は実際には出されなかったとしても、たとえば無人島で海に流したとしても、ある言語的・社会的コードのもとに書かれている（=他者を意識している）時点で、「象徴界」には確実に届く（ジジェクによればデリダはこの点を見誤ったとされる）。事実、ラカンによれば、フィクション一般は「主体がひとつのシニフィアンの経路から受け取る主要な決定」によって可能になり、「純粋に象徴的必然性を顕示する」のである（スラヴォイ・ジジェク『汝の症候を楽しめ――ハリウッドvsラカン』鈴木晶訳、筑摩書房、二〇〇一年、二四－三二頁）。これに対し、デリダは「真理の配達人」で、精神分析が文学的テクストを精神分析的構造のたんなる反映として読むのを批判している。たとえば「分身」や「不気味なもの」の主題の無視について。

手紙はつねにその宛先に届くわけではない。それが手紙の構造に属するやいなや、次のように言うことができるのだ。手紙が真に宛先に届くことなど決してない、それが届くときには、「届かないことがありうる〔pouvoir-ne-pas-arriver〕」が、手紙をその内的な漂流によって苦しめる、と。／手紙の分割可能性は、それが引き起こす当のシニフィアンの分割可能性でもある。したがって、それに従属しそれを「表象する」ところの「主体」や「登場人物」や「位置」の分割可能性でもある。[12]

ラカンにとっては、「手紙」は超越論的シニフィアンとして「ひとつ」であり、この視座からは、「フロイトもハイデガーも『アンチゴネー』も『ハムレット』も『盗まれた手紙』も、実はすべて「現実界」について、「対象a」について語っていた」（九八頁）ことになる。そこに想定されているものこそ、実は「**理想的な郵便制度**」（手紙はつねに宛先に届く）である。[13] 他方、デリダにとってはそうではない。

〈デリダにとって〉「不可能なもの」とはむしろ、ソクラテスからプラトンへ、プラトンからフロイトへ、さらにフロイトから自分へと配達されるとき、どこかで行方不明《デッド》になってしまった手紙のようなものだ。各々が触れる「不可能なもの」はまったく異なった手紙で

11　想像界、象徴界、現実界についても一応ジジェクによるラカンの理論の要約を註に引用しておく。「チェスをやる際に従わなければならない規則、それがチェスの象徴的次元である。純粋に形式的・象徴的な視点から見れば、「騎士」は、どういう動きができるかによってのみ定義される。この次元は明らかに想像的次元とは異なる。想像的次元では、チェスの駒はどれもその名前（王、女王、騎士）の形をしており、それにふさわしい性格付けがなされている。だから、規則はまったく同じだが、異なる想像界をもったゲーム、たとえば騎士の駒に「使者」とか「馬」という名前がついているゲームを想像することは容易だ。最後に、現実界とは、ゲームの進行を左右する一連の偶然的で複雑な状況の全体、すなわちプレイヤーの知力や、一方のプレイヤーの心を乱し、時にはゲームを中断してしまうような、予想外の妨害などである」スラヴォイ・ジジェク『ラカンはこう読め！』鈴木晶訳、紀伊國屋書店、二〇〇八年、二六頁。

12　Derrida, *Le carte postale —de Socrate à Freud et au-delà*, Flammarion, 1980, p. 517.〔デリダ『絵葉書II — ソクラテスからフロイトへ、そしてその彼方』若森栄樹・大西雅一郎訳、水声社、二〇二二年、三〇九頁〕。

13　この点について『批評空間』連載中の「存在論的、郵便的」に言及する田中純「ポスト郵便都市（ポスト・シティ）――手紙の来歴、手紙の行方」（『10+1』一〇号、一九九七年、INAX出版、一八－一九頁）参照。「インターネットは郵便空間であるとともに、自らを送付し受信して増殖するコンピユータという〈手紙〉そのものでもあるのだ。それはもはやポーの盗まれた手紙のように欲望の論理に従って循環する対象aではなく、物質化した享楽としての、シニフィアンの次元に還元することができない前言説的な文字＝手紙（lettre）である。われわれのコミュニケーションの基底材とは、主体であると同時に客体、メディアであると同時にその伝達内容であり、しかし、純粋にはそのどちらでもないこの文字＝手紙にほかならない」。Cf.『存在論的、郵便的』一二〇－一二一頁。

もありうる。つまり行方不明の郵便物をモデルに「不可能なもの」について思考するデリダにとっては、その歴史＝配達経路を再構成することは定義上できない。むしろ「歴史」とは、再構成不可能な誤配の蓄積として捉えられる。（九八‐九九頁）

東が論じていない側面からも言及しておけば、実際、とりわけ前期のデリダにおいて歴史は、一方では「差異」「差延」を抑圧してきた「ロゴス中心主義」の歴史、「形而上学」の「閉域」として捉えられている。ここには明確にハイデガーの影響がある。差延はたしかに固定的でも単数的でもないが、しかし、それを論じているデリダの語法は、ときに差延を歴史の閉域によっては捉えられない不可能な「亀裂」（ハイデガー＝デリダ的に言えば、「開け」）として語っているかのようであり、ここでいうラカンの「現実界」の論理にきわめて近づく。

他方で、デリダにおいては『序説』以来たしかに、歴史を流通経路のミス（「エクリチュール」「散種」）、複数性、「現前したことのない過去」＝読まれなくなった「痕跡」＝「デッド・レター」の蓄積として捉える方向性もある。また晩年のヨーロッパ論や宗教論のなかにも、ギリシャ的かつ一神教的な伝統を系譜学的にたどりなおしながら、そこから私生児的に生まれた別の可能性、別の宛て先——それをデリダはたとえば「文学」と呼ぶのだが——を考察しようとしている。「不可能なもの」をめぐるこの揺らぎが、『存在論的、郵便的』においては**ゲーデル的**

／存在論的／否定神学的／ハイデガー的脱構築とデリダ的／郵便的／フロイト的脱構築として取り出されている。

さて、後続の箇所で東は「否定神学」の罠がデリダの周囲で頻繁に生じていることを指摘している。(1)デリダ派(イェール学派)における否定神学(バーバラ・ジョンソン)と(2)ユダヤ性の否定神学(イェルシャルミ)である。(1)については、「経験的」な「アイデンティティ・ポリティクス」に陥る危険、(2)については、リオタールおよびボルタンスキーの場合と同様、アウシュヴィッツという不可能な経験が「否定神学的共同体」を組織する危険が指摘されている。しかしいずれにせよ、批判点は「ひとつの同じ不可能なもの」が、逆に素朴な肯定性＝実証性や神秘主義を呼び込んでしまうことにほかならない。

2―b〈確率〉　一一〇‐一一八頁

クリプキの固有名論

ここで東はジジェク[14]および柄谷の議論を介してクリプキの固有名論に触れる(彼らはクリプキを論じていた)。すでに第一章でも触れたように、クリプキは「確定記述」が訂正された場合でも

14　ジジェク『イデオロギーの崇高な対象』鈴木晶訳、河出文庫、二〇一五年。

固有名は相変わらず言語外の「アリストテレス」その人を指し示す「**固定指示子**」として機能すると考えた。確定記述はつねに訂正される可能性があるが、その他方で固有名は一種の「剰余」として、単独性（確定記述によって説明される情報以上のもの）をもつと考えられた（あらゆるシニフィエが変貌してしまったとしてもシニフィアンは変わらず作動しつづける）。

しかしクリプキはその単独性を、最初の時点での「命名」を伝達していく言語共同体という「神話」を想定することで説明する。[15] これは、残余（不可能なもの）を実体化・神秘化した場合に陥る典型的な誤謬である（ジジェクはクリプキを批判しつつさらにこの議論を徹底し、「現実」ではなく「現実界」から説明した）。東＝デリダはこのような**シニフィエなきシニフィアン**（「**超越論的シニフィアン**」）を超越化する態度を批判する。

「**必ず届く**」、「**どこにも届かない**」、「**届かないということがありうる**」

ラカン＝ジジェクにおいては、手紙（「シニフィアンの物質性」）は、つねに移動しながら主体たちを分割していく。手紙は絶えず移動して別の人物の手に盗まれていくのであり、それ自体で固有の場所を持ちえない（「ある意味でラカンの手紙は決して届かない」）が、その不可能性（「届かない」）によってこそ、「メタレヴェル」では「「どこにも届かない」という場所に届く」（一一七頁）。象徴界の亀裂はつねに現実界として規定される。

このような「届かないことで確実に届く」のが否定神学の論理であるとすれば、デリダは、「届かないということがありうる」という確率的位相にとどまる。[16] その配達の失敗はもはやシステム全体の失調とは何ら関係がないし、その「全体」（象徴界の全体）を見渡す必要すらない。

> ある手紙が行方不明《デッド》に、言い換えればシニフィエなきシニフィアンとなるのは、郵便制度が全体として不完全だからなのではない。より細部において、一回一回のシニフィアンの送付の脆弱さが、手紙を行方不明にする。[…] その送付の脆弱さこそが、「エクリチュール」と呼ばれるものにほかならない。デリダ的脱構築にはもはや、断絶し、複数化したシニフィアンのネットワークの切れ端しか見えないのである。「不可能なもの」はその切れ端で現れる。象徴界の全体を見渡すことは、そもそもはじめからできない。（一一八－一一九頁）

15 「われわれがある人物を支持できるのは、指示対象その人に帰着するような、共同体内の他の話し手たちとの結びつきによってである、ということは間違いない」。ソール・クリプキ『名指しと必然性――様相の形而上学と心身問題』八木沢敬・野家啓一訳、産業図書、一九八五年、一一二－一一三頁。

16 Cf. ジジェク『汝の症候を楽しめ』におけるデリダ批判はまさにこの点に集中している。

ここでの「システムの全体を見渡すことはできない」という言い切りは一種の決断であるように思われる。この点を東がかつて展開していたポスト・モダン社会の認識と重ねることも可能だろう。システム全体を見渡すためには、その全体を説明するような「大きな物語」が必要だが、それが「ポスト・モダン社会」では失調しているのである。[17]

3〈訂正可能性と可能世界〉一一九‐一三八頁

一角獣とアリストテレス

クリプキは「アリストテレスがアレクサンダー大王を教えなかった」可能性を認めることで、可能世界論を展開している。しかしクリプキによれば「一角獣」にはそのような可能性はない。[18] それは「一角獣」という虚構的対象の存在をめぐる議論とは無縁である。私たちは「アリストテレスがアレクサンダー大王を教えなかった」という訂正を行なってもなお、「アリストテレス」という固有名を——その命名に遡行することで——使いつづけることができる。この意味で固有名はあらゆる訂正に対して「剰余」としてある。しかし、そもそも虚構の存在である一角獣にはそもそもそうした遡行のチャンスも、訂正される可能性もない。

東はこの論理を逆転させる。固有名があらゆる訂正を逃れる剰余なのではなく、訂正可能性があるからこそ「剰余」が発見されるのだ（この論理はここまでに何度も繰り返されてきた）。クリプキはこのことに気づいていたが、命名儀式という神秘を導入してしまったことでそれを見過ごしている（フッサールと同様）。

私たちがいま検討したことは、固有名の剰余そのものが転倒の結果であることを教えている。それはもともと確定記述を訂正する根拠として仮定された。しかしもしその訂正可能性がコミュニケーションの場によって規定されるのであれば、その根拠は固有名そのものにではなく、むしろその伝達過程のなかに見出されねばならない。名「アリストテレス」が流通する社会的空間こそが、まずその訂正可能性を規定する。その訂正可能性から複数

17 Cf.「郵便的不安たち」（『郵便的不安たちβ』所収）ならびに、森脇透青「東浩紀の批評的アクティヴィズムについて」（人文書院Note、二〇二三年七月）。なお、『イデオロギーの崇高な対象』でジジェクがクリプキを読み解いている箇所では、さまざまな個別のイデオロギー闘争をとりまとめる「結節点」、「クッションの綴じ目」の分析が問題になっている。「クッションの綴じ目」は、意味が凝縮した形而上学的頂点なのではなく、むしろ意味の欠如した「シニフィエなきシニフィアン」である。この意味で、東とジジェクの争点は（ラカン／デリダの場合よりも一層明確に）分裂した諸党派（タコツボ）をいかにして結び直すかという点にある。ジジェクは諸党派をとりまとめる「空虚なシニフィアン」として、まさに共産主義を必要としている。

18 クリプキ『名指しと必然性』二六－二七頁。

の可能性が構成され、そこから逆に諸可能世界に共通する名「アリストテレス」の実体を探し求めようとしたときはじめて、ひとは固有名に「剰余」があるかのように錯覚する。[…] 私たちは前章でこの転倒を、散種の多義性化と呼んでいる。（一一四頁）

「幽霊」とは私たちの考えでは、すべてのシニフィアンに必然的に取り憑く確率的誤配可能性、誤配されるであろう可能性（約束）と誤配されたかも知れない可能性（デッド・ストック）の組み合わせにほかならない。（一三四頁）

何度も見てきたように、「幽霊」とは、この「訂正可能性」「誤配可能性」の隠喩である。現実性には、さまざまな可能世界の残滓（「なかったかもしれない」）がつねに取り憑いている。この伝達経路を転倒させ順序を逆転させることで、単独性がつくりだされる（散種の多義性化）。それは幽霊の抹消なのである。

柄谷行人の転回、デリダとの並行性

すでに述べたように柄谷行人は、七〇年代半ばから、「内部を徹底して外部にたどり着く」という（否定神学的）論理を反復するようになる。しかしその傾向は一九八五年から開始する『探究』において自己批判される[19]。興味深いことに、八〇年代の柄谷と七〇年代のデリダはどちらも、自身の仕事の否定神学的傾向からの脱出を企図している。柄谷はウィトゲンシュタインおよびクリプキを参照してコミュニケーション論を展開するが、そこでは「話す―聞く」関係と「教える―学ぶ」関係が対比される。

「話す―聞く」においては、つねに共通の意味の実体性（意味の了解）が仮定される。それに対し、柄谷は「教える―学ぶ」においては、そのような意味の自明性が解体されると考える。ここで柄谷が考えている「生徒」は、共通の言語を持たない他者である。いくら正しい公式を教えようと、その「生徒」が理解せず・受け入れずに拒否したなら、「教師」はその「生徒」に何も教えることができない。「教える―学ぶ」関係においてこそ、他者による承認、「命懸けの跳躍」がつねに必要とされる。東はいう。「「教える―学ぶ」関係ではコミュニケーションの成立は保証されず、暫定的に見出された規則はたえず他者により訂正される可能性を孕んでいる」（一三三頁）[20]。

だが、東によれば九〇年代の柄谷行人は「主体」に回帰しており、結果としてこの訂正可能性から退却してしまっている。しかも同様の理論的退行は九〇年代のデリダにも見出される[21]。

19　Cf. 柄谷行人『内省と遡行』講談社文芸文庫、二〇一八年、二九二―三一九頁。
20　この点については本書所収の森脇発表も参照。

3 〈ふたつの補足〉　一三八－一四六頁

「ネットワークの失敗」という観点が持つ政治的・倫理的射程について捕捉されている。かなり図式的にまとめておこう。

(1) イデオロギーについて

アルチュセールとジジェクのイデオロギー論を比較。イデオロギーの構造を「ネットワーク」から読む可能性は、アルチュセールにこそある。アルチュセール的な「階級闘争の場」は、「複数のイデオロギー装置が交錯するネットワーク空間」である（一四〇頁）。郵便的思考の先駆者としてのアルチュセール。[22] とはいえ、ここでの束の記述はきわめて断片的でアイディアのみにとどまっている。

(2) 「否定神学的アイデンティティ」について

「割礼告白」の自伝的問題系を再解釈。(a) ユダヤ性を「呼びかけ」ではなく「電話線」で理解するデリダ（『ユリシーズ・グラモフォン』）、(b) デリダの議論を安易にメディア論に接続することの危険性。メディア論に向かうからといって否定神学を逃れられるわけではない。ジャン＝リュック・ナンシーは実際、メディアを否定神学的に捉えている。

さて、この章で展開された議論を形式的にまとめておこう。解説は以上である。

形而上学：超越論的シニフィエという最終審級、自己言及の禁止の体系（ヒエラルキー構造）

否定神学：システムのなかで自己言及の禁止を冒すシニフィアンの発見、その超越論化（六〇年代のデリダ、ゲーデル、ラカン＝ジジェク、『探究』以前の柄谷、クリプキ）

郵便／幽霊／確率：システムの細部、送付の一回ごとのずれ、複数の「不可能性」、システム全体の想定不可能性（中期デリダ、『探究Ⅰ』の柄谷）

第一章・第二章担当　森脇透青

21　ここで興味深い指摘がなされている。「さらにもうひとつこの両者について注目すべき点は、その本質的な並行性にもかかわらず、彼らのテクストが表面上まったく異なったスタイルで描かれたことである」（一三四頁）。この両者の差異は、東によればフランス語と日本語という言語体系そのものの差異、その言語内で可能な思想的・言語的戦略の差異にかかわる。哲学研究はしばしば言語の差異がないかのように振る舞うが、たしかに言語ごとで思想的な営為の特色は大きく異なる。この点には——日本における哲学史、さらには哲学翻訳の歴史などもふくめ——さらなる考察の余地がある。

22　Cf. 浅田彰「アルチュセール派イデオロギー論の再検討」（『思想』七〇七号［一九八三年五月］所収）。

第三章　郵便、リズム、亡霊化　一四七－二一二頁

いかにして否定神学的思考へ抵抗するか

第三章「郵便、リズム、亡霊化」は『絵葉書』所収の「送付」を中心として、中期デリダの読解が重点的におこなわれる。「幽霊」や「電話」といった隠喩の含意に関心がある場合は、本章を読むとよいだろう。読解のスタイルとしては、擬似書簡形式の文学的テクストが対象となるため、これまでの章のような概念の形式化とは異なるリズムで読解が進められる。本節は、導入パート、「送付」における「電話」の隠喩が検討される1—a節、「送付」の書簡小説としての設定が検討される1—b節、「亡霊」のメカニズムについてまとめられる2節、まとめパートののちにドゥルーズ（およびガタリ）についての補論によって構成される。

前章ではラカン批判を中心にゲーデル的脱構築とデリダ的脱構築という二つの脱構築が区別された。本章では更にハイデガー批判としての脱構築の性格が分析される。まず導入部分では「思考不可能なものを思考する」企図としてのポストハイデガー的戦略、すなわち論理的には語れないが、その存在が影響を及ぼす「外部」（柄谷）が侵入する瞬間を暴露するという逆説的戦略が整理される（一四九頁）。そして、前章で示された二つの脱構築の区別は、否定神学（あらゆ

る経験や言説を非実体的な空虚、「ファルス中心化された特定のシニフィアン」＝「超越論的シニフィアン」へと収斂させる思考様式（一五〇頁）とその批判の問題として、（ドゥルーズ、リオタール、レヴィナス、ラカンらにも共有される）同時代的射程の広さとともに再度分析される。

本章の記述を牽引する問いは「何故デリダはそのような奇妙なテクストを書いたのか」という問いを分割し、以下のように整理される。①「デリダは何故ハイデガー的思考に抵抗したのか、あるいはデリダ的脱構築とハイデガー的解体のあいだの差異は何か」、②デリダは何故あのような（奇妙な）テクスト形態で展開したのか、③七〇―八〇年代にかけて最も活発化した「デリダ的脱構築」は最終的にいかなる効果をもち、またいかなる認識を私たちに開いたのか（一五一―一五四頁）。

「**送付**」

本章の中心となる『絵葉書』第一部「送付」は書き手が妻あるいは恋人と思われる人物に宛てた擬似書簡の集積、自伝的書簡小説のように書かれている。本章の理解のために最低限必要となる部分であるため、以下では本章の分析の対象となる箇所を引用しておく。引用箇所は、書き手が「君」へ手紙を書く直前に公衆電話から国際電話をかけた場面が書かれた手紙である。このような複雑な状況は、書き手と受け手の対面の現前的コミュニケーションにおいて抑圧されている錯綜した時間構造、テレコミュニケーションのリズムを主題化している。

さっきの君の声、それはいまだに（道沿いの、木陰にある、小さな赤いガラス張りのボックス、ひとりの酔っ払いが電話中ずっと僕の方をて見て、話しかけようとしていた。彼はそのガラスの檻の周りを歩き回り、時折立ち止まった、いささか恐ろしげな、厳粛な雰囲気をまとって、あたかも判決を下すためかのように）、君の声、それはかつてなく近いものだった。電話という僥倖――その機会を決して逃さないこと――、電話は僕たちに声を返し与えてくれる、時々の晩に、とりわけ夜に、そして特に声しかないとき、電話機が僕たち二人を盲目にしてしまうときにはよりよく（その上、しばしば僕は君に話しかけながら目を閉じる、これをかつて君に言ったことがあるかどうか分からないが）、つまり、電話がうまくいって、声の響き＝切手［timbre］が「フィルターを通された」ある種の純粋性を持ったとき（「フィルターを通された」、僕が幽霊達の回帰を想像するのはいささかその境位においてだ、繊細で崇高なある選別の効果、あるいは恩寵によっての再来、本質的選別――寄生物＝ノイズ［parasite］のあいだでの選別）、［……］

だから、君が僕に話しかける＝送りつける［adresser］のはその響き＝切手なのだ、いかなるメッセージもなく、他に何も重要なものなどなく、そして僕は飲み、自分の飲んでいるものに溺れる。しかし僕は毎回そこに舞い戻る、一回また一回と。僕はまったくその響き＝切手だ、そのセリー、幾度も繰り返されるその結果……。しかしながら、幻惑された（しかし分割された、分割はいいことだったとはいえ）近接性のその感覚をもって君に話をしているあいだ、僕はイギリス人のあの酔っぱらいをじっとみていたのだ、僕は彼から目を逸らさなかったのだ（彼は何か制服のようなものを着ていた）、僕と彼は二人お互い見つめあった、すまない、ある注意をもって見つめあった、僕の無限の放心はそれをいささかも乱さなかった。僕は彼が誰かに似ていると確信していたが（いつも思っているようにだ、そうだろう?）、誰に似ているのかはわからなかった、今でもわからない。再びすまない（僕は、君に謝ることで人生をずっと過ごしていくのかも知れない）、僕は時差について考えていなかった

しかし僕は君に明日書く、僕はそのことをいつも現在形で語る。

（『絵葉書I —— ソクラテスからフロイトへ、そしてその彼方』邦訳二〇－二一頁。訳文は『存在論的、郵便的』一五四－一五五頁より抜粋）

「フッサール的声、ハイデガー的呼び声、デリダ的呼びかけ」

本章ではまず「送付」における「電話」という隠喩の検討を通して、デリダの思考のモデル

の変遷があつかわれるが、初期デリダの著作においては音声中心主義批判のように音声的なパロール／書記的なエクリチュールという隠喩対立の脱構築がよく知られている。一見して「電話」というのはデリダにとって脱構築の対象となる音声的なものであるようにも思われる。しかし、七〇年代以降のデリダの著作にはむしろ音声中心主義批判を逸脱していく「声」のモデルが展開されている。そして、東は、後者の「声」の展開が九〇年代のテクストにおける「応答」の政治的倫理的問題系を直接に準備すると指摘し、そうした後期的主題を準備する「声」をめぐって「電話」の隠喩の導入を検討していく。

声のモデルは三つに整理される。まずデリダが批判的に捉えるフッサール的な声（フォネー）の隠喩。ひとは「私は考える」という言表を声に出しつつ、同時にその言表を聞き取ることができる。こうした声と耳がもつ感覚特性はヨーロッパにおいて意識一般の範例として用いられ、意識の同一性を保証するものとして導入された。デリダは経験的自我と超越論的自我の二重化を可能にし、意識の同一性を保証する「声」をフッサール現象学のなかに見出し、「自分が話すのを聞く」という超越論的主観性の構造として指摘したのである。

フッサール的な声と異なり、むしろ意識の同一性を脱臼させる「声」のモチーフも存在している。それがハイデガー的な呼び声（ルフ）である。ハイデガーの『存在と時間』における「良心の呼び声」は、日常的かつ内世界的な主体（「世人 das Man）の同一性をむしろ内部から蝕み、

「無意味さに突き落とす」ものである。それは世界全体をとらえる現存在そのものの「存在根拠の欠如」、「循環構造」に対応している。現存在の自己言及的な構造が「穴」を要請しており、そこから声ならぬ声としての「呼び声」が響くという概念系は形而上学を内側から脱臼する「否定神学」そのものだと言われる。

形而上学的システムを支えるフッサール的声（フォネー）においては超越論的主観性による世界構成を逃れる非世界的存在は認められない。対して、否定神学的システムを開くハイデガー的な呼び声（ルフ）においてはフッサール的なフォネーに回収されない非世界的存在がただひとつ、「世界」全体の循環物の対応物として認められる。ここでハイデガー的呼び声はフッサール的な声に対して非世界的存在を認める点で異なっている。しかし、東によればフッサール的な形而上学とハイデガー的な否定神学は、ともにひとつの「現前的な」世界を（肯定的にであれ、否定的にであれ）想定する点で共犯関係にある。

形而上学／否定神学の共犯関係に抗して、デリダ的な呼びかけ（アペル）は複数の非世界的存在を描こうとする戦略であり、「電話」を含む第三の声が本書の主張する郵便＝誤配システムに対応する。東によれば「電話」の隠喩はいくつかの点でフッサール、ハイデガーの脱構築と関係している。まず前章から検討していた現象学批判（論理的脱構築）が「電話」の隠喩を通じてテレメディアの問題系へ接続される。つまり、「自らが話すのを聞く」という超越論的主観性の意識系の回路へ侵入する外部性が「電話」という技術的媒介、他者性、ネットワークとして描かれることになる。またデリダはしばしばハイデガーの現存在をパロディする仕方で「電話存在」という造語を用いたが（「ユリシーズ・グラモフォン」）、これもデリダのハイデガーへのずらしの戦略として整理される。デリダがしばしば範例的にあつかう『存在と時間』においては現存在、手元存在＝道具的存在者、手前存在＝事物的存在者という世界の中にある存在者の三類型が提示される。このとき、世界のなかで現存在が道具や事物を手によって現にとりあつめ、世界全体へ集約していくというモデルが提示されるのである。このとき、ハイデガーはしばしばラジオのようなテレコミュニケーション技術が遠さを除去し、近接性を生み出すものとして描いている[23]。こうした傾向は後期ハイデガーが巨大なテクノロジーをあつかう場合にも同様であり、テクノロジーは人やものを駆り立て、取り集めるものとなっている。こうしたハイデガーの取り集め的技術モデルに対して、エクリチュールや電話といったデリダのテレコミュニケーションの隠喩は「もし（例えば）ハイデガーの思考されざるものが一つではなく、複数だったら？」と問いかけるものであるだろう（一六五頁）。

ネットワークと諸効果——脱構築の後期モデル

では、前期的な隠喩対立を逃れる「デリダ的な呼びかけ」はいかにして特徴づけられるだろうか。本節では「送付」において見出される非前期的なデリダのスタイルを記述するために、幽霊の隠喩へ注目している。東によれば、デリダにおける幽霊の隠喩は複数性、能動性、非現前性、様相＝確率性の四つの要素に整理される。このうち非現前性、様相＝確率性はいわゆる非世界性、つまりここまであつかってきた不可能なものを目指すポストハイデガー的思考全般と共有されるものである。それゆえ、ハイデガーとは異なるデリダ的戦略を明らかにするためには「不可能なもの」の複数性、能動性が重要になる。

先に引用した「送付」では、書き手と恋人との宛てる手紙が遅延し非現前化＝亡霊化することで、和解と破局の決意も遅延され、脱構築される場面が描かれている。本書はこうした「送付」における複数のメディア論的場面を範例としてデリダ的戦略を明らかにしようとしていく。

一方で「送付」における手紙は、すべてのコミュニケーションを支えるダブルバインドは「代補」であるというタイプのゲーデル的柄谷的方向から読むことができる。たとえば「送付」において書き手と受けてのあいだで手紙は誤配されてしまうが（コミュニケーションを不可能にする）、同時に手紙の遅延こそが関係の破局を遅らせてもいる（コミュニケーションを可能にする）。このように手紙はコミュニケーションを不可能にすることで可能にする逆説的対象という位置を占め

23　本書ではハイデガー存在論における近接化の方向が強調されるが、デリダ自身はハイデガーにおける遠隔化と近接化の二重の運動に関心をもってもいる。

ることになるだろう。

しかし、本章では「発話者の決定不可能性」に向かうゲーデル／柄谷的方向を逸脱、破れというう脱構築の前期モデルとみつつ、「発話者と受話者のあいだに広がるネットワーク」へ注目することでネットワークと諸効果という脱構築の後期モデルを見出していく（一七二頁）。「送付」における時間秩序の錯綜は端的に手紙や電話といった速度が異なるメディアを複数、同時的に導入することで引き起こされている。デリダはしばしばエクリチュールやメディアとともに「機械」の隠喩を導入するが、これは脱構築をたんなる逸脱＝外部モデルではなく、リズムの衝突のモデルで捉えることを可能にする。デリダの「機械」という隠喩は、ハイデガー的な現存在（世界のなかで手を中心として現にとりあつめる体制）を脱臼させる「電話」（「ユリシーズ・グラモフォン」）、フッサール的な超越論的主観性（自分が話すのを聞く「耳＝声」の体制）を脱臼させる声と耳とあいだの「内耳」（「タンパン」）といった隠喩と同様に、単一化された声＝意識の平面の下に、異なった複数のリズムを刻む諸機械の衝突状態を描き出す。ここでは不可能なもの、非世界的なものの複数性を説明するために、デリダ的な「不可能な経験」、「呼びかけへの応答」を神秘化し、届かない手紙が行き着くデッドストック空間を実体化する必要がない。手紙が非現前的なのは、端的に届くのが遅れているからであり、むしろネットワークによる効果、リズムの衝突による脱臼、内耳的な郵便空間の失敗によって非世界的な効果が複数的に引き起こされていいるという説明によって、亡霊的なものの能動的性格が特徴づけられるのである。

精神分析的／郵便的脱構築へ、あるいは態度変更

第三章で分析される『絵葉書』は郵便系の隠喩の特権性、著作の複数的スタイル、そして、ハイデガーとフロイトへの頻繁な言及によって重視される。東は本章で分析した機械の主題、『絵葉書』における郵便と精神分析の頻繁な並置から、形而上学システム（フッサール）と否定神学システム（ハイデガー）にともに抵抗する可能性、脱構築のもう一つの戦略の理論的支柱がフロイトあるいは精神分析に求めていく。そして次章以降、「本書が問題としている脱構築の二重性とは結局、デリダにおけるハイデガーとフロイトの衝突、あるいは「出会い」の問題として再定式化される」（一九四頁）。

しかし、この問題の検討は「方法論上の態度変更を要求する」ものでもある。本来、論考としてはここから「分析」、「批判」、「脱構築」といった諸々の概念の更なる系譜学的な検討へ向かう必要がでてくるはずである。しかし、東によれば、そうした作業は転倒している。というのも、そもそも奇妙なテクスト実践を強いたものをテクストの内部から、デリダが明示的に語ったことから導くのには無理があるからだ。それゆえ、第二章の末尾の課題を受け、本章では「後期デリダの隠喩的地図」の一部ができる限り精密に描かれ、著者はデリダのテクストを「より精密にかつより簡単に読めるようになったことを期待し」つつも、これ以上精密にしても、本書の課題に近づくことはできないと述べるのである。最終章ではもう一度脱構築そのものの基礎的な位置付けから出発し、「精神分析的脱構築」／「郵便的脱構築」がフロイトの何を継承し、ハイデガーの何に抵抗していたのか、フロイトの可能性の中心とは何か、が問われなければならないだろう。問題はデリダの内在的整理を越え始めていると告げられ、第三章は終了する。

appendix——ドゥルーズ『意味の論理学』について　一九六‐二一二頁

第三章にはドゥルーズ（およびガタリ）についての補論が付されている。本書はポストハイデガー的思考の帰結として、ドゥルーズにおいても否定神学および否定神学への抵抗がみられると指摘する。典型的なのは『アンチ・オイディプス』（一九七二年）であり、複数の「機械」を抑圧し成立する現前的「声」という構図が、単数的形而上学／否定神学批判からの複数的郵便的思考へという動きと並行的なものとされる。そして、リゾーム、機械、部分欲動、分子的配達機械という複数的思考による、ツリー、オイディプス、ファルス、モル的という単数的思考への批判がなされるのである。ただしそれ以前の『差異と反復』（一九六八年）にはむしろその否定神学性が強くみてとれる。『差異と反復』は世界性（現働性 actuel）と非世界性（潜在性 virtuel）を媒介する循環構造を存在論として提出するが、そのときには、二重のセリーの共鳴を可能にする逆説的なひとつの対象の自己差異的運動が問題となっている。この単数的な逆説的対象をあつかう思考は本書に即して言えば、ハイデガー的否定神学に他ならない。

ドゥルーズ単独で描かれた『差異と反復』とドゥルーズ＝ガタリによる共著『アンチ・オイディプス』の差異はある意味では精神分析家／活動家であったガタリ化による実践的変化、「哲学への政治の導入」であるようにも語りうるかもしれない。しかし、そうした語り口は、デリダに対して理論から実践へという解釈を提示するのと並行的なものであり、むしろ理論的変化を捉えられないことになってしまうだろう。むしろ本書がみるべきだとするのはドゥルーズにおける理論的変化であり、それゆえ補論では『アンチ・オイディプス』と『差異と反復』のあいだで書かれた『意味の論理学』（一九六九年）における否定神学と郵便＝誤配システムの関係がとりあげられる。

『意味の論理学』は独自のトポロジカルな静的／動的発生論という領域区分がなされるテクストである。静的発生（表層）は、実在性と潜在性、世界と非世界、物と出来事、物体的なものと非物体的なものという二つのセリーと、それらのセリーを共鳴させる対象X、ファルスによる運動が発生論として提示される。これがルイス・キャロルのカバン語やフッサール現象学への参照がなされる否定神学的領域とされる。対して、動的発生（深層）においてはもはやセリー化がおこっておらず、表層そのもの、すなわち否定神学システムそのものの存在可能性が問われる。そして、東はフロイトやアントナン・アルトーの綴り字への解体が注目される動的発生論こそがドゥルーズにおける郵便的思考であると指摘する。『意味の論理学』における静的／動的発生論の二重性こそが否定神学／郵便的思考というデリダ的二重性に対応するのである。『意味の論理学』において否定神学と複数的思考を折衷させるというアイデアは、浅田彰が『構造と力』において提示した前近代（ツリー）、近代（クラインの壺）、ポストモダン（リゾーム）という三つの図を連結させるものであり、本書でも第四章でハイデガーとフロイトのマジックメモモデルとして図式化される。

またガタリによる理論的役割についてもアイデアが素描されている。ガタリは『分裂分析的地図作成法』（一九八九年）等で現働的／潜在的、可能的／現実的の対立交差によって「四つの存立性の区域」、すなわち現実的な現働的なものの流れ（F）、可能的で現働的なものの機械的門（Φ）、潜在的で可能的なもの意識的世界（U）、現働的で潜在的なものの実存的テリトリー（T）という区分を提出する。ガタリの理論は非常に難解だが、東は現働的／潜在的の対を本書における経験的／超越論的、世界的／非世界的の対に対応させ、不可能なもの、非世界的存在、超越論的対象を捉える思考の可能性について考察をしてきた本書の論述のなかに位置付けている。そして、現実的な超越論的世界におけるラカン派的主体の理論を相対化する複数の超越論性の区域の探究として「分裂分析」における機械状の主体性が提示されるという展望が提示されるのである。ガタリの理論的枠組みは、経験的条件、社会的編成についての具体的な知と様相論理についての抽象性の高い思考、政治的実践と思弁的言説の共存を強く主張するものであり、ここに東はデリダの幽霊論、クリプキの可能世界固有名論、アルチュセールのイデオロギー論の交差する位置を指摘するのである。

第四章　存在論的、郵便的　二一三―三三五頁

再出発　郵便的脱構築の思想的射程

第四章では冒頭「再出発」が宣言され、これまで論じてきた議論が「論理学的」、「存在論的」、「精神分析的」、「郵便的」の四つのセクションに再度区分けされる。前章では扱うテクストがほぼデリダないしデリダ派へ限定され、それらの解読を通して内在的な仕方で郵便的思考の定式化が図られた。しかし本章では、前章末尾で予告された通り、これ以上デリダの隠喩群は明確化されない。それはまず前章までで示された郵便的脱構築の思想的射程の広さゆえであり、またそもそも何故デリダが論理的脱構築と郵便的脱構築を明確に示さなかったのかを問う必要があるからだとされる。本書の方法論的前提として、郵便的脱構築は七〇年代以降の奇妙

なテクスト実践に示唆された「思考らしきもの」であり、テクストのなかで明示的に説明されない仮説的存在にすぎない。それゆえに「デリダによる明示的言及がほとんどないテクストをデリダ的に読み、さらには逆に、デリダによる言及がないテクストを参照しつつデリダを読むという読解態度」（二二一頁）でもって、本章の議論は進められるのである。

ここで先行研究に沿って議論されていたデリダの思想における前期／後期という区分が以下のように再整理される。六七年から七二年（『幾何学の起源「序説」』は含まれない）の優れた哲学的著作が、多量かつ集中的に出版された第一期、七二年から八〇年代中葉の哲学的とも文学的とも判断しがたい奇妙なテクスト実践が断続的に追求された第二期、脱構築と政治的あるいは社会的な問題との接合を図る傾向が前景化していく八〇年代中葉から九〇年代後半という第三期である。このうち東の関心はデリダ派の外部（ローティ、ハーバーマス、柄谷）から批判される第二期から郵便的思考をとりだすことにある。

本章の前半ではまず論理学、存在論、精神分析といったデリダの外のテクストとの関係が問われ、接合／図式化がおこなわれる。後半では、郵便的脱構築をデリダが書いたテクストあるいは関連する無数の哲学的系譜を追うことは避けられ、むしろデリダとフロイトがともに指摘する「終わりなき」作業そのものへの注目からデリダのテクスト形態、そして本書の方法論的態度が転移論に注目する仕方で再検討される。

否定神学の「論理的―存在論的」形式化

はじめの「論理的」セクションではカルナップによるハイデガー批判を通して、論理的なものと超論理的なものをめぐる理路が整理される。カルナップによるハイデガー批判は構文論的形式の物象化への批判、すなわち「存在」を問うハイデガーの形而上学的言明が、構文論的形式と名詞の混同をしており、形式的に正しくないというものであり、大陸／英米哲学の分裂を記す論点のひとつになっている。こうした批判は論理実証主義における「思考可能なもの」と「思考不可能なもの」の区分を準備しており、「不可能なもの」、世界＝思考の限界を論理形式として取り出すウィトゲンシュタインの身振りに典型的なものである。「命題はすべての実在を叙述できる。しかし命題は次のものは叙述できない。それは、実在を叙述しうるため命題が実在と共有せねばならないもの、すなわち論理形式である。論理形式を叙述するためには［……］論理の外側、すなわち世界の外側に立つことができねばならない」（『論理哲学論考』）ゆえに「世界がいかに存在するかではなく、世界が存在するということが神秘」であり、「語りえぬことについては沈黙しなければならない」（二二七－二二八頁）。論理実証主義および、これを継承する分析哲学は「不可能なもの」については積極的に語らない[24]。

しかし、そもそもハイデガーは思考のメタレヴェルそのものを思考の対象とすることを狙っている。ハイデガーの戦略は思考対象と思考形式が折り重ねられる特定の存在者を発見することから論理形式に対する剰余を取り出そうとするものである（存在を問うことができる範例的存在者の二重襞性＝現存在への注目）。東は、こうした論理実証主義に対するハイデガーの存在論的戦略をたんに非論理的とみなすのではなく（あまりに「実存主義的」、「神秘主義的」である）、プリンキピア・マテマティカ体系に対するゲーデルの不完全性定理に対応するようなアクロバティックな論理階梯として形式化できると主張する。そして、浅田彰に倣い、三角錐とクラインの壺モデルによって、論理形式（メタ）が世界＝思考（オブジェクト）を規定する形而上学システムとメタ／オブジェクトの峻別を崩す否定神学システムを表現する（図２−１、図２−２）。こうしたハイデガー存在論の形式化は、たとえばラカン派精神分析が数理論理学的構造を取り入れることで洗練させようとしたのと同様のものである。『存在と時間』が二重襞を範例としての人間から導き出していたのに対して、ラカン派にとってはそうした実体論的思考も完全に破棄され、数学的不可能性の構造的表現としての「欠如」、「ファルス」という超越論的シニフィアンが導入されることになるのである。

　さて、カルナップのハイデガー批判は論理形式を語ることと、論理形式を名詞化することへ向けられていた。このうち前者は思考対象と思考形式の二重襞をこそ問題とするハイデガーの戦略であった後者は哲学素の固有名化として整理され、ハイデガーの思考が論理的―存在論的脱構築の二段階に対応させられる。

①論理的脱構築：まず論理的脱構築は、システム全体のゲーデル的循環構造を見出し、形式化の限界を指摘するものである。前節で確認された論理実証主義とハイデガーはその戦略を限界で接している。前者は思考対象と区別される思考の限界としての思考形式の限界を指摘し、後者は思考対象と思考形式がおり重ねられる循環構造を問題とする。前期ハイデガーにおいては、現存在の実存論的構造において、呼び声が自分自身で自分を呼ぶという循環構造が確認される（『存在と時間』）。

②存在論的脱構築：しかし、論理的脱構築を進めるために、ハイデガーは循環構造そのものを支える何ものかの起源的運動の探究に向かう。ここでは超越論的シニフィアンの循環運動ではなく、外部の到来の局面、システムの成立根拠、超越論的シニフィアンの来歴が問題となる（「呼び声 Ruff」から「存在の声 Stimme」へ）。否定神学システムより前の差異空間の位相に到達するためのこの手続きが存在論的脱構築である。前期ハイデガーは現存在の二重襞を発見したが、後期ハイデガーは人間存在ではなく、「存在」そのものの力によって限界＝基礎が産

24　脱構築と形式論理学とのより発展的な関係については以下の研究がある。Greham Priest, *Beyond the Limits of Thought*. Clarendon Press, 2002; Christopher Norris, *Derrida, Badiou, and the Formal Imperative*. Continuum, 2012.

出されると考えるのである（実存思想から存在思想への変化）。ここから後期ハイデガーはギリシア語とドイツ語を中心とする特定の語彙の解釈に依存して思考を進めていき（隠語化）、哲学素の固有名化（超越論的シニフィアンの探究）に向かったというわけである。

以上のハイデガーをめぐる議論は、固有名をめぐる三つの立場を介しても再整理されます。

i. 記述主義（ラッセル）：ラッセルにおいて、固有名は確定記述の束に還元可能、つまり言語内翻訳可能、言語体系の「内部」に位置する。

ii. 反記述主義（クリプキ）：ラッセルに対してクリプキ型の固有名論は確定記述の束には還元不可能である。固有名の同一性は確定記述が否定された可能世界を貫通しており、非言語的残余を示す。そして、このとき、その剰余を説明するために、言語外的出来事の力の痕跡が想定される（固定指示子、命名儀式への伝承、遡行可能性）。つまり、固有名には言語体系の「外部」が侵入する。

iii. ラカン化された反記述主義（ジジェク）：ジジェクによるクリプキ解釈においても固有名は確定記述の束には還元不可能である。しかし、クリプキと異なり、固有名の剰余は個々の固有名にポジティヴには宿らない。むしろ主体の欠如の相関物としての対象aと解釈される。

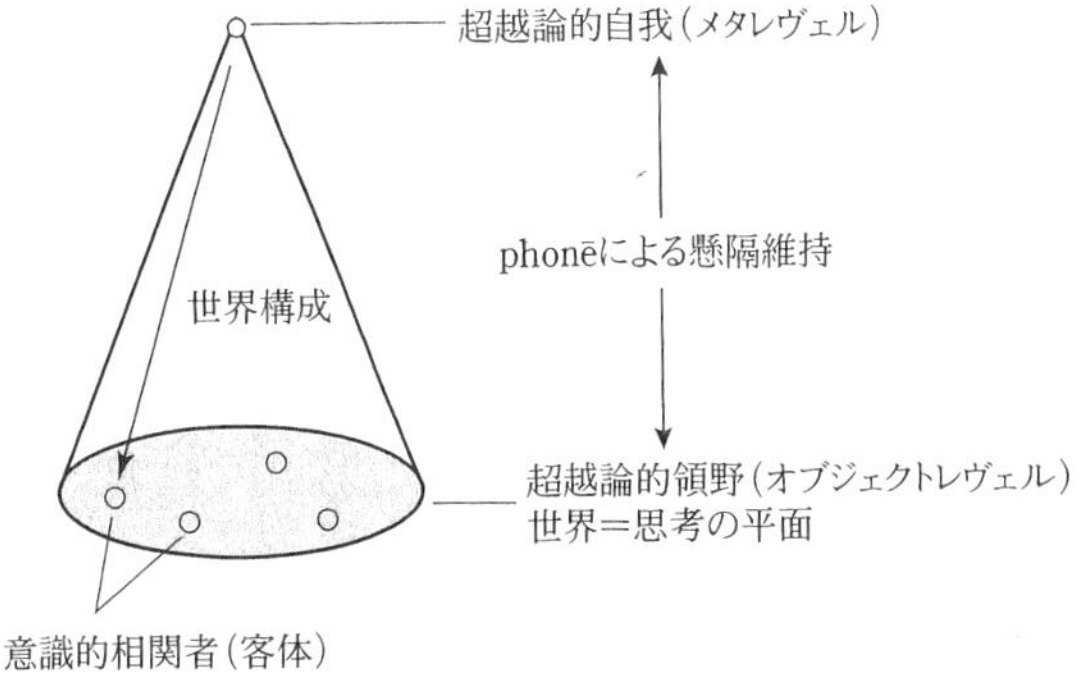

図2-1　形而上学システム

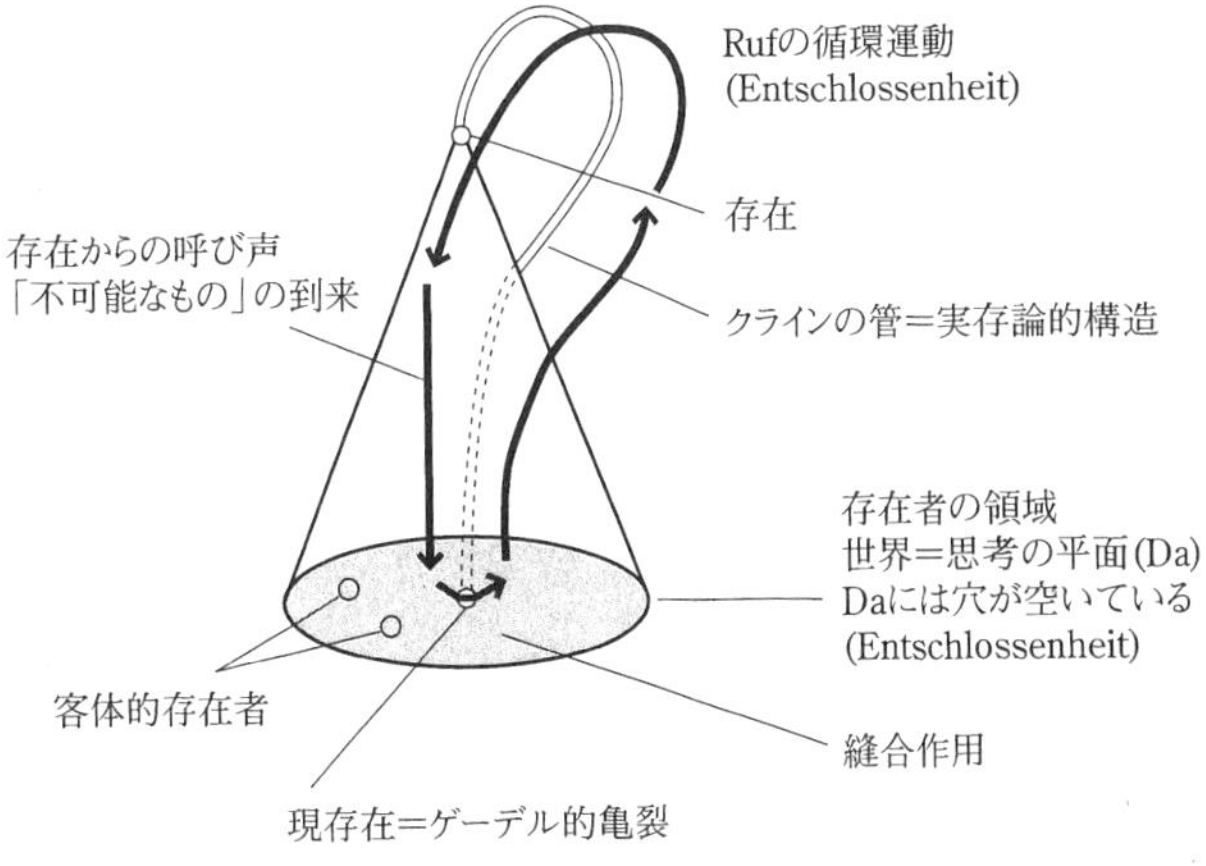

図2-2　否定神学システム

『存在論的、郵便的』240頁

クリプキ的な固有名論が言語外的出来事の力という神話的想定を導入せざるのに対して、ラカン化された反記述主義においては主体の自己言及構造が特定のシニフィアンへ折りたたまれるためにポジティヴな外部を必要としない仕方で固有名の剰余が言語体系のゲーデル的自壊としてあらわれる（現実界）。

精神分析の否定神学化（への抵抗）

東によれば、後期ハイデガーの言説において世界認識の地平は徹頭徹尾言語化されており、「世界の地平に改修不可能な超越論的シニフィアンについての考察は、言語体系に改修不可能な固有名についての考察と、全く同じ隠喩＝概念系を利用して進められ」る（二五五頁）。東はハイデガーによる科学的概念と哲学的概念の区別を参照している。前者が概念対象（オブジェクト）と定義（メタ）を分けるのに対して（ラッセル的）、後者は概念対象と定義を区別不可能なものとみなすものである（クリプキ的）。ハイデガーは以上の区別を踏まえて哲学的諸概念に剰余plusを与える場所の探究へ向かうが、彼はそれを純粋な伝承に支えられる隠語の分析によっておこなうのである。

このときハイデガーによる哲学素の固有名化はクリプキ的神学とジジェク的否定神学のあいだを揺れている（二五三頁）。一方でハイデガーは「存在」と伝承についてきわめてポジティヴに語るが（クリプキの神話）、他方でハイデガーはポジティヴな語りを執拗に避けもするだろう（抹消線を引かれた存在）。以上で形式化された論理的―存在論的な否定神学化の道筋をいかにして回避し、超越論的シニフィアンについての思考を前進ないし逸脱させるかがデリダの課題となるのである。

続く「精神分析的」セクションでは、以上で整理された論理的―存在論的脱構築に相当するものとして精神分析理論が翻案されたのち、存在論的脱構築へ至らない思考、つまり哲学素の固有名化を避ける「郵便的脱構築」という別の思考の歩みが目指される。

まず精神分析が分析の対象とする「夢」は、意識系、つまり論理形式（メタ）／事項内容（オブジェクト）レヴェルの峻別が崩れ、すべてが名詞化される無意識系があつかわれる。たとえば2＋＋＝5のように演算記号と数字が混同される不条理な平面が夢作業の中ではあらわれるが、これはカルナップ的峻別を崩す脱構築的な分析領域に相当する。そして、フロイトはこうした無意識系をあつかう方法として、意識／無意識系を横断する「否定」の作用（図3－1a）や内／外の二重襞性の構造（局所論におけるエス（内部）―自我―知覚（外部）、図3－1b）についての議論を洗練させていく。メタ／オブジェクトレヴェルを短絡させる装置の探究は、形式的にハイデガーの存在論的分析、すなわち否定神学的論理に相当するとみなされる。

その上で、東は、実存論的構造、ゲーデル数、つまりメタ／オブジェクトレヴェルを短絡さ

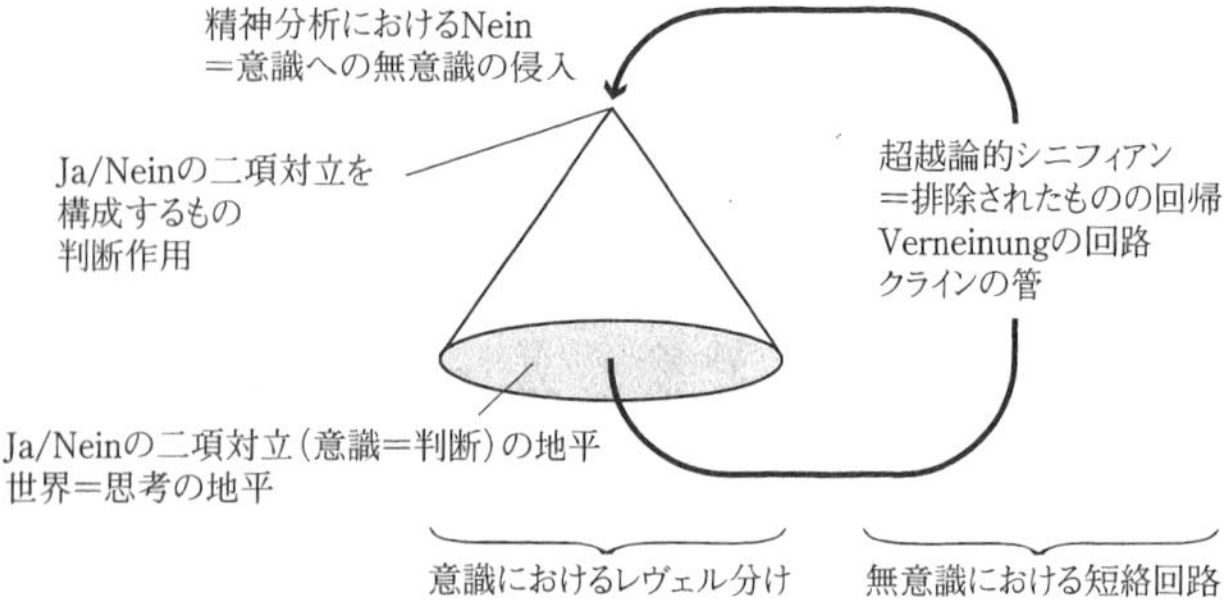

図3-1a　東浩紀『存在論的、郵便的』266頁

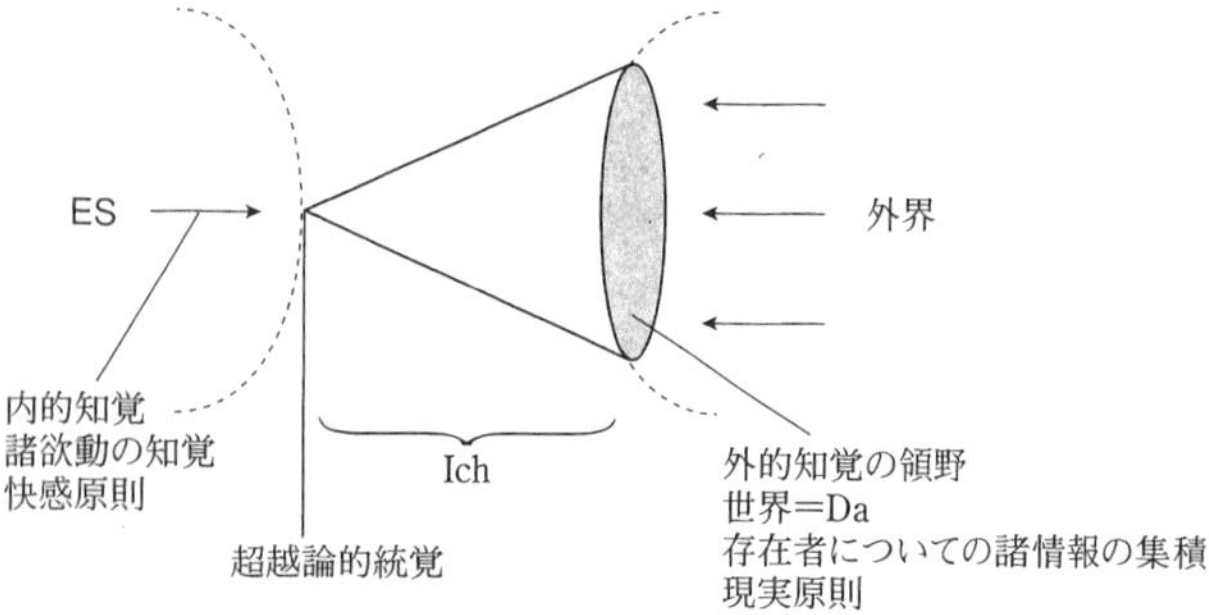

図3-1b　同書、268頁

せるクラインの壺モデルを剰余するものも精神分析のうちに見出されると指摘している。それが「物・語表象」の区別および初期フロイトにおける経路モデルである。

フロイトは論文「無意識」において、意識が物表象と語表象をあつかうのに対して、無意識には物表象しかないと指摘した。これは先に述べた、無意識には対象と論理の区別がない、ということに対応するが、問題は、物表象＋語表象の意識系から物表象の無意識系への変換がおこるということである。「夢により語はしばしば物と同じように扱われ、また物表象と同じように合成作用を経験する」のだ（『夢判断』第六章からの引用。二七二－二七三頁）。たとえばフロイトはある女性の夢にあらわれたMaistollmützという造語を分析し、それが彼女の覚醒時に引き抜かれたMais、toll、mannstoll、Olmützという四つの語が圧縮されており、さらにこれらの四つの語もまた複数の語を宿していることに気づく（Mais-Meißen-Miss-mies）。無意識／意識系の運動においては「諸思想と諸連結との長い鎖が、語というかたまりの綴り字それぞれから逸れ出ている」のである（一八九六年のフロイトからフリース宛の書簡からの引用、二七三頁）。このような「綴り字の化学」とも呼ばれる夢＝無意識特有の言語処理から、東はデリダとの関係でシニフィアンの分割可能性という論点を引き出します。第二章で検討されたように、ラカン派精神分析の「手紙の分割可能性」の論理は、回帰するシニフィアンの単一性が保証されることを含意していた。そして、超越論的シニフィアン＝ファルスが分割不可能な「理念性」をもち、否定神学的な循環構造を保持するのであった。しかし、語表象—物表象の運動から導き出されるのは、むしろシニフィアン＝語が書かれた綴り字＝エクリチュールの水準で分割されていってしまうモデルである。あらゆるシニフィアンの構成に宿るエクリチュール性。そこから導き出されるのは、ラカン派精神分析ではなく、むしろ精神分析家アブラハム＋トロックに依拠しながら展開される郵便空間として組織される暗号《クリプト》的読解であるだろう、というわけである。

またデリダが評価する最初期のフロイトは心の神経学的—経済論的モデルを「経路Bahn」や「疎通Bahnung」といった経路といった隠喩で示していた。初期フロイトにおける「無意識における情報処理経路の複数性」（二七九頁）、その「量的」かつ「機械論的」説明は、言語的コミュニケーションに基づき、エディプスコンプレックスの理論など「主体」と「性」の結びつきを強固に理論化した「解釈学的精神分析」（二八二頁）の方向とは折り合いが悪い。デリダが注目するのはフロイト自身のテクストにおいて先取られていたフロイト（／ラカン）的否定神学性への抵抗を意味するだろう。

語・物表象によるエクリチュール性および主体の哲学に抗する経路＝ネットワークという着想は、メタ／オブジェクトレヴェルを短絡させる回路＝クラインの管を複数化し、否定神学を剰余する郵便空間＝デッドストック空間というデリダ的脱構築＝精神分析となるはずである。実際、東はここでフロイトの精読といった様式で記述しているが、一九六六年の「フロイトとエクリチュールの舞台」、一九七四年の『弔鐘』、一九七六年の「Ｆｏｒｓ」、一九八〇年の『葉書』、一九八二年の「私のチャンス――いくつかのエピクロス的立体音響とのランデヴー」、一九九六年の『精神分析への抵抗』といった初期から後期にまたがってデリダの精神分析理解を接続し、一貫した解釈へ仕立てている（こうしたデリダの記号論は同時期の『サイバースペースは何と呼ばれるか』等のテクストでより批評的に展開されたと思われる）。しかし、経路の隠喩が回帰するフロイトの「快原理の彼岸」（一九二〇年）をあつかう「思弁する―フロイトについて」（一九八〇年）の精読が予告されながらも、その読解は最終部に延期されていく。

appendix II フーコー『言葉と物』について　二五五―二六〇頁

本章の補論では、ハイデガー的思考の相対化をなす試みとして、フーコーの『言葉と物』のエピステーメーの考古学的分割が挙げられる。フーコーは『言葉と物』において、言葉と物を同じ空間に配置するルネサンス、言葉と物、表象と自然を峻別する古典主義、表象の秩序の揺らぎから、語／物の二重性を産出する経験的＝超越論的二重体としての人間の分析へ向かう近代という三つの時代的な知の体制を区分している。ここでフーコー的近代は『存在と時間』のハイデガーにおける二重襞の探究に等しいようにも思われる。しかしながら、『言葉と物』は人間学と、文献学、生物学、経済学という超越論的二重体の探究を複数化させている。東はここに『存在と時間』的パースペクティヴを相対化する別種の「超」の発見があり、デリダやドゥルーズとともにフーコーによる六〇年代におけるハイデガー的思考の相対化の一例をみてとるのである。そして、『言葉と物』の後の『知の考古学』以降のフーコーのあゆみ、すなわち考古学から知―権力の分析へは、否定神学への抵抗のドゥルーズ、デリダとは異なるあり方を示すと指摘されつつ、「郵便的政治学」（ベニントン）というデリダの政治的読解の方向をも同時に示唆される（こうした読解方向はのちのアーキテクチャ、環境管理権力論等へ向かうように思われる）。

本章後半の「郵便的」セクションは、導入と結語に挟まれた「終わりなき分析」をめぐるａｂｃの三つのパートからなり、「デリダは何故ハイデガー的思考に抵抗したのか」と「デリダは何故その抵抗をあのようなテクスト形態で展開したのか」という第三章において切り離された問いへ向かう。流れとしては、まずａでは不可能なものをめぐる思考が、知と知を越えるもの、「終わりある分析と終わりなき分析」というハイデガー／フロイト的な対比によって翻案される。そして、これがデリダとサールとの対話へと適用され、論理的脱構築とは別の仕方での抵抗が終わりなき分析としての転移的技法であると主張される。次にｂ節では、転移的技法が脱構築の方法論的観点から再整理され、ハイデガーとデリダの理論的差異とスタイル的差異として明確化される。そして、ｃ節では転移と脱構築との関係について再整理され、ここまでで図式化されたクラインの壺モデルが郵便化されることになる。

デリダ＝サール論争の終わりある分析／終わりなき分析

a節はフロイト／ハイデガーの議論を形式化し並走させながら、デリダのテクストへ回帰していく。ハイデガー／ニーチェにおける、知wissen／知の彼方の意志wollenを峻別が参照され、これが前節の議論を引き継ぎつつ、フロイトの意識／無意識の位相の区別に対応させられる。本節ではこの知／意志という区分に加えて、終わりある分析（自我分析）／終わりなき分析（エス分析）という対比が提示されている。これはフロイトが最晩年のテクスト「終わりある分析と終わりなき分析」（一九三七年）において提示したものである。一方で、精神分析にとって分析の終了は実践的な事柄であり、自我機能にとって最も恵まれた心理的諸条件を作り出すことで、分析の任務は片付く。つまり、エスに対する自我の支配が十分に強化されれば終わる有限なものである（自我分析）。しかし、他方で、分析は「終わりなき課題」でもある。分析家と分析主体とのあいだにはつねに「転移関係」が生じ、欲望の相互転移、鏡像関係が生じてしまうが、エスから自我への働きかけ（についての分析、すなわちエス分析）には終わりがないのである。

　知／自我分析と、知を超えるもの／エス分析というハイデガー／フロイト的対比を、東はいわゆるデリダ＝サール論争の中心となった言語行為論をめぐる異なるスタイルのテクスト、「署

名　出来事　コンテクスト」（一九七一年）と「有限責任会社ａｂｃ」（一九七七年）のなかに見出している。「署名　出来事　コンテクスト」はオースティンの言語行為論の脱構築がアカデミックなスタイルの論文として書かれているが、サールによる「署名　出来事　コンテクスト」に応答した「有限責任会社」は、引用や言葉遊びを過剰に含み、もはや論文の体裁をなしていない。デリダはサールの批判がことごとく「署名　出来事　コンテクスト」内部で用いられた論証を反復されていることを追跡している。たとえば、サールは、デリダがパロールとエクリチュールを対立させ、後者に範例性を与えたと「反論」するが、そうした対立が不可能だという論点はすでにデリダがテクストで書いていたものだった。「有限責任会社」においてデリダはこうした断固として論証を読もうと欲しないサールのvouloirの次元に関心をもっているのである。

本書は「有限責任会社」のうちに、論旨をおって正す知savoirとは異なる、フロイト的な転移の技法が要請されていると指摘する。デリダのサールへの反論は、第一に無意識＝エスについての知をサールの意識的自我に与えるものであり（自我分析）、サールの反論に伏在する無意識的欲望、オイディプスコンプレックスを丁寧に指摘するものである（解釈投与）。これは要するにサールの言語行為論が無意識の存在を認めないことへの理論的な批判である。しかし、これには端的に効果がない。というのも、一方でこうした批判はサールの抵抗を深めるだけであって、さらに言えばデリダの批判はすでに「署名　出来事　コンテクスト」で書いた議論の反復でしかないからである。それゆえにデリダはサールのvouloirを操作すべく、savoirとは異なる位相での戦略を求められる。そこで、デリダは反論の著者をSarl（s.a.r.l+Searle）と記し、執拗な引用を繰り返すことで、「皮肉あるいは不愉快な変造」をみさせ、そのときに起こる「感情的反応」によって、「言語行為論が排除した欲動の位相を無意識的に認めてしまう」ことを露呈させる（二九二頁）。これがエス分析、すなわち「有限責任会社」における理論的かつスタイル的な意義である。

郵便的脱構築と転移的技法

こうして否定神学的＝存在論的脱構築への抵抗としての郵便的脱構築は「なぜそのような奇妙なテクストになったのかという問い」に対して、転移関係への介入という回答を与えることになる。しかし、ではなぜ郵便的脱構築は転移関係になるのか、その理論的意味が問われることになるだろう。ここから東は、再び脱構築の技法（転倒と位置ずらし、古名の戦略）を整理しつつ、名をめぐる思考の対比からハイデガーとデリダとの差異を際立たせていく。

デリダはしばしば脱構築を、既存のヒエラルキーの転倒と位置ずらしという二つの契機に分けている。たとえばパロール／エクリチュールという二項対立があり、パロールに対してエクリチュールが劣位におかれる力関係があるとする。その場合、まずパロール／エクリチュールの力関係を転倒させた上で、二項対立を逃れるような仕方で、「エクリチュール」という語を用いることになる。たんにパロールに対してやはりエクリチュールが優れていると主張するだけでは、伝統的な概念対をひっくり返しただけでこれを温存し、構造自体を強化しかねない。それゆえに別の仕方で「エクリチュール」という語を利用する位置ずらしの段階が求められる（逆に位置ずらしだけでも既存のヒエラルキーに対する批判を欠いてしまう）。

ここで東が注目するのは「古名の戦略」という「転移的技法」の導入である。古名の戦略にも、概念Xの確定記述の「抜き取り」と、残った名を利用した「接木」ないし「拡張」という二段階の局面がある。先ほどの例でいけば、読解するテクストの内部で「エクリチュール」から書かれた文字という規定を抜き取り、古名として「エクリチュール」という名を二項対立の内部におさまらない仕方で使用し、拡張させることになる。

ここからハイデガーの固有名とデリダの古名をめぐる異なる剰余plusの取り扱いが整理される。ハイデガーにおいては先に述べたように固有名にplusが宿るが、それは主体の自己言及性の畳み込みによって否定神学化される。そして、後期ハイデガーのスタイルはあらゆる思想家のあらゆる概念を「存在」への思考へたたみ込み、哲学素の固有名化、隠語操作へ向かう（Cf.「アナクシマンドロスの箴言」、Ort論）。しかし、ハイデガーに対してデリダのテクストには固有名化されるキーワードがない。デリダのテクストは脱構築の対象となるテクストの読解であり、その際に、デリダは独自の単語を持ち出すよりも、対象となるテクストから古名をとりだす。そして分析者と被分析者との転移関係のなかで分有される中継地点としての古名、「同じ」エクリチュールの「再応用 rappliquer」がおこなわれるなかで、すでに流通していた古名と確定記述のずれ、plus が宿ることになるのである。

固有名と古名を巡る差異は、ハイデガー的存在論とデリダ的グラマトロジーの差異としても整理される。まずハイデガー的存在論は二重襞性によって特徴づけられる。存在論はDaの一貫性（シニフィアン）とその破れ（現存在分析とゲーデル的亀裂）から導き出される特定の非世界的シニフィアン（固有名）の探究に対応する。対してデリダのグラマトロジーは二枚重ね性によって特徴づけられる。先に整理したようにデリダがフロイト精神分析に見出したのは、シニフィアン（語表象）の分割可能性、すなわち、シニフィアンとエクリチュール（物表象）の二枚重ねである。それゆえにデリダ的グラマトロジーは、ハイデガー的なDa＝シニフィアンの平面に対して、エクリチュールとその亡霊的彷徨、無意識的郵便空間への介入、すなわち転移的戦略としての古名を問題とするものとなる。

転移的技法である郵便的脱構築はデリダ／サール論争における「終わりなき分析」の二つの局面としても再整理される。まず形式的問題（set）。これは、ある言表がコンスタティヴなのか、パフォーマティヴなのか決定できないというゲーデル的脱構築のスタイルであり、分析対象となる集合の不完全性を指摘するものであった。そして、転移的問題（mis）。「有限責任会社」では、話し手がテクストを引用し、文体的・語彙的工夫とともに再応用することで、サールの意識なのか無意識なのか、デリダの意識なのか無意識なのか、欲望の発信源が絶えまなく移動していく。こうした転移関係を繰り返すコミュニケーションの逸脱／失敗可能性＝誤配は終わりなきプロセスであり、形式的問題とは別ものである。前者の形式的決定不可能性は後者の転移空間へ依存しており、メタ／オブジェクトを横断する「否定」の特異な働きは、知wissen、意識系から遠く、他者を媒介する「分析＝転移関係」においてはじめて見出されることになる。

このとき前章で予告された精神分析における無意識の連結が、重要な理論的意義をもってくる。フロイトによる性的不能の夫と不安神経症の妻の関係を参照しているが、彼らは言葉を交わすことなく、無意識下でおこなわれた情報交換のリズムによって互いを解釈し、媒介なしに無意識を直接通じ合わせてしまう。ここで症状はシニフィアン（言葉）ではなく、無意識（エクリチュール）を介して往復しているが、分析家は症状をただ聞き取り、自身の無意識で受け止めることになる（転移）。郵便的脱構築へと翻案すれば、無意識の連結は、脱構築する側とされる側が同じエクリチュールを利用しながら、中継されていくことで同一的でないシニフィアンが都度流し込まれ、ずれを引き起こしていく運動となるだろう（古名のplus）。そして、意識的知による同定を迂回しながら、互いの無意識を往復するリズムがエクリチュールの二枚重ね性を産出する郵便的空間を構成することになるのである。

転移切断／打ち止め

しかし、以上のような読解を経た上で、最終部において「私たちは、ここでみたび議論の立場をずらさねばならない」（三二六頁）と述べられ、テクストの横断的読解と再構成という郵便本の方法そのものが再帰的に問われていく。とりあげられるのは『絵葉書』第二部「思弁する――フロイトについて」である。当該テクストはデリダがフロイトの『快原理の彼岸』について転移を主題としつつ読解をおこなうもので、「思弁的作業」そのものの成立条件を問うている。『快原理の彼岸』は反復強迫、死の欲動といったメタ心理学的概念を組織した重要なテクストであると同時にフロイトが疑似科学的でかつ抽象的な仮説を提示したスキャンダラスなテクストでもある。本書にとって重要なのは「思弁する」というテクストが、転移＝郵便により思弁の可能性そのものが開かれるというデリダの『彼岸』読解だということである。『彼岸』においてフロイトは死の欲動という経験的観察の彼岸、思弁的思考の可能性一般についての議論（すなわち、「超－」）を、亡くなった娘ゾフィーの息子エルンストの「いないいないばあ」遊びへの注目から導き出している（フロイトの転移関係）。形式的決定不可能性（経験的観察に判断不可能な剰余としての死の欲動）が郵便－転移空間（転移関係）から導き出されるという議論は、ここまで論じてきた論理

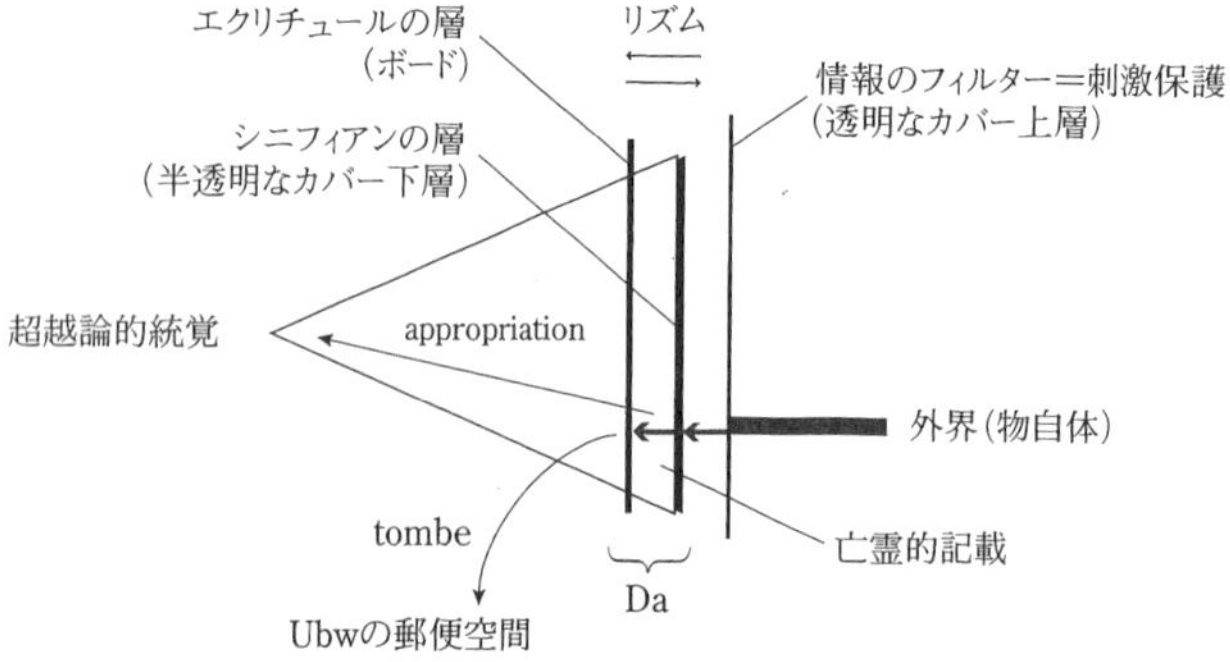

『存在論的、郵便的』322頁

的—存在論的脱構築に対する郵便空間の優位と変わりません。ここで新しいのは、『絵葉書』第二部のなかにさまざまに張り巡らされた自己言及的な構造だ。東によれば、これはデリダ自身をめぐる転移状況、七〇年代に拡大しつつあったデリダ派の問題へのパフォーマティヴな問題提起と解釈されるべきものである。ここから『絵葉書』全体を見直してみれば、実際『絵葉書』第四部「「まったく」あるいは「すべて」について」は当時分裂状態にあった精神分析グループの転移／転移切断(tranchefert／tranche-fert)関係を分析するテクストだったし、第二部「真理の配達人」は第二章であつかったようにもちろんラカン派の政治を反映している。また第一部「送付」は転移を主題としつつ、デリダ派(とりわけイェール学派)とのやりとりをあつかっていた。東は改めて『絵葉書』全体に張り巡らされたデリダによるラカン派、デリダ派への視線、つまりデリダ自身をめぐる転移関係に注目するのである。

しかし、「『絵葉書』第二部を理論的に、すなわち「思弁的」に」読もうとする試みから明らかになるのは「どうやらいまや、その作業がテクストに対し決定的に不誠実らしいということ」でしかないということである（三三一頁）。どういうことか。東は、「デリダ派は、デリダが古名として用いた概念をデリダの概念として固有名化し、転移切断の自由はつねに転移集団の固定化に落ち込んでいってしまう」し、「そこでは、存在論的脱構築と郵便的脱構築の境界は再び曖昧になるだろう」と述べる（三三四頁）。そして、『絵葉書』においてデリダが転移の重層化によって、デリダ派の転移関係を転移切断へ拡散させることを目論んでいたと考える。八〇年代半ば以降、デリダが常軌を逸する速度で講演やコロックに出席し、テクストの量を加速的に増殖させていくのは、デリダ派を逸脱させていくためではないかという仮説も立てられる。「そこではデリダ派の再応用《ラプリケ》は破産し、結果としてその転移集団もまた散種され分割され移転していく――少なくとも彼はそれを企図していると、私は強く思う」（三三三頁）。

本書『存在論的、郵便的』は「デリダはなぜ奇妙なテクストを書いたのか」という問いから、郵便的脱構築という仮説を検討してきた。しかし、本書の試みはデリダからの転移切断を迫る奇妙なテクストへの転移固着そのものであり、むしろ保守的な運動へと化していないだろうか、と問われてしまう。「八〇年代以降のデリダがその欲望をどれほど有効に脱臼しえていたのか、その成否は別に問われる必要」(三三四頁)があり、「それゆえ突然ながら、この仕事はもう打ち切られねばならない」(三三五頁)という文言で本書の探究も打ちとめられる。

第三章・第四章担当　小川歩人

第4部　『存在論的、郵便的』読解篇

郵便的訂正可能性について——東浩紀の『存在論的、郵便的』と『訂正可能性の哲学』のあいだ

宮﨑裕助

半ば伝説と化していたデリダ論『存在論的、郵便的』(新潮社、一九九八年)の刊行から二五年、東浩紀が『訂正可能性の哲学』(ゲンロン、二〇二三年)と題された新著を上梓した。そのあとがきには、この四半世紀にひとつの区切りをつけるようにして新著が「五二歳のぼくから二七歳のぼくに宛てた長い手紙」(三四七頁)である、と記されている。

一九九八年の『存在論的、郵便的』以来、東は、思想書だけでなく、小説や時事評論、エッセイ、インタヴュー等々、数年ごとに新著を継続的かつ精力的に刊行してきた。いまや彼は、専業の作家でも評論家でもなく、ゲンロンという会社の創業者として、新しいウェブ言論プラットフォームを築きながら、みずからそこに出演しつつ、それらの運営にあたっている。多忙をきわめるはずの日常のなかで執筆しつづけてきた持続性はそれだけでも驚くべきものだ。『訂正可能性の哲学』の刊行はあらためて一冊の新著が出た、というだけではない。本書はこれまでの本とは趣が異なっている。これは、最初の単著である『存在論的、郵便的』以来、東

が試みつづけてきた思考の集大成をなすもの、これまでの哲学に大きな区切りをつけるものとして提示されている。

目次からすぐに見てとれるのは、家族の問いが『観光客の哲学』（ゲンロン、二〇一七年）から、そして一般意志（民主主義）の問いが『一般意志2・0』（講談社、二〇一一年）から引き継がれて、本書で新たに練り上げられまとめられている。そしてなにより、本書のタイトルをなす「訂正可能性」の概念はまさに『存在論的、郵便的』ですでに用いられていた言葉にほかならない。

私は『存在論的、郵便的』と『訂正可能性の哲学』のあいだに、思考の持続性だけでなく、ひとつの哲学の概念が長い時間をかけて練り込まれ、あるいは解きほぐされ、いわば生きられるようになったプロセスの痕跡をみてとる。『存在論的、郵便的』が、複雑きわまるデリダの難解なテクスト群に挑んだ若き秀才の驚異的な整理圧縮能力の産物、あたかも知的強度そのものが自己目的化されたかのような書物だとすれば、『訂正可能性の哲学』には『存在論的、郵便的』のいかにも若書きというべき、気負いに満ちたガチガチの文体はすっかり消え去っている。

そこに思考の強度の後退を読み取る者もいるのかもしれない。しかし『訂正可能性の哲学』が哲学書であるかぎり、私はそうは考えない。冒頭にふれたあとがきで著者は「哲学者の使命は、正義や愛について「説明する」ことにあるのではなく、それらの感覚を「変える」ことにあるのだ」と記している。すなわち「それが本書でいう「訂正」である」と。

かつてデリダや関連する哲学の「説明」という文脈のなかで用いられた言葉が、本書ではいまや著者によって引き受けられ、まさに「変える」力として用いられている。難解な思想が整理されそのからくりが明快に解きほぐされる知的快楽を否定するわけではない。かつての『存在論的、郵便的』の痛快さはそうした面にあったことも確かだ。

しかし新著では、かつては借り物であったかもしれない言葉が二五年の時を経て醸成され、著者の生と一体となった概念として提示されている。哲学の本領は情報整理でも論理的明確化でもなく（こうしたことも哲学の一部であることは否定しないが）、未知の思考を練り上げてゆくことなのだ。読者は本書のとっつきやすい文体に油断してページを手早くめくってしまわないよう注意しよう。そこに生きられた言葉を味読しその概念をみずからの思考と同期させるとき、本書の読者は、その繊細な哲学的思考の現場に巻き込まれるなかで、この「訂正可能性」という言葉に宿る「変える」力を実感することができるだろう。

ここでの目的は『訂正可能性の哲学』を論評することではない。* 以下で試みたいのは『訂正可能性の哲学』以後――つまり四半世紀後に――、ふたたび『存在論的、郵便的』の論点を取り上げることである。新著の刊行は『存在論的、郵便的』を読む仕方そのものを訂正してくるのではないだろうか。そこまではっきりと言わないにしても、『存在論的、郵便的』を再読するさいに注目する要点が変わってくるように思われる。これから『存在論的、郵便的』を読んでみようとする人もいるだろう。『訂正可能性の哲学』で東浩紀の著作に出会った人が、これをきっかけに『存在論的、郵便的』を手に取ってみようと思えたならば、小文の目的は果たされたことになる。

1

『訂正可能性の哲学』が『存在論的、郵便的』から引き継いでいるモティーフは「訂正可能性」という概念である。この概念は、『存在論的、郵便的』では第二章で分析哲学者ソール・クリプキの有名な議論、すなわち、クリプキによるウィトゲンシュタインの「規則に従うこと」の解釈と、同じクリプキの固有名論をつうじて導入されている。『存在論的、郵便的』にも『訂正可能性の哲学』にも出てくる議論であり、まずは私なりにその論点をふりかえっておきたい。

有名な例だが、クリプキは「68＋57＝125」として計算するなんの変哲もない足し算（プラス算）が、じつは「68＋57＝5」であったのではないか、つまりプラス算ではなく「クワス算」

＊『訂正可能性の哲学』については、本書所収のシンポジウムの記録を参照されたい。『訂正可能性の哲学』はこれまでの本と比べても格段に読みやすく、関心のある向きはまず直接読んでみること以外になすべきことはない。

であったのではないか、と疑う懐疑論者の例を出している（ソール・クリプキ『ウィトゲンシュタインのパラドックス』黒崎宏訳、ちくま学芸文庫、二〇二二年、二章以下）。その「クワス算」によれば、足し算の双方の数が57よりも小さいときは足し算と同じだが、それ以上は、5になってしまうという演算規則をもつものだ。なぜあなたがこれまでしてきた足し算がクワス算ではなかったのか、そうでなかった証明はできるのか、とこの懐疑論者は食い下がるのである。

ここで「訂正可能性」と言われているのは、同じ「＋」として共用されていたと思っていた記号が、突然、じつは別のルールで使用されていたと指摘を受けるという事態である。ここでは「＋」のルールが訂正される試練に曝される。

このような指摘は「常識」からすれば、たんなる言いがかりにしか聞こえない。しかしクリプキの議論が真に破壊的なのは、そうした常識と真っ向から食い違う事例が出てきたとしても、そうしたルールの変更可能性、つまり訂正可能性を原理的に斥けることができないことを決定的な仕方で論証してしまったという点にある。

ひとつのルールを解釈する仕方（ルールのルール）は無限に存在するのであり、それを事前に指定することができない。もしくはそのような指定を行なうこと自体が新たなルールとなってしまう以上、「ルールのルール」のルールの……が問題となり、これは、「ルールにどのように従えばよいのか」というルールに従うことの原理的な決定不可能性を引き込んでしまうのだ。

ウィトゲンシュタインは私たちの言語使用を「言語ゲーム」として説明したことで知られている。言語使用の実際は、ルールを完全に理解したうえでそれに従うというより、子どもがボール遊びのやり方をそのつど発明するかのようなイメージで（ルートウィッヒ・ウィトゲンシュタイン『哲学探究』鬼界彰夫訳、講談社、二〇二〇年、第66、83節）、当のルールをいわばでっちあげるようにあれこれ試行錯誤するなかで身体で覚えていくのであり、ウィトゲンシュタインによれば、それは、後からルールに従っていたことがわかるというふうに成立するものなのである。

その解釈をつうじてクリプキが鋭く示したのは、いわゆる「ゲーム・チェンジャー」や「ルール・メイカー」のような存在が、私たちの言語の使用には避けがたくつきまとっているということである。長年かけてでき上がった堅固なルールの体系が存在していたとしても、そうした存在が、いつでも介入してルールを変えてしまう可能性があるということをクリプキは明確にした。

そのような存在は、先の例でも「懐疑論者」と言われていたように、通常は秩序を乱す者、よそ者として共同体のゲームからはじかれてしまうだろう（足し算を習っているときにクワス算を言い出す生徒がいたとして、それを素直に聞き入れる教師はいない）。しかしそれでも重要なのは、そのような排除がけっしてあらかじめ決定されているわけではないという点である。彼らは、一瞬の隙を衝くかのように、あるいは、分厚い壁に一条の亀裂を入れて決壊させるかのように、共同体からはじかれるどころか、逆に、ゲームそのものを一変させてしまうことがあるのだ。

そうした存在は、権力者であったりインフルエンサーであったりすることが多いが、海外からの「外圧」であったり、自然災害の類いがきっかけになったりすることもある（コロナ禍で生じたリモートワークや、マスク着用習慣の変容等）。いまでは、たまたま注目された発言がSNSをつうじて一瞬にして広まることもある。とくにマナーやハラスメントの類いについては、数年前の常識がまったく通用しなくなるということも珍しくない。さらには、昨今では生成系ＡＩの浸透でそうした存在を担うのが人間であるとも限らなくなってきている。

ともあれ、要点は、こうした変容を引き起こす発火点はどこにでもあり、どこからそういう変化が起きるのか事前にはわからないこと、共同体の範囲に応じて大なり小なりその種の変化が私たちの日常のただなかでつねに起こっているということである。「訂正可能性」の概念は、そのような出来事がけっして偶発的でないような可能性のなかで生じているという事実に目を向けさせるのである。

2

『存在論的、郵便的』では、こうした言語使用における「訂正可能性」は、とりわけ「固有名」の問題として展開されていた。クリプキには、固有名の意味が「確定記述」と呼ばれる定義の束へと還元されえないという重要なテーゼがある（『名指しと必然性』八木沢敬・野家啓一訳、産業図書、一九八五年）。それによれば、普通名詞や他の言葉とは異なり、固有名は、実在の唯一性と紐づいている特権的な言葉であるからこそ、当の「現実」によってその意味はつねに訂正可能であると考えることができる。

たとえば、アリストテレスという固有名は「古代ギリシアの哲学者」「プラトンの弟子」「アレクサンダー大王を教えた人」等々の一定数の属性や述辞（「確定記述」と呼ばれる）によって説明され定義されるようにみえる。そのときアリストテレスは、長い一連の定義の束の縮約形であるかのように理解されている。

そこでそうした定義に反する事実、「アリストテレス」が「アレクサンダー大王を教えていなかった」といった事実が発見されたとしよう。もし「アリストテレス」がたんなる縮約形であれば、「アレクサンダー大王を教えた人」は「アレクサンダー大王を教えていなかった」という矛盾を含んだ命題が導かれることになってしまう。

しかし固有名はそのようなものではない。「アリストテレス」がじつは「アレクサンダー大王を教えていなかった」というように「アリストテレス」という固有名の意味を訂正して理解することはつねに可能である。「アリストテレス」は「アレクサンダー大王を教えた人」という定義と等置されるわけではない。もともとの定義に真っ向から矛盾する定義を付け加えても、定義が修正されるだけであり、当初アリストテレスだった人物が異なる人物を指すことになるわけではない。「アリストテレス」という固有名は引き続き「アリストテレス」という名として機能しうるのである。

では、どのように考えればよいのか。固有名が担う名指しには、言語と言語外的な実在とを結びつける行為として、それ自体言語化できない要素が含まれている。このような固有名の剰余ゆえに、固有名の意味は、言語的な定義には原理的に還元しえないまま変容することができる。固有名は、名づけるというそれ自体言語外的な身振りに依存する以上、あらかじめ有限個の言語内的定義によってその意味を確定することはできないのである。

以上の説明はごく概略的なものであり、精密な議論でもないが、ともかく「訂正可能性」という概念の要点を示すために続けさせていただこう。かくして「アリストテレス」という固有名は「同じもの」として反復され流通しつづけるにもかかわらず、じつは意味や機能としては「同一」ではないという（たえず差異を孕んだ）事態を引き起こすことになる（「同じもの」と「同一」の区別はハイデガー『同一性と差異』の議論に由来する。なお『存在論的、郵便的』にはない論点を付言すれば、デリダは「固有名」よりも「署名」の機能を取り上げており、署名の「差異を孕んだ反復」のうちに、言語を言語たらしめている可能性の条件を見出し、これを「反覆可能性《イテラビリテ》」と呼んでいた。「訂正可能性」の類義語と考えられる）。

ここに読み取られるのは、言語システムのうちには、つねにそうしたシステムの外につうじる要素、意味の秩序を改変しうる「ゼロ記号」のような働きをする要素が存在するということである。その要素の代表格が、固有名なのである。

私たちが用いる言語のシステムは、あらかじめ辞書と文法書で定義しうる道具として頭の中に定着しているわけではない。先ほどウィトゲンシュタインの「言語ゲーム」に見たように、言葉を「同じもの」として反復しつつ、しかし「同一」ではない使用としてくり返す試行錯誤のなかでこそ、ルールと意味が次第に定まってくる。私たちは、事後的にそのような信念（幻想）をもつことができるようになるのである。

しかし、なぜ私たちはそうした不安定な事態にもかかわらず、一貫しているように思える言語運用ができるのだろうか。なぜただちに破綻したり分裂したりしないでいられるのだろうか。

構造主義以降の言語哲学は、意味の生成要素だが秩序の不安定要因でもあるこうしたゼロ記号を「超越論的シニフィアン」と定式化し、当の説明不可能で神秘的な核そのものを、言語システムの成立条件として高次の説明要素へと押し上げた。いわばシステムの穴を穿つこうした要素をシステムの中心に据え、むしろその可能性の条件とみなすことによって、私たちの言語運用は、ともかくも一貫した論理のなかで理解することができるようになるのである。

しかしながらそこにはトリックがあるのではないか。それは可能性の条件であるだけでなく、まさしく不可能性の条件そのものを示しているのではないか。『存在論的、郵便的』は、この種の超越論的シニフィアンの機能が説明する体系を、ラカン（やその説明を引き継いだジジェク）に典型的にみられる議論にそくして「否定神学システム」と呼び、同書の標的としたのであった。

注意しなければならないのは、新著で展開されている「訂正可能性」の概念は、『存在論的、郵便的』の議論からすれば「否定神学システム」と呼ばれる考え方の枠内で理解することができてしまうということである。同書が主題としているジャック・デリダは、脱構築の思想家として知られるが、まさに脱構築こそ、そのような否定神学システムの形式を典型的に備えた思考様式とみなされてきたのであった。

『存在論的、郵便的』が画期的だったのは、脱構築をそういう否定神学システムに押し込めることなく、そうしたシステムに抵抗するもうひとつの脱構築、つまり「郵便的」と呼ばれる脱構築の可能性をデリダの思考のうちに見出したことである。デリダ自身、脱構築がたんなる方法論ではなく、なんらかの論理的な形式に還元しえないことをつとに強調していた。『存在論的、郵便的』は、そうした形式的な理解に要約されない脱構築のありかたを「郵便的なもの」として特徴づけたのであった。

したがって『存在論的、郵便的』の読者は、新著を『存在論的、郵便的』との一貫性のもとに理解しようとするのであれば、その「訂正可能性」概念のうちに（否定神学システムに回収されうるような）たんなる形式的な訂正可能性ではなく、郵便的な訂正可能性をこそ読み取らねばならないのである。

3

郵便的脱構築はなぜ否定神学システムに抵抗しうるのか。そもそもなぜ否定神学的システムに抵抗しなければならないのか。これは『存在論的、郵便的』が全体をかけて取り組んでいる論点であり、この課題は、おそらく現在にいたるまで、東浩紀の思考が一貫して保持しつづけている問題意識である。

実際、デリダ研究に携わってきた者として言えば、この点に、デリダの企ての核心部に触れる課題があることは確かである。総じて「超越論的シニフィアンの形而上学」と呼ばれる体制に対する問題提起であり（それは大きく言えば、民主主義の政治や、資本主義経済への問いかけでもあるのだ。明らかに問題含みだがそれよりマシなものがないという近代的制度のことである）、これは『存在論的、郵便的』が書かれた当時も、それ以来四半世紀経った現在もなお、デリダ研究という枠組みを超えて、私たちにとって依然として切実な課題でありつづけている。

本書のいう「郵便空間」ないし「郵便的なもの」とは何か。最小限の理解を共有しておくべきだろう。まず強調すべきは、システム（論）＝全体論（ホーリズム）的な思考への抵抗である。先ほどたどった議論の順序を逆にしよう。そもそも超越論的シニフィアンのようなゼロ記号的な要素を言語使用のうちに想定することは、それ自体転倒であることを認識しなければならない。つまりゼロ記号は、言語活動をひとつのシステムとして全体化して理解しようとして要請された擬制的な説明形式にすぎず、そうしたものがそれ自体として実在するわけではない。

ゼロ記号のように、意味しないこと自体を意味するという自己矛盾的な記号の審級は、論理階層をメタレベルとオブジェクトレベルに区別したり、時間的なズレを導入して遅延構造を持ち込んだりすることで暫定的に機能しうる。しかしこれは最終的な解決ではないことを銘記すべきである。それは、どこまでも解決の先送りにすぎないのだ。

そうではなく、言語活動をひとつのシステムへと全体化して理論化する誘惑そのものを斥け、実際に生じている個々のコミュニケーション、断片的で複数的なコミュニケーションの現場に踏みとどまりつづけなければならない。くり返すが、私たちの言語使用は、意味や規則随順のシステムがあらかじめ理想的な仕方で存在しており、それを個別に不完全な仕方で適用する、というようなかたちで生じているわけではない。端的に使用するということが「まず」あるのである。

これは、思想史的には、構造主義の全体論的な思考枠組に対するポスト構造主義的な異議申し立てとも並行しており、ここからシステムの発生論や歴史性といった問題提起を引き出すこともできるだろう。『存在論的、郵便的』の場合、こうした発想——超越論的シニフィアンの形而上学や否定神学システムへの抵抗——への着眼は、直接にはデリダから引き出されるというより（もちろんデリダ論であるからデリダに無関係ではないが）、八〇年代の柄谷行人が『探究』で試みていた「転回」に大きく依存しているように思われる。

というのも、当時の柄谷は、まさにウィトゲンシュタインの言語ゲーム論やクリプキの固有名論をつうじ、「転回」と称していま述べたような、全体論化への抵抗を試行していたからである。当時の柄谷は「内省と遡行」や「言語・数・貨幣」の連載で試みていた形式化のプロジェクトを推し進めた末に、思考の深刻な「危機」に陥っており（『内省と遡行』「あとがき」参照）、そこからの「転回」として、のちに『探究』（第I／II巻、講談社学術文庫、一九九二／九四年）としてまとめられる新たな仕事を始めたのであった。

デリダがウィトゲンシュタインに言及することはきわめて稀であり、管見のかぎりクリプキの議論を取り上げたことはない。それだけに『存在論的、郵便的』（そして、なにより新著の『訂正可能性の哲学』）が参照している言語ゲーム論や固有名論の読解を見るにつけ、東浩紀の思考がどれほど柄谷行人——少なくとも九〇年代前半までの柄谷——の仕事に負うものであるのか、そしてそこにデリダの思想がどのように関わってくるのかの検証をしなければならないだろう。

『存在論的、郵便的』で提起された「郵便的なもの」の背景に柄谷の仕事があるのだとしても、『存在論的、郵便的』で展開された思考の特質を浮かび上がらせるためには、まさに柄谷の仕事との根本的な差異として、この「郵便的なもの」のアイディアを評価する必要がある。

まずもって「郵便的なもの」は、否定神学的と呼ばれる全体論に対する抵抗として生じるが、この問いはたしかに、柄谷の『探究』での議論同様、言語使用の一回性への着眼として切り開かれていた。だが『存在論的、郵便的』がそこに付け加えている論点こそ、言語使用の一回性にそのつど取り憑いた「訂正可能性」であると考えることができる。つまり、一回的に生じたコミュニケーションが、つねに他でもありえたかもしれないという諸可能性によって複数化され多重化されるという事態である。

『存在論的、郵便的』によると、記号とそれに取り憑いた訂正可能性は、シニフィアンとエクリチュールの二重性として、フロイトが用いた「マジック・メモ」によってモデル化されている。すなわち「各シニフィアンを裏打ち＝二重化するエクリチュールとその亡霊的彷徨、無意識的郵便空間への物表象の崩落」（三〇四頁）と述べられるような仕方で説明されている。

結果、そのつどのコミュニケーションで使用される言語記号は、一回的なものとして確定するのではなく、つねに訂正可能性を待ち受けたままデッドストック化した言葉の亡霊によって取り巻かれていることになる。そうした亡霊が浮遊する諸層が「郵便空間」と名指されるにいたるのである。

こうした「郵便的なもの」の議論は、柄谷の仕事とは直接の関係はなく、『存在論的、郵便的』独自のものである。これは、もちろんデリダのテクストから着想を得ているとはいえ、フロイトの独特の援用から成り立っており、最終的には『存在論的、郵便的』第四章で展開されている。こうした立論は、本書の企図からして、デリダ論を経由しつつも、しかし最終的には、デリダ（という固有名）の思考を超えてなされなければならないものとして提出されている。

本書のフロイト読解は、私の印象では、本書のなかでももっとも問題含みで謎めいたものであるようにみえる。実際、『夢判断』や『失語症論』の読解は本書固有のアプローチであり、ここでは、複合的な論点についてのアイディアが相当程度断定的な議論の運びによって提示されているため、読者は付いていくことが容易ではない箇所のように思われる（少なくとも充分な論証がない）。

もし『存在論的、郵便的』の読者が、本書の着手した「郵便的なもの」の主題に根本から取り組み積極的に展開することを望むならば、本書のフロイト読解を細かくやり直してみる必要があるだろう。そしてその議論を練り上げることは、柄谷の仕事はもとより、デリダの思考に依存することなしに――いわゆる転移切断として――企てられた、本書のもっとも重要な達成、要するに「郵便的脱構築」の構想の再構成に貢献するはずである。

4―1

では「郵便的な訂正可能性」の論点へと議論を進めよう。『存在論的、郵便的』第一章第3節には、アウシュヴィッツの記憶について扱った箇所がある。その例は、固有名をめぐる非常に印象的な議論だ。そこで、デリダと対比させられているのは、哲学者ジャン゠フランソワ・リオタールと美術作家クリスチャン・ボルタンスキーである。

リオタールにとって「アウシュヴィッツ」とは、地震の計測器そのものを破壊した地震、計測不可能なまでに途轍もなく巨大な地震に比せられるべき出来事であった（『文の抗争』陸井四郎ほか訳、法政大学出版局、一九八九年）。これは他にも数あるさまざまな歴史的出来事と比較しうるような出来事ではない。その途方もなさは、実証的な検分や証言をほとんど不可能にし、従来の記憶や表象の尺度そのものを破壊した。要するにこれは、記憶不可能なものの記憶、表象不可能なものの表象としてしか指し示すことができない、ほとんど言語を絶する出来事にほかならない。その出来事にアプローチしうるのは、あれやこれやの説明ではなく、究極的には、ただ「アウシュヴィッツ」のような名、固有名の絶対的な唯一性をつうじてである。

ボルタンスキーの作品には、アウシュヴィッツで殺された子どもたちの数多くの顔写真が並べられ、犠牲者たちの遺品、衣服や靴などがうずたかく積み上がっているものがある（《モニュメント》シリーズ等）。一人一人のかけがえのない生前の記憶がそれら無数の遺品に断片的に託され、それらの向こう側になにか絶対的に近づきがたい表象不可能なものを示唆している。そうした物たちの断片的集合は、全体としてあらゆる意味を宙づりするなかで、犠牲者たちの唯一無二の人生をほのめかしながら、当の断片性においてどこまでも想起しえない記憶の不在を見る者に突きつける。しかしそれらはまさにその記憶の不在、想起不可能性のまわりに、アウシュヴィッツの共有しえない記憶そのものの否定的共同体を立ち上げることができるのである。

　こうした議論をめぐって『存在論的、郵便的』が明確にしているのは、アウシュヴィッツという常軌を逸した歴史的な出来事が、アウシュヴィッツという名、あるいは犠牲者たちの固有名の唯一性によって特権化されているという点である。固有名の唯一性は、歴史的な出来事の厳然たる事実性、要するにそれが絶対的に訂正できないということを示すものとして理解されている。引用しよう。「リオタールとボルタンスキーは固有名の記憶を扱う。それゆえそこで問われているのは、（例えば）このハンス少年が失われたこと、そしてそれが反復不可能であることの悲劇だ。ハンスは殺された。私たちはその喪失を償うことはできず、したがってそこへの永遠の喪に服すほかない」（『存在論的、郵便的』六〇頁）。

アウシュヴィッツの悲劇を示すのに、当の固有名以外にはどんな意味づけも拒む仕方で、取り返しのつかないものが決定的に喪われてしまったのだということ、この事実をただ厳粛に受け止める以上に言うべきことはないように思われる。

ところで、私たちはクリプキにそくして、固有名の剰余、すなわち、確定記述という定義の束に還元しえない名指しの特異な性格について見てきた。そして『存在論的、郵便的』はまさにそうした性格のうちに、意味の訂正可能性を指摘していた。

だがここでは違うのだ。アウシュヴィッツの記憶はどのように訂正しても意味は追いつかず、その悲劇に対して言い足りないがために、本書のいうリオタール＝ボルタンスキー的な観点からすれば、端的に訂正は禁止されてしまう。言い換えれば、固有名の剰余がその構造として意味の訂正可能性を受け入れるという場合に、ここでは当の意味が、最終的な訂正不可能性へと訂正されてしまうのである。

これは、いわば歴史修正主義に対する防壁としてひとつの有力な応答を与えている。歴史には絶対に修正できない揺るがぬ出来事がある。とすれば、それはあれやこれやの有限な意味づけによるのではなく、固有名のもとで特定の意味に還元しえない究極的な無意味さ（＝超越論的シニフィアン）こそが当の出来事の事実性を担保するのだと考えられるのである。

ここでは、固有名の論理が開いていたはずの意味の訂正可能性が訂正不可能性へと反転してしまっている。訂正可能性自体が訂正されている。なぜこうしたことが生じてしまうのか。先に述べたように、訂正可能性の概念は、固有名の論理から理解されるが、その形式そのものは、否定神学システムと矛盾するものではない。脱構築の論理的な形式がそうであったように、訂正可能性の機能は、超越論的シニフィアンの体制と容易に両立する。そのかぎりで、訂正可能性の概念は、訂正可能性そのものを訂正し、その機能をみずから空転させてしまう余地を残している。

このような事態が生じてしまうのは、この概念の機能を一貫させるならば、不可避であることも確かだ。しかし重要なのは、この概念をそうした説明形式へと還元しないように抵抗しつづけなければならないということである。訂正不可能な沈黙を最後の言葉にしてはならない。だからこそ、くり返すが、訂正可能性の概念にはたんなる形式的な訂正可能性ではなく、「郵便的な訂正可能性」を読み取ることが肝要なのである。

4―2

『存在論的、郵便的』では訂正可能性の概念は主題化されていないが、本書は、この概念の否定神学的な罠に気づいていたからこそ、アウシュヴィッツのリオタール＝ボルタンスキー的な解釈に対してデリダの議論を対置させたのだと言えるだろう。その決定的な一節を引用しておく。

> 私たちが直面すべきは、むしろ、何故それがこのハンスでなかったのかという問いである。アウシュヴィッツについてのさまざまな記録を読めば分かるように、その選択はほとんど偶然で決まっていた。あるひとは生き残り、あるひとは生き残らなかった。ただそれだけであり、そこにはいかなる必然性もない。そこでは「あるひと」は固有名をもたない。真に恐ろしいのはおそらくはこの偶然性、伝達経路の確率的性質ではないだろうか。ハンスが殺されたことが悲劇なのではない。むしろハンスでも誰でもよかったこと、つまりハンスが殺されなかったかも知れないことこそが悲劇なのだ。リオタールとボルタンスキーによる喪の作業は、固有名を絶対化することでその恐ろしさを避けている。
>
> （六一頁、「確率的」の傍点のみ宮崎）

じつのところ、唯一無二の「あの」ハンスの死を悼むためにこの固有名を特権化しつづけることはできない。固有名における訂正可能性の論理をくり返そう。当の固有名は「同じもの」として反復されるかぎりで、その実在的な対象を指すところの意味をもつ。このとき反復される「同じもの」はまさに差異を孕んだ仕方で反復される以上「同一」的ではない。同じ名であっても、その意味はつねに訂正される可能性のうちにありつづけるのである。

したがって、アウシュヴィッツであれハンスであれ、意味の訂正不可能性へと訂正を禁止することはできない。あるいは禁止そのものもまた、訂正されざるをえない。どれほど重大で唯一無二の出来事であっても、たえず訂正可能性に曝されており、変容のダイナミズムから免れることはできないのである。

私たちはふたたびここで歴史修正主義の試練に直面することになる。アウシュヴィッツという固有名を、記憶不可能なものの記憶として特権化し絶対化することは、いったんは修正主義の恣意的な意味解釈を断ち切ることができる。このとき固有名はその物質性のもとに意味を峻拒するが、解釈不可能性、想起不可能性、訂正不可能性等々、不可能の（無）意味さだけが残されることになる。

先の引用が示しているのは次の事態である。固有名が固有名であるかぎり、すなわち（たとえ解釈不可能なものであっても）反復され引用され伝達される次元をもつかぎり、その名が伝播し流通し拡散するさいに被るさまざまな偶然的制約に左右されることに変わりはない。そうした制約には、伝達のコンテクストそのものの物質的な条件――場所的・時代的・技術的・メディア的等々の――が、あらかじめ制御しえない仕方で関わってくる。

もちろん「物」が残っていることの重大さは疑いを容れない。遺品であれ遺構であれ、あるいは言語の物質性としての固有名であれ、それらがまさに物言わず語りかけてくることが、歴史修正の恣意的な解釈を斥け、想起しえないものの記憶を喚起するだけの力をもつことを軽視すべきではない。しかしそれにもかかわらず、記憶は訂正される。それらの物質性が無条件に残りつづけるわけではないかぎりで、さまざまな制約を孕んだ遺産として継承され、伝達されなければならないかぎりで。

郵便的な訂正可能性は、一方で、歴史修正主義を原理的に斥けることができないことを明確にする。他方で、アウシュヴィッツの悲劇の意味をさらに考えさせる。ハンス少年が喪われたことは取り返しのつかない唯一無二の生命の抹消であり、その重さは言うまでもない。しかし郵便的な訂正可能性は「ハンスでも誰でもよかったこと、つまりハンスが殺されなかったかも知れないこと」の悲劇をこそ考えさせるのだ。

つまりこういうことである。ハンスが犠牲者として選ばれたのはまったくの偶然――「確率的性質」――に属する。このことはハンスの背後には、名前すら残らず、存在したことそれ自体すら忘れ去られた膨大な犠牲者たちがいたということ、つまり、ハンナ・アーレントが「忘却の穴」として喚起したように、はじめから存在しなかったかのように消されてしまった人々の存在を想像させるのである。

ということは、ハンスもまた彼らと同様、はじめから存在しなかったかもしれなかったのである。彼らは、一切の手がかりがなく、唯一無二のかけがえのない生をもつ存在としてわれわれが想像することすら容易でない匿名的かつ亡霊的な存在である。郵便的な訂正可能性が透視しているのは、そのような亡霊たちの存在である。

ユダヤ人デリダは、アウシュヴィッツという名を特権化したり絶対化したりすることはなかった。アウシュヴィッツではなく、「すべてを焼き尽くすこと」を意味するホロコーストという言葉を用いることによってデリダはこう述べていた。「たしかに今日、われわれの知るあのホロコーストの日付、われわれの記憶の地獄があるとしてもだが、どの日付についても、そして世界のどこかで毎時刻ごとに、一個のホロコーストがあるということだ。どの時刻もそのホロコーストを教えている」（『シボレート』小林康夫・守中高明訳、岩波書店、一四三頁）。

日付はデリダにとって一回的な出来事を刻印するとともにくり返し回帰する反復可能な（ものの）記号である。そうした日付をもつホロコーストの出来事は、私たちの世界にあっていくども反復されている。出来事の一回性は、まさにその一回性を焼却し解消してしまう反覆可能性によって、つまり訂正可能性によってはじめて印づけられるのである。

ホロコーストは「あの」ホロコーストだけではない。それは毎時間、いたる場所で反復されるのである。デリダは、アウシュヴィッツの範例性を尊重しつつも、その名を絶対視することなしに、したがって歴史修正主義につけ込まれるリスクを承知しつつ、ホロコーストの遍在性を引き受けていた。現代を生きる私たちにとってのホロコーストとは何かを問いつづけなければならない。

5

『存在論的、郵便的』は、先の引用で見たように、ハンスでも誰でも良かったこと、ハンスが殺されなかったかもしれないことの悲劇を問い、まったく偶発的に運命が決まってしまうこの性質のことを「確率的」と呼んでいた。「確率」とは、東浩紀がデビュー作「ソルジェニーツィン試論」（一九九三年）以来用いていたキーワードである。

『存在論的、郵便的』では「確率的複数性」（八七、二〇三頁）や「様相性（確率）」（一一八頁）、「確率的誤配可能性」（一三四頁）などと呼ばれていたように、「確率」は、情報ネットワークや伝達経路の偶発的な逸脱や複数性に結びつく言葉であり、この点で、誤配の可能性に目を向ける「郵便的思考とは確率についての思考」（二〇三頁）である。とりわけ「確率」は、固有名の「他でありえたかもしれない」という亡霊的な様相を指すのに用いられていた。

『存在論的、郵便的』の次著『郵便的不安たち』（朝日新聞社、一九九九年）で言われていたように、これには、次のような状況認識が背景にある。すなわち、ポストモダンが叫ばれるようになって「大きな物語」が失われ、社会や文化全体の見通しが利かなくなってしまった。そのようなコミュニケーション状況下で、人々のメッセージは断片化し、宛先が不確定になることを余儀なくされた結果、人々は「郵便的不安」にとりつかれざるをえない。というのも、情報伝達の速度や範囲や精度はますますきめ細かくなっていくにもかかわらず、全体的な俯瞰ができない島宇宙のなかで、適切な宛先を求めて人々はいっそう切迫的にコミュニケーションをとらざるをえなくなるからである。

『郵便的不安たち』のこうした問題提起はしかし、必ずしも危機の表現ではなかった。むしろ、断片化したコミュニケーションや届かない手紙を逆用することで、新しいコミュニケーションの可能性を開くきっかけになるのではないか。「郵便的不安」は、「郵便的享楽」と表裏一体であり、デッドストックと化したメッセージの集積を「他でありえたかもしれない」可能性へと転送しつづけることで、むしろ別の悦びをもたらすことができるのではないか（二九頁）――ジャック・デリダのテクストは、当時の東浩紀にとってまさにそのための手がかりとなるものだった。

「確率」への問いは、しかし、近年の東の著作では、さらに別のニュアンスを帯びて新たに説明が加えられている（「郵便的不安について」『観光客の哲学［増補版］』ゲンロン、二〇二三年所収）。それによれば、「確率」は主観的で実存的な蓋然性と区別されるべきものである。この蓋然性は、ハイデガーが死の実存論的分析をつうじて述べていたように、ひとはかならず死ぬ運命にあることはわかっているが、いつ死ぬかはわからない、といった種類の主観的認識にとっての偶然性を指している。これは実存的ないし存在論的不安を引き起こす。

対して、「確率」が指しているのは、災害や病気で死亡する可能性はそれぞれ何パーセント、あるいは現代の日本人の平均寿命は〜歳云々といった仕方で、現実の客観的な認識から統計学的に算出しうる数値のことである。ここでは自分の運命が、計算可能な蓋然性として先取りされており、一人一人の生死やそれぞれに固有な実存が、無数のサンプル上の値として統計処理される。そうした運命の欠如そのものに直面して生じる不安が、前述の「実存的不安」と対比されて「郵便的不安」と呼ばれるのである。

東が明確にしているように、こうした統計学はまさに近代の生権力の機能を担う。現代では私たちのあらゆる生は、行動記録をつうじてプロファイルされ、人口・生殖・公衆衛生をめぐる国家の管理運営に役立てられている。そうして抽出された膨大なビッグデータは、私たち一人一人に固有なはずの生死が、もはや統計的な観測や予測対象のサンプルにすぎないということを意味している。

『存在論的、郵便的』で言われていた、ハンス少年が殺されなかったかもしれないことの悲劇は、ここでは、生死の境界を、確率計算の値によってグラデーションに色分けするような統計学と生権力の悲劇として捉え直されるだろう。「郵便的不安は、生権力とともに大きくなる不安なのかもしれない。運命を予感する不安ではない、運命の欠如に絶望する不安。自分が群れの一部であることへの不安。サイコロの目ですべてが決まることへの不安。ぼくたちは生権力と郵便的不安の時代に生きている」(『観光客の哲学［増補版］』四〇二頁)。

近著での「郵便的不安」の新たな定式化を見ておく必要があるのは、確率の概念には生権力の問いが解きがたく絡んでくるからであり、『存在論的、郵便的』で示されていた視座のみでは、この不安に抵抗できないように思われるからである。

『訂正可能性の哲学』は、情報テクノロジーの加速度的な発展がもたらす楽観性のもとで「大きな物語」の復権が唱えられる現代、人工知能民主主義が台頭しつつあることに警鐘を鳴らしている。そこではビッグデータによって肥大化した生権力が、実存的な偶然性を統計処理によって管理するのであり、それらをつかさどる人工知能のアルゴリズムが、一人一人の生死の運命を近似的に予測計算し、人々の行動を誘導していく。

同書が強調するように「人工知能民主主義には訂正可能性がない」(二四四頁)。というのも、個々の人間が犯す過ちをそもそも人工知能は問題にしておらず、正誤の内容とは無関係に、それらをまるごとビッグデータのサンプルとして採取するだけだからだ。人工知能のアルゴリズム的決定は、固有名を扱わないし、一人一人の実存に介入することもないが、平均的な人間像を統計的に想定したうえで、個々人にもっともよく似た人物を描き出すことができる。ネットショッピングに関してよく言われるように、あなたに似た人物の決定や選択を「おすすめ」として提示することにより、人々の自由意志に干渉しない仕方で、彼らの決定や選択に影響力を行使するのである。

　人工知能の決定は個々の人間が生きる環境にそくして最適化されている以上、訂正が可能なかぎり不要なものとして扱われるだろう。もちろん人々は依然として自分で自分の行動を決定できる以上、訂正可能性がなくなるわけではない。しかし統計データによって人々の行動が束ねられている世界では、いわば訂正可能性の重みそのものが蒸発してしまうのだ。

　ここでは『存在論的、郵便的』が切り開いていた確率的な複数性や誤配可能性は、あらかじめ統計処理された情報伝達経路にそくして、いっそう生じにくくなるよう縮減されてしまうのではないだろうか。新たな郵便的不安は、誤配そのもの、訂正可能性そのものが生じにくくさせる事態への懸念を喚起していないだろうか。にもかかわらず、そこには不安を感じさせる以前に、不安そのものを気にさせなくなるように現代の生権力は働くのではないか。

　ならば、現代の「郵便的不安」に呼応しうるような新たな「郵便的享楽」の可能性、要するに郵便的自由とでも呼ぶべき余地は、いまやどのようなかたちで私たちに残されていると考えるべきだろうか——

『訂正可能性の哲学』の立場は明快である。そうした人工知能民主主義やアルゴリズム統治のような政治的ヴィジョンは、私たち人間のコミュニケーションの実際に対する根本的な無理解から生じている。本書がルソーにさかのぼって一般意志の説明を試みているように、また、ルソーの小説『新エロイーズ』を読み解くことで示しているように、矛盾や誤配に満ちたメッセージと訂正のダイナミズムのなかで、私たちはこの社会を営んできたのであり、そしてこれからもそうするだろう、この点に変わりはない。

したがって本論の視点からは、以下のように敷延することができるだろう。人工知能や情報技術の発達によって人々の活動を全体として統計的に把握でき、それがこれまでの民主主義に取って代わると考えるのは、それこそ、否定神学システムの発想と同様の錯誤である。そうした俯瞰的な視点から説明可能であるという前提そのものを訂正しなければならない。そうではなく、そこからの態度変更、(柄谷の『探究』の言葉にそくしていえば)「転回」によってこそ、私たちのコミュニケーションの現場、そしてそのゲーム的な本質に内在する郵便的な訂正可能性に、私たちはとどまりつづけなければならない。

『訂正可能性の哲学』の結論部は、トクヴィルがアメリカの民主主義に見出していた「喧騒」のうちに、民主政治の「無数の声」、公私の別を超えてざわめく人々の言論空間の所在を指摘していた。人工知能民主主義がどんなものであろうと、私たち人間が人間であるかぎり、なんらかの言葉を発しつづけるのであり、言論の当事者たることを止めはしない。どこからともなく人々が巻き起こすこの喧騒の空間を抑え込むことはけっしてできないのだ。

ルソーの読解にまでさかのぼって試みられたこうした議論に、旧来の人間主義や実存主義の回帰をみとめる者がいるかもしれない。かつて「動物化」や「象徴界の衰退」を積極的に論じていた東を知る者からすれば、『訂正可能性の哲学』には、これまでとは異なる人間讃歌のトーンがはっきりと出ているようにも感じる。

しかし、だからどうしたというのだろう。これは『存在論的、郵便的』以来、さまざまな試行錯誤を経ることで粘り強く試みられてきた、東浩紀の一貫した思考の帰結なのだと私は考えている。実際、そうとは名指されていないにせよ、このような「喧騒」以上に、『存在論的、郵便的』で「郵便空間」と呼ばれていたものを明示するのにふさわしい名が他にあるだろうか。そして、そこにこそ「郵便的自由」というべき訂正可能性の場が開かれている——

かくして『存在論的、郵便的』の思考は『訂正可能性の哲学』へと引き継がれるのである。

（初出＝『新潮』二〇二三年一一月号）

編著者略歴

宮﨑裕助（みやざき・ゆうすけ）〔編者〕
専修大学文学部教授。専門は哲学・現代思想。東京大学大学院総合文化研究科超域文化科学専攻博士課程修了。博士（学術）。著書に『ジャック・デリダ――死後の生を与える』など。一九七四年生。

東浩紀（あずま・ひろき）
批評家・作家。株式会社ゲンロン創業者。著書に『存在論的、郵便的』『動物化するポストモダン』『訂正可能性の哲学』など。一九七一年生。

大畑浩志（おおはた・ひろし）
大阪公立大学文学研究科後期博士課程修了。博士（文学）。現在、大阪公立大学で研究員、また神戸大学ほかで非常勤講師。専門は英米圏の形而上学や心の哲学、科学哲学など。一九九三年生。

小川歩人（おがわ・あゆと）
大阪大学国際共創大学院学位プログラム推進機構、COデザインセンター第一部門（学術と社会）特任講師。専門はジャック・デリダを中心とした二〇世紀フランス思想。一九九二生。

佐藤嘉幸（さとう・よしゆき）
筑波大学人文社会系准教授。専門は哲学・社会理論。著書に『権力と抵抗―フーコー・ドゥルーズ・デリダ・アルチュセール』、『新自由主義と権力』、『三つの革命――ドゥルーズ＝ガタリの政治哲学』（共著）、『脱原発の哲学』（共著）など。一九七一年生。

清水知子（しみず・ともこ）
東京藝術大学大学院国際芸術創造研究科准教授。専門は文化理論・メディア文化論。著書に『文化と暴力——揺曳するユニオンジャック』『ディズニーと動物——王国の魔法をとく』など。一九七〇年生。

檜垣立哉（ひがき・たつや）
専修大学文学部教授・大阪大学名誉教授、専門は哲学・現代思想、現在動物論にかんする著作、フランス現代思想史にかんする著作を準備中。著書に『バロックの哲学　反—理性の星座たち』など。一九六四年生。

森脇透青（もりわき・とうせい）
京都大学大学院文学研究科研究指導認定退学。批評家。現在、デリダについての博士論文を執筆中。著書に『ジャック・デリダ「差延」を読む』（共著）。一九九五年生。

吉松覚（よしまつ・さとる）
帝京大学外国語学部特別任用講師。専門はフランス思想、哲学。著書に『生の力を別の仕方で思考すること』。一九八七年生。

25年後の東浩紀——『存在論的、郵便的』から『訂正可能性の哲学』へ

2024年5月27日第1刷発行

編著者　宮﨑裕助
著　者　東浩紀・大畑浩志・小川歩人・佐藤嘉幸・清水知子・檜垣立哉・森脇透青・吉松覚
発行者　明石健五
発行所　株式会社 読書人
〒101-0051　東京都千代田区神田神保町1-3-5
TEL 03-5244-5975　Fax 03-5244-5976　https://dokushojin.net/　e-mail : info@dokushojin.co.jp
装　丁　坂野仁美
組　版　汀線社
印刷・製本　中央精版印刷株式会社

ISBN 978-4-924671-65-2 C0010

ディアローグ　デュラス／ゴダール全対話

マルグリット・デュラス／ジャン＝リュック・ゴダール著
福島勲訳

これまで一部のみ翻訳されていた、デュラス／ゴダールの3つの対話を、マルグリット・デュラス・アーカイズ、並びにフランス現代出版史資料館のマルグリット・デュラス寄贈資料に残る音声資料から完全再現。

四六判・二一四頁・三〇八〇円

映画をめぐるディアローグ　ゴダール／オフュルス全対話

ジャン＝リュック・ゴダール×マルセル・オフュルス著
福島勲訳

映画監督ジャン＝リュック・ゴダールとマルセル・オフュルスが、映画について行った2回の対談を採録。同じ問題意識のもとに、映像の可能性を対話の中で浮かび上がらせていく。「行き違っていながらも感動的な対話。必読である！」（蓮實重彦）

四六判・一六八頁・二四二〇円

見ることからすべてがはじまる　インタビュー／会話（1951－1998）

アンリ・カルティエ＝ブレッソン著

1951年から1998年にかけて実現された12の会話とインタビューを収録。幼い頃の記憶から、第二次大戦時の捕虜体験と幾度もの脱走………。マグナム・フォト設立前後の話、盟友キャパとの関係と、その死について。

四六判・二四二頁・三七四〇円

読書人のロングセラー

柄谷行人書評集

柄谷行人著

朝日新聞掲載の書評107本を収録。それに加えて、1960年代から80年代にかけて執筆された書評、文芸批評、作家論、文庫解説、全集解説など、著者自筆単行本未収録論文を51本収録。

四六判・五九八頁・三五二〇円

柄谷行人発言集　対話篇

柄谷行人著

著者50年にわたる対話の記録。単行本未収録の55本を精選。岩井克人、江藤淳、大澤真幸、大西巨人、金井美恵子、國分功一郎、坂本龍一、島田雅彦、田中小実昌、多和田葉子、富岡多恵子、西部邁、横尾忠則…他。

A5判・九四〇頁・八五八〇円

〈68年5月〉と私たち 「現代思想と政治」の系譜学

王寺賢太・立木康介編

〝68年5月〟の出来事と同時代の思想の双方に触発されながら、現在について考える。2018年5月、京都大学人文科学研究所で行われた連続セミナー（全10回）の全記録。〝68年5月〟は今、私たちに何を問うているのか。

A5判・三二二頁・三九六〇円